槐轩刘门

由人而圣而希天

清儒刘沅学术思想研究

赵敏 著

社会科学文献出版社
SOCIAL SCIENCES ACADEMIC PRESS (CHINA)

目　　录

序 …………………………………………………………… 卓新平 / 1
前　言 ………………………………………………………………… 1

第一章　"以'天理'定人性，以'中庸'概圣贤"
　　　　——在历史中不断澄明的精神之"道" ……………………… 1
　第一节　融通三教之真意：作为精神之"道"的槐轩学 …………… 2
　第二节　"匡末俗而明大道"：槐轩立言之"大本" ………………… 4
　第三节　"天之理，人得之以为性"：百姓作为"人类"
　　　　　之人的尊严与价值 ………………………………………… 19

第二章　"养其中而制其外"与"制其外以养其中"
　　　　——槐轩的治道之思 ……………………………………… 35
　第一节　"万理函于性，万事根于心"：槐轩的世道人心观 ……… 36
　第二节　"为上尤必自修道"：槐轩对中国历史的深切识见 ……… 39
　第三节　"仁育苍生，则大道未尝不在是"：槐轩的价值史观 …… 41

第三章　"圣人知天心，立人道，以持气化无穷"
　　　　——为权力设准最高道义原则（上） …………………… 52
　第一节　天意—民生—德政：周人基于王族本位的
　　　　　观念结构的形成 ………………………………………… 54
　第二节　天—民—元后：槐轩之超越王族本位的纯粹观念的真意 … 90
　第三节　"成己成人，养教周全无憾"："上天爱民"的
　　　　　历史之合目的性 ………………………………………… 99

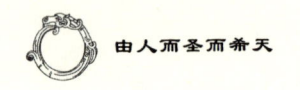

第四节 "至明至公"与"协乎中正"的统一：槐轩对良政
系统如何可能的思考 ………………………………… 103

第四章 "圣人知天心,立人道,以持气化无穷"
——为权力设准最高的道义原则（下） ………… 124
第一节 "天假"与"天意"：船山与槐轩的历史理性之同趋 … 124
第二节 "善世宜民,变通协一,必俟圣流"：槐轩之
普遍价值的历史理性 ………………………………… 132

第五章 "学为圣人"与"无愧为人,即无愧于天"
——历史之"主体"与天道之"本体"的合一（上）…… 142
第一节 "学术正而治术隆"与"探渊源而出治道"：
槐轩与朱子的"内在一致性" …………………… 144
第二节 "三代直道,存于简策"：以"道学"承载
"道统"的历史意义 ……………………………… 165
第三节 "多传经而少传道"：对士人群体的反省与批判 … 169
第四节 "君子建极"：有"道"社会的恒久法则 ………… 176

第六章 "学为圣人"与"无愧于人,即无愧于天"
——历史之"主体"与天道之"本体"的合一（下）…… 190
第一节 "托始孔子"之深意：确立经邦治国的价值准则 … 190
第二节 "道非师不传,五伦非道不立"：儒者之价值
理念与历史责任 ………………………………… 199
第三节 关于槐轩尊古本《大学》的讨论 ………………… 206
第四节 "致中"就是"至善"：为人的生活提出善恶之标准 … 229
第五节 由人而圣而希天：人在历史中的最高目的 ……… 237

后　记 ……………………………………………………… 246

序

卓新平[*]

对于儒家思想的研究，当下已成为人们从各个角度来关注的"显"学。在众多的儒学探索中，较为集中的则是儒家思想的核心意义、文化定位和社会价值等思考。而且，这一探究并非静态的，乃更多体现出捕捉其思想传承的动态发展，以及勾勒其留下的精神印痕和历史轨迹这种意向，由此来解说其传承或流变对中国社会文化命运的影响。正是在此方兴未艾的研讨氛围中，赵敏博士完成了其研究清儒刘沅思想的新作。

刘沅被后人尊称为"槐轩先生"，其学问则冠名为"槐轩学"。赵敏博士在我们研究所的科研工作就是展开这一方面的探讨，我虽然曾涉猎刘沅对民间信仰的影响，论及刘门教或"槐轩道"，受赵敏博士的启发而开始注意到这门传承儒家精神的学问，也与刘沅家乡双流传统文化研习会的朋友有过接触和交流，但在这一研究领域仍是知之甚微；因此，赵敏博士让我为其新作写序，实际上是激励我对之加以更为系统的了解和更加深入的探究。在通读过赵敏博士的这一专著之后，自己确实感到收获颇大，由此触发的思索亦很多。

赵敏博士的上述研究并非如传统学问的进路那样只对槐轩思想加以内涵式的考辨，其重点亦不放在条分缕析的文句诠释，而是以更为宽广的视野来

---

[*] 卓新平，中国社会科学院世界宗教研究所前所长、研究员、博士生导师、中国社会科学院学部委员会委员、中国宗教学会会长、全国人大常委会委员。

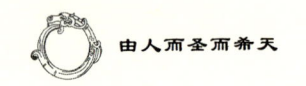

用现代哲学解释学的方法融贯古今、对比中外。其文本的解读和思绪的流涌有机地结合为一体，使这种跨文化、超时代的"视域融合"达到极致，给阅读者带来了一种整体"遍在"的场域和参与交流上通透流畅的愉悦。以槐轩先生为话题的聚焦点，我们在这里与孔子、孟子、老子、荀子、司马迁、董仲舒、韩愈、程颢、程颐、朱熹、张栻、陆九渊、王阳明、王船山、王国维、梁启超、唐君毅、牟宗三、徐复观、韦政通、梁漱溟、郭沫若、陈寅恪、钱穆、冯友兰、吕思勉、侯外庐、张光直、陈梦家、张岱年、徐梵澄、贺麟、杨向奎、南怀瑾、杜维明、余英时、何兆武、吕大吉、余敦康、薛华、马西沙、许倬云、陈来、邹昌林、金观涛、杨念群，以及苏格拉底、柏拉图、亚里士多德、卢梭、休谟、霍布斯、孟德斯鸠、康德、黑格尔、阿罗频多、奥特迦、伽达默尔、利科尔、柯林伍德、汤因比、雅斯贝斯、帕森斯、卡西尔、荣格、亨廷顿等古今先贤、中外哲师相遇、对话、争论、商榷，真正达到了一种全方位的"视域的融合"。尽管各种观点和思路很难实现"融通归一"，却让我们体悟到这种"融合"可"成为一种永无穷尽的意义，可能性的源泉"。相关的融汇既有文本与解读、历史与现实、作者与读者之间的通融，更有贯穿古今、连接中外而从原文之处境得到对读者之心境及其现实环境的启迪、昭示。所以，这种"融合"是返本与创新之融、回溯与展望之合。如此大范围的讨论、全方位的关联，使"槐轩学"不再仅为历史之思，更乃当下之智。

根据赵敏博士的分析，槐轩的思想涉及多个层面，包括天、君、师、民等定位。其思路从原初孔孟之道，经宋明理学而直通近现代儒学的发展，其思考则融通儒、佛、道三教而为精神论道之大成。其中有怀旧、思古的情结，亦不乏革新、开创的抱负。然其侧重却清晰可辨，若审视其思想体系之整全，则可看出槐轩对精神之道的探索颇具"圣人情结"，他特别强调要以"圣人之尺"来衡量人生。所以，这一复杂曲折、跌宕起伏的精神史乃世人问"道"、探"道"、求"道"之旅。但这种"道"作为"天理"而具有超越、超然、形而上之意义。按其理解，人应循道而为、以道修身，其结局根据与道的关系即"全之圣人""得半君子""背之禽兽"。槐轩的理想乃

"言圣人之言，行圣人之行"，此即其思想"由人而圣而希天"的主旨。由此，"槐轩学"实质上就是"人学""仁学""神人类学"。从这一意义上来看，儒学思想从古至今一以贯之的真谛即"社会思想""政治哲学"，从而与西方文化作为思辨主流的"形上思想""精神哲学"意向迥异、对比鲜明。儒家思想家基本上为政治哲学家，立意在行动，旨归在革新。不过，儒家的这一追求命运多蹇，其实践意图明确，且历史行动频仍，然而其结局却并不乐观，往往是其"思"虽存，但"行"则屡屡受挫，因而只能作为"意义理想"而得以保留，成为中国哲人难以忘怀却触之揪心的梦幻。

在儒家思想传统中，"天"显然具有形而上的神圣意蕴。与之关联，槐轩的思想立意就体现为"性与天道，以中贯之"这一主题。这里，槐轩乃用"天理""天道""天命"来表达。恰如赵敏博士所言，"槐轩的哲学高境，本质上是由'天命之源'而万事万物"，即由"一理"而"散为万殊者"；不过，这种"天学"在此并非形而上学，槐轩所强调的是"由'天道'而'人道'的自上而下的通贯"，"其目的在于朗现'人道'之真理"，也就是槐轩谓之人本须有的"至真至性""诚""仁"。显然，儒家所理解的"天道"是体现"宇宙大生命"的整体观，涵容天地人世，且立足于"人得天之理以为性，养浩然之气"，意在"还先天之体"，达"天人合一"之境。与西方思辨精神凸显彼岸、超越、与世分殊的形而上之"上帝"这一终极本体不同，槐轩所注目的仍是儒家人学的永恒主题，即求个人"全其德"、社会"共由道"的人间关怀。相比之下，在中国思想传统中，"天道"乃失去了其绝对性，而"人道"却反而表现出了其绝对性。"道"在"天"较虚，而于"人"则较实，"天道"更主要体现其原初、原创之意，但"道成肉身"后却更为具体化，更能彰显出其实际意义。依此而论，历史上来华耶稣会传教士中的"索隐派"将"道"最初解释为"第一推动力"则好似也有其合理之处。

既然强调、突出"人道"，谁来践行则特别重要。于此，槐轩对"明君""圣君"寄予厚望，希冀君王能够有"人君修德"之自觉，从而可以实施"以道统制导政统""普世宜民"的良政。如果君王难达此境界，槐轩则退而想到有"贤相治理""圣师引导"之补充。其实，中外古代历史上都有"君权神授"的思想，认为君王乃"替天行道"，故应合乎"天意"。这种超越之维乃君王神圣性之源，并非君王自然就神圣。但所谓"圣君"实乃"应然"而不一定就"实然"，槐轩以对远古圣君的缅怀表达了对现实境遇的保留。回顾人类的发展，历史的真实却不乏以君蹂民、弱肉强食之例，暴君可以肆无忌惮，而民若"违君""欺君"则大逆不道，罪不容赦。一部世界政治史乃以权力之争、政权更迭为主要场景，人类在不断进步，但禽兽之为的"丛林法则"也在大行其道。槐轩深知"世不皆圣君"，但其问题是，若无"圣君"，那么"圣臣""圣师"的作用是否会黯然失色、大打折扣呢！

不过，"师"的作用既上对帝君，亦下对万民，其位于中，而且有自我完善之"内省""内修""内圣"之责任。槐轩相信"道始于君师"，如果"明君"之道难行，那么"礼失求诸野"、立道于民，"明师""师道"的民间意义则更为重要、更加独特。在冷静分析社会政治态势之后，槐轩遂希望能有"圣师"脱颖而出。在中国文化传统中，"士"绝非只有"皮之不存毛将焉附"的处境，其相对独立性也是存在的，这一群体一直保持着"从道不从君""持道不屈"的士文化风骨。其使命就是要"正其身以正天下"，做到"己身正""全备德""仁义洽""教化行"。所谓"内圣外王"，即指这批有识之士、有志之师会"修己治人而推诸于天下"，达则"修齐治平""兼善天下"，以"学而优则仕"来出宦从政，为相为臣来治理天下；而社会环境如若不佳则仍可退而"独善其身"，以"为己之学"来"止于至善"，做"志于善道者"的"善士"。为此，槐轩对"师"这一"创造的少数"有求善、为善的理想要求和具体勾勒，让"师"保持"好善之心""求道之心"，要以"善的思想、善的词语、善的行为"来"以道自任"、洁身自好。

要想"道行天下"，仅靠"创造的少数"仍远远不够。于此，槐轩对"民"亦有期望，旨归在形成全民行道之氛围。一方面，明师行道一定要有

"教化"之行。在古希腊思想传统中，柏拉图曾想当"哲学王"、建"理想国"，但在严酷的现实面前他退而隐修办学、创立学院，奠立了西方的思想精神传统。其弟子亚里士多德也继而办学，在创立形而上学思想体系的过程中甚至也成为了"帝王师"，产生了亚历山大大帝那样的高徒。同样，中国的儒家也多有"帝王师"之愿，然其成功者却如凤毛麟角，且还不断出现屈服王权的"师帝王"者，导致一些知识分子的嬗变和隳沉。因此，在恶劣的政治环境中，寓教于民就更为重要。在儒家传统中，儒士潜于基层办书院乃颇为风行，槐轩本人最终也是步入了办学授徒之途。育民而非愚民，此乃民族生存发展之本。全民教育、终身教育对一个民族的传承与创新至关重要。在今天中华文化复兴中，书院的崛起故有其典型意义。另一方面，槐轩认为所有人都应该力争"止于至善"，即"人人皆当'内而致中，外而时中'"，而"致中"就是"至善"，就是对人的生活有着为善行善的要求。大道之行，在明明德，槐轩认为"德本人人所有，明明德亦人人所能"。人乃立于"天地之中"，"为德"即形而上之"道"的形而下之"行"，使"绝对理性"（天理）化为"实践理性"（人伦），亦有着"道成肉身"的相似寓意。"德"上承天理，给人带来信念和希望，下显人性，让人体现真实和至诚。这使人想起康德对信仰的二维解读，即敬畏"头上的星空"、持守"心中的道德律"。在槐轩看来，道不远人，一个民族的复兴及其未来愿景，就在于"养民之生、全民之性"，在敬畏"天道"这一"绝对命令"的信仰下，过一种敬天畏天、尊"举头三尺有神明"，既自由而又不逾矩的"神圣生活"。槐轩指出，"学以希天为至。畏天命以收放心，循天理以禁邪心，重天伦以永诚心"，"修道以仁，必有天地生成之量，始可为尽人合天之学"。在当今社会虚、假、空沉渣泛起之际，我们呼唤真、诚、信的回归，并寄希望于广大民众。或许，槐轩的上述思想，其蕴涵之意实可作为我们对"人民有信仰，国家有力量，民族有希望"的一种意味深长、引人深思的古典表述。

总之，赵敏博士的这一新作有着微言大义之喻、气象万千之态，以思古为缘由，却更以其现代思想意识流之势而奔涌、冲撞，碰出了许多精神火

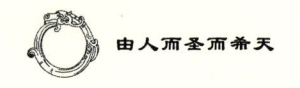

花，引发了不少当议话题。

掩卷之余心不能静，故于此有感而发，当然自知难达这部著作之真谛。其动力及激励，就是让我们在精神史的摸索上，应当勇于探赜洞幽，永记学无止境。

2018 年 7 月 29 日于威海

前　言

刘沅（1768～1855），字止唐，一字讷如，号清阳、碧霞，是清代重要的儒家思想家。世人尊称"槐轩先生"，其学谓之"槐轩学"。槐轩的学术活动主要在清代中后期。据相关历史文献记载，槐轩著述多丰，有"易、书、诗、三礼、春秋恒解，暨四书恒解、孝经直解、古本大学质言、史存等书"，另有《文集》《诗集》《约言》《拾余四种》《蒙训》《豫诚堂家训》《保命立身要言》《下学梯航》《子问》《又问》《俗言》等篇，"皆言显理微，足资启发"。槐轩一生居乡教授，"裁成后进，循循善诱，著弟子籍者，前后以数千。成进士登贤书者，百余人；明经贡士，三百余人。熏沐善良，得为孝子悌弟，贤名播乡闾者，指不胜屈"[1]。

李学勤先生曾颇为感慨地说，止唐先生影响深远，"惜其遗著湮没不彰，鲜为人知"[2]。所谓"影响深远"，当在其时；所谓"湮没不彰，鲜为人知"，只在今世，意即尚未被我们现代人所理解和阐扬。

或许历史中的儒家，像槐轩这样，后人对其学思定位颇有不同者，尚不多见，但其共识是："归宗孔孟，融通三教"。就其"归宗孔孟"而言，槐轩固是儒家，然而，重点在如何理解"融通"二字。作为被"融通"的对象，当然包括儒家。钱穆先生曾说过一段极有启发性的话："夫范围三教，融通归一，岂非学术界一大业，思想界一大事。惟其言思意境，必能卓乎有以超乎三家之上，乃始可以包络乎三家之异同，乃可融会消摄于我范围之

---

[1] （清）《国史馆刘沅本传》。
[2] 《槐轩全书》题词。

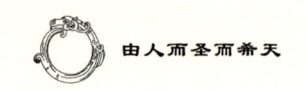

内，而俱以为我之用。否然者，随顺含糊，管摄不住，终必决裂以去。"①这里所言之"我"，当理解为人之精神主体，而不同主体皆可"融通归一"，这"一"即是"道"，正所谓"道通为一"。三教皆归"道"，人类皆归"道"。此"道"非一般意义上的律则，而是包络人之主体的宇宙精神的"大我"，正如牟宗三先生所说，"宇宙是一大生命的充满与润泽"②，在印度古典哲学中称之为"大梵"，在古希腊哲学中称之为"逻各斯"，于基督教则称之为"上帝"。徐梵澄先生在比勘创通中国、希腊、印度之哲学与宗教时，将此超越之"道"称为"精神道"，并展望之：人类和平共处与通易互助的希望，端在"将来精神道之大发扬，二者（宗教与哲学）双超"。③

笔者在充分阅读和认真体会文献的前提下，以为，槐轩终其一生，谆谆教言："人得天之理以为性，养浩然之气，克己复礼，乃还先天之体"，"动静交养，内外交修"，"真知力行"云云，其所期待的，正是这得之"宇宙大生命"之感通的人之精神主体，其境界亦必是本原性的精神境界，亦可称之为"精神道"。或许在这个高度上，我们可以理解槐轩学"融通"之真意所在。不过，槐轩自述其学"要以孔孟为宗"，并且在其文字中多有"吾儒"之语，因此，笔者以"精神道"的视界来理解他的"言思意境"时，就注意把握了两点，一是，槐轩所凭借的文化资源和价值参照，是经典儒家的；二是，相对于思想史上的儒家，槐轩又是超出的，这或许是他对孔孟之后的儒家学者尤其是宋代儒者，多有批点乃至指摘的原因之一。在这个意义上，槐轩学不仅超派别（儒、释、道），甚至超学理，实为既包摄知识谱系又超出思智范限的精神之"道"的学问。

需要注意的是，作为经典儒家统绪中的槐轩学，若要使其内在的文化精神，不仅对当时的社会生活，亦要对今后的历史不断产生长远的价值意义，就必须要经过每一代人的"现代"诠释，才能使之得以实现。这正是前辈学者之"综合创新"说（张岱年）、"返本开新"说（唐君毅）、"内圣开出

---

① 钱穆：《中国思想史论丛》（七），安徽教育出版社，2004，第151~152页。
② 牟宗三：《五十自述》，台湾鹅湖出版社，1989，第161页。
③ 徐梵澄：《玄理参同》，印度室利阿罗频多学院，1973，第257页。

新外王"说（牟宗三）的意向所在。然而，这种"现代诠释"是如何可能的？换言之，如果将槐轩学视为一种历史"文本"，而且不是出于纯知识学的兴趣，那么，我们为什么要对其进行现代诠释呢？

笔者坦言，本书在相当程度上，是依循现代哲学解释学的原则展开的。此原则的重点精神在于，身处当下时代的人们，对于历史"文本"以及经典的解读，不能止步于训诂和述介的层次，而应该在彼此"开放"的前提下，形成一种"对话"关系。伽达默尔指出，解释者与历史"文本"之间的关系，虽然是解释学的谈话，但它与一切真正的对话相似，应该"预先设定谈话的双方都考虑同一个主题——一个共同的问题——双方正是就这个问题进行谈话，因为对话总是有关某些事情的对话"。故而，解释者必须恢复和发现的，主要应该是"支配着文本的基本关注点——亦即文本力图回答并不断向它的解释者提出的问题"；而只有找出文本提出的问题，我们才能"不断超越文本的历史视域，并把它与我们的视域相融合"，使其在"与一切现存时代的同时性"中，将其内中确定的"意义理想"实现出来。可以说，共同关注的"问题"，不仅使现代人获得了传统的精神资源，而且也使历史经典"成为一种永无穷尽的意义可能性的源泉，而不是研究的消极对象"[1]。

槐轩学对于我们现代人乃至以后的历史来说，亦是"一种永无穷尽的意义可能性的源泉"。与所有重要的思想家一样，槐轩所关心的"问题"，必然具有双重意涵。也就是说，他所思考和论述的问题，不仅有针对当下时代的特殊性，更具有普遍恒久的文化价值。而后者，内含的正是所谓的"意义理想"。可以说，槐轩一生所关心的核心问题，就是如何使这个"意义理想"在历史的现实中实现出来。此一问题之所以能够成为现代人与槐轩"对话"的基础，实在是因为我们在自身特殊的历史情境中，遭遇了同样的问题。换言之，在物质文明高度发达的今天，我们依然无法回避，甚至更需要思考同样的问题：作为"人类"之"人"的"意义理想"，究竟是

---

[1] 参阅伽达默尔《哲学解释学》，上海译文出版社，1994，第9~12页。

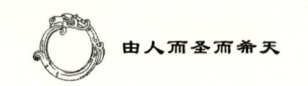

否存在？若果存在，如何将其实现出来？或许在这个向度内，我们与槐轩的"对话"关系应该翻转过来：不是槐轩学需要现代人的理解和阐释来保持其文化价值；而恰是我们遭遇到了"人"之存在的意义问题，需要从槐轩乃至经典儒学，以及所有的经典文化那里，汲取解决困惑的智慧，并且获得确定的目标和笃行的勇气。

那么，槐轩"力图回答并不断向他的解释者提出的问题"是什么呢？有学者认为，槐轩有着明显的"圣人情结"，且以"圣人之尺"作为衡量裁断的标准。笔者在阅读中发现，"圣人"确实是槐轩的主词之一。不过，他举示"圣人"，多与"人"（或"人人"）、"民"相连，可说是一"圣人"与"人"或"民"相对应的言说结构。槐轩一生讲述的主题，可概括为"由人而圣而希天"。关于此，我们可从他的反复言说中得到确认。如他在85岁时所写的《子问·弁言》中，殷殷告知世人："道者，天理而已，人独得之以成人，禽兽则无有也。以道修身，乃求尽其所以为人之理"；"诗书虽富，惟在力行。言圣人之言，行圣人之行，无愧于人，即无愧于天"；"人人读圣人之书，不敢存希圣之念，则大非圣人教人之意、上天生人之理矣"；"人人皆有天理，即人人皆可圣贤，虽天下古今事变无穷，然其要不外身心性命之理、日用伦常之道，全之则为圣贤，得半亦为君子，背之即为禽兽"。在槐轩的语境中，人之为"人"，溯源于"天理"（或曰"天道"），终之于"圣贤"，这实质上是把人视为"意义的存在"，而不是"生物的存有"，这就是大自然（Providence）赋予人的"先天"（a priori）原则。于此，槐轩有一经典性的表述："吾以'天理'二字定人性，以'中庸'二字概圣贤。"据此，我们或可说，槐轩一生申言的主题亦是他关心的问题，这问题即是"人学"的问题。不过，此"人学"，非是人类学意义上的，而是康德之所谓"哲学的人学"（Philosophical Anthropology）。

然而，槐轩之"问题"中所蕴含的"意义理想"，绝非悬拟的"道德主义"。他将理脉探索深透到历史社会之中，切实而具体地给出了"如何可能"的思路。克实而论，槐轩之"人学"问题，是在历史社会的视域中展开的。为此，槐轩把他的学理源头，不仅回溯到孔孟之仁义理念，更上溯至三代，并以周代礼乐文化作为自己历史观的主要资源。他根据《尚书·泰誓》"惟天地，万物父母；惟人，万物之灵；亶聪明，作元后。元后作，民父母"之语，提出一个"天—民—元后"的关系结构（见《又问》第一段），作为诠释中国古代历史的基线。槐轩认为，上古三代之君王（藉今语，可谓主政者或为政者）敬天德保民生，以"道"治天下，即君王之"德"与君王之"位"相符，故而有"世所以安，俗是以淳"的良好社会生态。这里需稍做说明：周代历史文化是槐轩重要的学思背景，故而，笔者用了一定的篇幅做出梳理，以作为理解槐轩之参照。

三代而降，秦汉以后，由于历史给定的具体境况，主政者未必有其德，明确地说，德行与权位相背离，君王以力争天下成为政治社会的常态，如槐轩所言："圣人无意于天下，而天下归之，唐虞三代其道同。后世力争乎天下，而天下屈之，秦汉以下所以陋。"[①] 是而，如何重建一个"善世宜民"的良政系统，就成为关键所在。槐轩虽然远离庙堂，但是他与所有的经典儒家一样，深谙百姓的公共福祉，必须凭借政治权力的运作方有可能。为此，他提出建构良政系统的三个要点：培养治世之才，选拔贤相良臣，倚重明师指导。其中尤以后二者为要窍。

关于贤相治理，槐轩所见甚为透辟："世不皆圣君，而必不可无圣臣。尊贤则不惑，敬大臣则不眩，九经所以贵之也。""君岂必皆圣，任贤不惑亦可也。"[②] 他径直指出，君王的最大德性是知人善任："君德莫大于知人，非正心修身，贤否灼然，何以克知。"

明师指导在槐轩的语境中，有着更为重要的历史和现实的功能，乃至可谓重中之重。槐轩认为，上古三代，主政者与教育者合一，即"君"与"师"合一，称之为"君师"或"君长"。他说："道始于君师，正其身以正天下，而仁义洽，功化行。故穷达同功。"[③] 秦汉以后，"德"与"位"分离，因此，主政者自然失去教育者的资格。据此，槐轩尖锐地指出，君王

---

① 刘沅：《拾余四种》之《治道类》，双流后学印制本，第25页。
② 刘沅：《拾余四种》之《人道类》，第7页。
③ 刘沅：《拾余四种》之《人道类》，第6页。

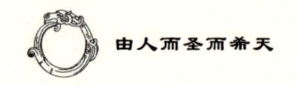

或曰天子,对于人民来说,不仅不再是必然的教化者,而且与人民一样,同样是受教育者,是被教化的对象:"天子与庶人无异学,造士与选士无二途。道德为本,才艺为辅,治己治人,一以贯之矣。"① 由于君王的执政行为,关乎民生与教化,槐轩更加强调主政者作为"学者"(今语之"学习者")的重要性:"崛起之君,多半天授,而无学以陶成之,必不能如尧舜。继世之君,即选圣师而非圣人之流亚,亦不能如成康。然则师道之立,其所以系岂细故欤。"②

那么,向谁学习,由谁来教?或许由于终生执教,且卓优弟子众多,故而槐轩对"明师""圣师"的文化作用,就有着特殊的人生体验。然而,"师"在槐轩的语境中,实质上有着更深的历史意蕴。槐轩认为,三代以后的历史情境,使得"人心之直,天理之公"的"直道",保存在孔子的"道学"之中,而非君王的手中。孔子实为"明师"或曰"圣师"的典型代表。因其掌握着"道"之资源,因此,从理论上就有着教导君王的权力。余英时先生曾指出,在直承三代礼乐并从中升华出"道"之理念的意义上,"孔子可以说是中国史上最先出现的第一位知识分子"。③ 槐轩说得更为明确:"春秋时,道在孔子。"很显然,"师"之概念的根要,不在职业,而在有"道"。槐轩论治世,甚至将"明师"放在良政系统建立的第一环,反复申言:"道始于君师";"道非师不传,五伦非道不立";"修身则道立,而身何以修,非明师不可";"学岂不由师乎?文王师鬻熊,武王师尚父,至德犹然,何况中下"。槐轩作《史存》,在说明何以"托始孔子",且"绝笔于汉季者"时,更表达出一重深意,即"明师"有着价值符号的意义。"道在孔子"实质上意味着,以"直道"范导权力的普遍性的准则;此实为对经典儒家以"道"导"势"之治世理念的诠释。在这一论域内,槐轩与历史上的大儒一般无二。他对宋儒尤其是朱熹,多有批评,然而在社会历史的价值朝向上,却有着深度的"内在一致性"。

---

① 刘沅:《拾余四种》之《治道类》,第25页。
② 刘沅:《拾余四种》之《治道类》,第24页。
③ 余英时:《士与中国文化》,上海人民出版社,1987,第118页。

作为治世之价值理念的"直道",如何客观化为历史之现实呢?槐轩以对"中"的阐发回答了这个问题。就社会层面而言,槐轩明示,为政者应该将百姓的全部生活,措置安排到最合理的状态,即所谓"随时随地、随人随事斟酌而合乎时中""惟酌其宜而协乎中正"。这个要求,是有着先天依据的,故而,槐轩特别肯认《左传》中刘康公"民受天地之中以生,所谓命也"之语,而且将"中"提升为"天理""天道""太极"的至高原则。这个原则落实于经验世界,则不仅要求为政者们的治道举措应该"善世宜民"与"道惟时中",而且期待所有人,在具体事境或情境中,皆能循"中正"之原则去作为,而这端是人之主体精神的外在化或曰客观化。

槐轩作为传统意义上的经典儒家,当然没有现代学术理论那般逻辑性的表述。但是,只要我们仔细阅读,用心体会,即可见他的思路虽然是沉潜的,然而同样是清晰的。如果说,槐轩将"中"向上返升于"天理"和"太极",是为社会生活设准了"至公至明"的最高原则,那么,人能"时中"或曰"中正"的主体性依据,则得之于大自然(天道)所赋予的"人性"。何以上古圣人所遵循的中正之道,在人类的历史中能够不断呈现和延续?槐轩回答:因为"人性同"。他说:"唐虞三代皆圣人也。而随时立法,各协乎中。后世之变多矣。然人性同,则所以尽性而适于中正者无弗同。"[①]为了使这个理脉具备经典文本的支持,槐轩将《大学》和《中庸》做了创通性的解释:"《大学》不言性,《中庸》不言心,而理则无二。""刘子亦知,曰:民受天地之中以生,所谓命也。如何是命?如何是性?此岂文字可传?子思言天命之谓性,其义亦同。"[②]

槐轩论"中",实为应然性的价值之理。如果一般性地强调"合乎时中"或"时措之宜",那么它就是一种无价值判断的中性表述或曰几何学意义上的"中",而这样的原则运用于政治社会生活,是极易导致无论是非公正、只求八方平衡的玩权弄术的人性堕落。很显然,槐轩深晓此弊。是而,

---

① 刘沅:《拾余四种》之《人道类》,第6页。
② 刘沅:《拾余四种》之《心性类》,第12页。

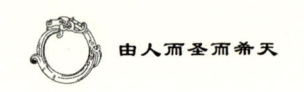

他依据《大学》，明确地将"中"诠释为"至善"和"止于至善"。所谓"至善"指人的内在精神，谓之"致中"；所谓"止于至善"，是说将人的内在"致中"精神，有效地落实于行动、实现于生活之中，谓之"时中"。槐轩的基本逻辑是："中者天下之大本，内而致中，外始能时中。"而"中"之理念，在本质上是实践学，即"致中"之"体"，必得落实为"时中"之"用"，方是真正的"致中和"的理想。

有学者将槐轩思想概括为"性与天道，以中贯之"，确实把握了槐轩学的要髓。然而，我们还需推问一步："以中贯之"，"贯之"于何处？答曰：贯之于人的历史社会之中。以往的槐轩学研究，多从知识论着眼，而少有注及他的精神高境和人世关怀。关于此，槐轩同年好友韩鼎晋有一肯綮之评："止唐不以经济见诸施行，而第以著述六经为务，人多疑之。然止唐则以治术本于学术，学术必由实践。……其识超而其志宏远，固非外人所能知也。……冀后之人勿以训诂薄止唐之书。"①

历史是人的历史。槐轩所期待的，是所有人在其生命之展开过程中，将天道赋予自身的潜在向善能力（自由或曰人性）充分地生长出来；以个人"全其德"，社会"共由道"，终而依纯一之"诚"，而达至"天人合一"之境。如其言："一理也。在天为命，在人为性。如木果，生意曰仁，全备曰德，人所共由曰道，纯一曰诚。"笔者以为，槐轩"取坎填离"之后天返先天之说、"动静交养，内外交修"之论等观点，无不围绕人何以为"人"的主题。其高度概括之语是"人皆得天理而生，则人皆可圣贤"，学圣贤则"以希天为至"。一言以蔽之："由人而圣而希天"！正是在这个意义上，历史固然是人的历史，但却更是一幕人类的精神史。

---

① 参见刘沅：《刘氏族谱·送同年刘止唐归里》。

第一章
"以'天理'定人性，以'中庸'概圣贤"
——在历史中不断澄明的精神之"道"

刘沅是清代中后期颇具影响的儒学思想大家。惜乎！其在历史社会中之重要的文化精神价值，却远未被后人尤其是现代人理解和阐扬。李学勤先生颇为感慨：止唐先生影响深远，"惜其遗著湮没不彰，鲜为人知。"（《槐轩全书》题词）刘伯穀先生亦指出今人对槐轩学研究的薄弱："目前研究槐轩的文章还不多"[1]。

克实而论，近些年来，学界对槐轩学的研究已初备规模且有一定进展。其中最应关注之点，是对槐轩学思之特性的不同定位。观其大端，或有四言：一谓"以儒者兼弘佛道之学"或曰"融道入儒，会通禅佛，归本于儒"；二谓"道化儒家"或"儒化道家"；三谓"将儒家伦理道德与道家内丹术相融合的宗教思想"；四谓融合多样思想成分，且具有鲜明特点的"乾嘉新理学之继续"[2]。可以肯定地说，槐轩学说内容的多样性是造成研究者的其定位不同的重要原因。由于每种观点都有相应的文献支持和自洽的逻辑思路，故而愈增加了我们理解槐轩学的困难。很显然，于已有的定位图谱之

---

[1] 参见《蜀学》第三辑《刘伯穀先生访问记》，巴蜀书社，2008。
[2] 其一以南怀瑾为代表，参见《南怀瑾选集》第五卷，复旦大学出版社，2003，第184、150页。其二以萧天石为代表，参见《道海玄微》，华夏出版社，2007，第589页。其三以马西沙、韩秉方为代表，参见《中国民间宗教史》第二十三章，中国社会科学出版社，2004。其四为赵均强观点，参见《性与天道》第八章，河南人民出版社，2011。另，还有与陆王不同之"新心学"的说法，思路与"新理学"相类，只侧重不同，故不赘述。

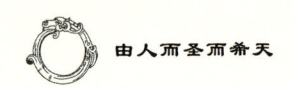

中，笔者似不必再徒忝一支，而应当尝试别样视界，探索一条能够理解槐轩学之多样内容的思路，以期阐扬其学理概貌和内在的精神路向。

第一节 融通三教之真意：作为精神之"道"的槐轩学

就已有论说来看，槐轩学思之特性或可用八字概括：归宗孔孟，融通（儒、释、道）三教。——这是比较有共识的观点。可以说，槐轩学内部的所有理路和向度，都是依此申发延展的。就其"归宗孔孟"而言，槐轩是位儒家，这在清代《国史馆刘沅本传》等重要文献中皆有明述。① 关键在于如何理解"融通三教"。无疑，晋代以降，儒释道三教便构成中国古代思想不可或缺的三个部分。诚如陈寅恪先生所言："自晋至今，言中国之思想，可以儒释道三教代表之。此虽通俗之谈，然稽之旧史之事实，验以今世之人

---

① 为方便读者的阅读，笔者择要摘录如下三段文献。其一，《国史馆刘沅本传》谓："沅因仰承庭训，更求存养之功，内外交修，久而知愚必明，柔必强，仁者寿，大德必寿，圣人穷理尽性，神通造化，非若道流欺世之谈也。读左氏传，至刘子曰，'民受天地之中以生，所谓命也'，称其言至为精粹，于四子书中极为发明。如以集义为养气之原，斥修士为袭取。以反身而诚，欲仁仁至，必有事焉，勿忘勿助长等语，为治心之本，殊释子之顽空。又谓喜怒哀乐之未发谓之中，发而皆中节谓之和，积中以求和，则可寡尤悔以底于纯粹而无欲，且能知行合一，以身教人，故师取者多此理。其解经，尽除门户之见，不苟异同，务求当于经义，乃至语气抑扬之间，必悉吻合。论史事，汤武放伐，其先本自为一国，不过以小事大，并非以臣伐君。夷齐叩马，不见经传，《史记》但因采轶诗而记之，然谓当取信于六艺，则史公固不信此事，故引孔子求仁无怨之言以驳之。其他所发明多此类。又以老子书，每多误解，明瞿昙氏亦系有人伦，谓学者但学孔氏，而释道之真者，即不能出此范围，伪托者不得借口以为世害。"其二，槐轩四大弟子之首刘芬撰《清处士刘止唐先生墓志铭》谓："先生以中庸之道愚必明，柔必强，又仁者寿，大德必寿，圣人无欺世语，乃益潜心奋励，内外交修，久而神明焕发，睟然盎然"；"先生解经，必以孔孟为宗，而于诸儒，未尝不存其是而正其非。间及二氏，尤必指后世僧羽之误，而明佛老之真不越乎是，实为后世妄希仙佛者截断横流也。"其三，刘伯毂先生谓："槐轩有一种天人合一的博大胸怀，他构建的是一种融合三教，归宗孔孟的庞大思想体系。总的说来，槐轩之学从总体上说无疑是一种经世的儒学，槐轩应当是一位融合三教精微为一的辩先天与后天的儒学名家。"（《蜀学》第三辑，巴蜀书社，2008，第291页。）

情，则三教之说，要为不易之论。"①

应该注意的是，槐轩并非在一般意义上作"通俗之谈"，而是"融通三教"。其"融通"的对象，当然包括儒家，因此，简单地谓之"以儒兼弘佛道"或"儒化道家"，是无法领会所谓"融通"之真意的。故而，我们需要将思考再推进一步，以期澄明槐轩学中那个融通三教的基点；换言之，能够使整体的思想理脉由此延伸，同时又能回溯归本的核心，即古语所谓"放之则弥六合，卷之则退藏于密"。

从价值理念的维度来说，这个"基点"或"核心"，或可谓之既包摄又超越的本原性的精神境界。钱穆先生于此有一观点，颇可寻味："夫范围三教，融通归一，岂非学术界一大业，思想界一大事。惟其言思意境，必能卓乎有以超乎三家之上，乃始可以包络乎三家之异同，乃可融会消摄于我范围之内，而俱以为我之用。否然者，随顺含糊，管摄不住，终必决裂以去。"②这里所谓"我"，或可理解为人之精神主体，而不同主体皆可"融通归一"，这个"一"即是"道"，正所谓"道通为一"。三教皆归"道"，人类皆归"道"。此"道"为一大有机生命体，是包络人之主体的宇宙精神的"大我"。印度古典哲学称之为"大梵"，古希腊哲学称之为"逻各斯"，基督教则称之为"上帝"。徐梵澄先生在比勘创通中国、希腊、印度之哲学与宗教时，将此超越之"道"称为"精神道"，并展望之：人类和平共处与通易互助的希望，端在"将来精神道之大发扬，二者（宗教与哲学）双超"。③

笔者在充分阅读和认真体会文献的前提下，以为若果以"精神道"为立足点，那么，既可敷陈槐轩学本体之发用，又可收摄其内中诸多文化之内涵。不过，槐轩自述其学"要以孔孟为宗"，并且在他的文字中多有"吾儒"之语，因此，笔者若以"精神道"进入他的"言思意境"时，就须把握两点：一，他所凭借的文化资源和价值参照，是经典儒家的；二，相对于思想史上的儒家，槐轩又是超出的，这或许是他对孔孟之后的儒家学者，尤

---

① 冯友兰：《中国哲学史》下册《审查报告三》，华东师范大学出版社，2000。
② 钱穆：《中国思想史论丛》（七），安徽教育出版社，2004，第151~152页。
③ 徐梵澄：《玄理参同》，印度室利阿罗频多学院，1973，第257页。

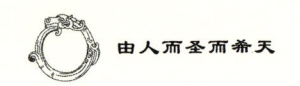

其是宋儒多有批点乃至指摘的原因之一。故而，笔者想明确地说，槐轩学不仅超派别（释、道、儒），甚至超学理，实为既包摄知识谱系又超出思智范限的"精神之道"的学问。就其"正心修身以清其源，善养善教以尽其道""本未发之中，极至和之量"（《大学古本质言》释"小学"与"在止于至善"）的社会理想而言，其话语系统虽然是儒家的，但其价值关怀却是天下的。故此，我们或可借西哲康德之语来理解，槐轩的"精神之道"，不仅是一学说的理想，更是一纯粹的理想。

第二节 "匡末俗而明大道"：槐轩立言之"大本"

槐轩学是一宗大"学问"，仍属中国传统学术样态。若以西方现代学术来诠释，将其分解成若干专业知识范畴，是很难体悟其深心邃意的。中国传统学术探究的对象，是整体性的历史、社会和人生的实际问题，正如钱穆先生所言，中国学术精神，"乃以社会人群之人事问题的实际措施为其主要对象，此亦为中国学术之一特殊性""西方所有纯思辨的哲学，由言辨逻辑可以无限引申而成一套完整之大系统大理论者，在中国学术史上几乎绝无仅有。故在中国学术史上，亦可谓并无纯粹之思想家或哲学家。'思想'二字，实近代中国接触西方以后所兴起之一新名词，中国旧传统只言'学术'，或言'学问'，不言'思想'。因中国人思想之对象即在实际人事问题上，必须将此思想从实际措施中求验证。所谓'言顾行，行顾言'，而无宁尤贵行在言前。故中国哲人之一切言辞，似乎只是一种人生经验，与其绩效之概括的叙述与记录而已。其立言大本，即在人生实际，不在一套凭空的思想体系上。"[①]

可以确言，槐轩立言之"大本"，亦在历史、社会与人生之实际问题上。于此，我们可在他诸多文字尤其晚年编定的文献中，见其"天悯苍生""匡末俗而明大道"的情怀和高境。兹录文字以证：

---

① 钱穆：《中国历史研究方法》，生活·读书·新知三联书店，2003，第76~77页。

第一章 "以'天理'定人性，以'中庸'概圣贤"

道非徒论说而已。……尧舜禹汤文武周公孔孟，圣贤之极也。然此数圣贤者，非有好名之心，非有必传之想。道得于己，不忍斯民自弃其身，而见于言行以觉天下。尽其分所当为，与其时势事业之所能为，不同而同，知其所以不同，得其所以同。然后知圣人之事即吾身之事，圣人之言即吾心之理。天此道也，地此道也，天下古今皆此道也。

（刘沅：《槐轩约言》之《说道说》)①

自汉至今，讹谬相沿，不特情事纷纭，亦且书籍淆乱，吾以"天理"二字定人性，以"中庸"二字概圣贤，实践心性伦常之人谓之圣贤，可谓为仙佛无不可，否则异端。聊以匡末俗而明大道耳。

（刘沅：《槐轩约言》之《道问对》)

理一耳。佛曰"明心见性"，道曰"修真养性"，未尝外心性而言理。佛言度尽众生方得成佛，道言三千阴功八百德性，未尝废人伦而言修道。虚无清净，乃求放心之法也。清净之至而私欲皆空则为寂灭，谓此心寂然不动，私欲消灭无存，而岂谓生死幻灭、废弃人伦哉！

（刘沅：《正讹》卷一）

老子为夫子所称，与夫子言皆中正之义，后人杂术妄托老子，遂因之而诬老子乎可乎！佛居西域，以心性教化夷人，未尝废人伦也。后世出家去亲谓佛之所传，亦诬其本始。

（刘沅：《中庸恒解》）

文佛居于西域，善化其民，亦天悯苍生而钟其秀。老子隐于柱下，夫子从学，尤天启世儒而永传。其言或不同，而明心见性、修真养性、不离心性同也。觉世牖民不一，而三千八百、普度众生、修道以仁，一也。

（刘沅：《大学恒解》）

---

① 刘沅著作全集，现今通称《槐轩全书》。现存版本主要有光绪本、西充本、巴蜀本三种。西充鲜于氏特园刻本，为刘沅之孙、民国著名学者刘咸炘亲校。2006年巴蜀书社以西充本为底本，新增文献若干篇，是目前行世各版本中收录最全的一种。关此，可参阅赵均强《清儒刘沅著作整理及其槐轩学述要》，《蜀学》第三辑，巴蜀书社，2008。另外，坊间可见各种单行本，因其皆收入《槐轩全书》，故笔者在引用之时，只注明单书书名，而不再注明卷数及页码。

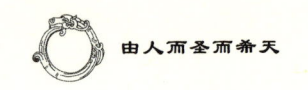

> 愚一生无状，惟于圣学稍有所得。今发明圣经，亦不敢示人。第望尔等实践"守身""诚身"二事，以全天理，以永先泽而已。
>
> （刘沅：《槐轩杂著》卷四《自叙示子》）

上揭几段文字，内含诸多思想信息，几乎触及槐轩所有学术要点。这里，笔者先就探索思路的需要进行讨论。其他要点后之再做申述。

尽管具体语境不同，我们还是可以从上述引文中籀绎出槐轩的苦心孤诣。在"心性伦常"与"觉世牖民"两要语之间，有着一种理思的张力，其中颇可体味出槐轩的"世道人心之忧"（刘沅：《礼记恒解》卷十七《少仪》附解）。所谓"民自弃其身"，其实，是对"民"之自体品质和道德作为的忧虑耽思。槐轩直透人之"心性"，认为此本质关乎良好的伦常秩序。故而，"心性"与"伦常"，便显示出个人与社会之有机的整体关系。然而，任何一种理想性的社会预设，都必得回答"如何可能"的问题。槐轩给出的"方案"是：先觉之圣贤，"道得于己"而"见于言行"，然后"觉于天下"之民。可以说，"以先觉觉后觉"是儒家建构合理社会的具体思路，也是深入历史现象内中的、直达人性本质的、具有普遍适用性的真理。如果用现代学术语言表达，其可谓是一个穿透制度设计与技术解决的重重扞格，直指人之"心体"，为人的"存在"之焦虑提出的根质性的解决方案。

从槐轩之"明心见性""修真养性""不离心性"的反复论说中，我们或许能够读出他的深邃识见：人类几千年的历史可以证明一个朴素而真实的经验——人的所有行为皆肇始于自身之心理或曰精神，故而，何样"心性"之人便创造何样的历史，构成何样的人伦社会。与古今中外那些重镇型的思想家相类，槐轩把"人"视为价值的"存在"，这就意味着，尽管同一时代的人们都生活于与生俱有的历史景况中，但人与其他生物不同，给定的景况并不能使他（她）成为非如此不可的"预先规定的存在"。这是因为"人"（只有人）天生具有大自然所赋予的"天理"能力（此与西哲所谓"天赋之理性能力"或"天赋之自由能力"同义），槐轩谓之"天地之主者人也，人独得天地之中"（刘沅：《正讹》卷四），所以就大有可能通过"实践心性伦常"之"道"，逐步形成实现"人之为人"之价值的良序美俗社会。在某种意义上，槐轩似乎告知人们，人，只能凭借那独得的"天地之中"（"天理"或曰"心性"）去自己谋生（这或许是他极为强调人与禽兽之"几希"的深刻用意）。借用西班牙历史哲学家奥特迦（Jose Ortega Gasset）的话说："宇宙间的一切事物都有预先规定的存在，唯独人并没有无可逃避的预先规定的存在。他只能自己设法谋生——不仅在经济上，而且在哲学上。"[1]

由此，或可进一步推说，槐轩立言之"大本"，实是立足于今语之哲学或曰形而上的高度上，来思考宇宙与人生的。正是依凭这样的视域，他方能将天理与人性，个体与伦常，统一于价值一体性之中。槐轩常用"一""理"或"一理"来阐发这种"价值一体性"。如其言："天下万变不外乎中，天命之源已彻，则万事万物以一理宰之而有余耳。至'一'字，只是一'理'字。但理有本末精粗，散为万殊者无穷，归于一本者有定。《中庸》言天下之大本曰中。中，一之实也，即天命之性也。在天曰太极，在物为理，统言之曰道，以其至真至性无二曰一，一曰诚。以其为天地生生之意所含曰仁。"（刘沅：《中庸恒解》凡例）我们可以明确地读出，槐轩的哲学高境，本质上是由"天命之源"（"一理"）而万事万物（散为万殊者），或曰由"天道"而"人道"的自上而下的通贯。其目的在于朗现"人道"之真理，槐轩谓之"至真至性""诚""仁"。在此意义上，槐轩的哲学高境又可视为精神的"神圣立场"。正如印度圣哲室利阿罗频多所言："事物之真理，自上而观，自'一体性'而观者也。此为神圣立场。"[2]

槐轩的价值一体性，是超出各种文化样态的。在"天道"的视域中，儒释道皆统于"一"的神圣立场。故而谓之"其言或不同，而明心见性、

---

[1] 奥特迦：《历史是一个体系》，转引自何兆武《苇草集》，生活·读书·新知三联书店，1999，第105页。
[2] 阿罗频多：《伊莎书》，印度室利阿罗频多学院，1957，第82页。

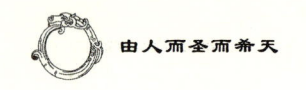

修真养性、不离心性，同也；觉世牖民不一，而三千八百、普度众生、修道以仁，一也。"（刘沅：《大学恒解》）

　　须注意的是，槐轩由"天道"而"人道"的"自上而下观"，目的不在通过言辨逻辑引申出一套大系统，换言之，我们不可将其学术和观念，置于某一专门性的思想体系或样式中进行诠解。毋宁说，槐轩之学问是由多个向度撑起的巨大思想空间，而其中根质性的张力，就是上文已提出的"心性伦常"与"觉世牖民"。所谓"觉世牖民"，潜涵着一个历史社会的判断，即世道民心颇遭危局，而能够启其觉悟、教其向善的"主体"，是那些先觉者——这是改善现实的向度。但是，圣贤何以能"先觉"，一般民众何以能"被觉"？这就需有一向善的根基性的"人性"预设，此预设既有普遍性（槐轩所谓"圣道本人人所有，亦人人可能"），又是能够生长并完善自我的潜在德行力量（槐轩所谓"以其为天地生生之意所含曰仁"，在此意义上，又可把"心性"称为"仁性"）——这是基于"心性"而确立的信念向度。接续的提问是，这种对人之特性的确信，其依据，进言之，其终极依据又是什么？槐轩从不同角度，将此表述为"天命之源""天命之性"，抑或"天理""太极""道"等语——这是今语之本体哲学的向度，亦是槐轩学问中的"先天之学"。由人之"仁性"而有"极之于天地，准之于人伦"，"合乎天地之常经、圣人之轨则"（刘沅：《周易恒解序》）的理想社会愿景——这是历史之合目的的向度。然而，"人"之为"人"，端在其不仅是社会中人，亦是天地中人，故而，人的价值实现，必得由理想社会进而与天地同一，意即"由人而圣而希天"，槐轩谓之"守身、诚身以全天理，以永先泽"——这是大自然之合目的的向度，亦即槐轩"后天返先天"之意。由是，我们或可将"心性伦常"与"觉世牖民"做一提升，将其视之为历史之合目的与大自然之合目的之间的张力。槐轩所谓"吾以'天理'二字定人性，以'中庸'二字概圣贤"的经典表述，其深意庶几在此。依据这五个向度，笔者以为，槐轩所论，亦可称之为"人学"，不过，此"人学"并非人类学意义上的，而是康德所谓"哲学的人学"（Philosophical Anthropology）。进一步说，"哲学的人学"，其本质意义则在于使人之精神在历史过程中不断地澄明出来。

这五个向度构成槐轩立体丰多的精神空间，而将其汇为一体的核心，则是他的人生与社会的天地情怀，如其所明示的"天悯苍生"（刘沅：《大学恒解》），"匡末俗而明大道"（刘沅：《槐轩约言》）。不过，笔者这样定位和理解槐轩学，还必得遵守一个学术研究的前提，也可称为"学术纪律"，即不能仅止步于要点性或描摹性的述介，还需再深一步地设问：槐轩何以拥有此情怀，以及为何如此设构这样的学思？因为只有对这些问题，尽量做出正确的回答，我们或许才能对槐轩"立说之用意与对象"，得些"真了解"。昔年陈寅恪先生曾就中国哲学史研究，提出"同情之了解"或"了解之同情"的说法。槐轩学当属思想史或哲学史领域，故陈氏之说亦适用之。陈氏之说，虽为人们所熟悉并常常加以引用，然其中若干要点，却容易被忽略，并因此影响了对研究"文本"的理解。为方便后续的讨论，先将其录出：

> 凡著中国古代哲学史者，其对于古人之学说，应有了解之同情，方可下笔。盖古人著书立说，皆有所为而发；故其所处之环境，所受之背景，非完全明了，则其学说不易评论。而古代哲学家去今数千年，其时代之真相，极难推知。吾人今日可依据之材料，仅为当时所遗存最小之一部；欲藉此残余断片，以窥测其全部结构，必须备艺术家欣赏古代绘画雕刻之眼光及精神，然后古人立说之用意与对象，始可以真了解。所谓真了解者，必神游冥想，与立说之古人，处于同一境界，而对于其持论所以不得不如是之苦心孤诣，表一种之同情，始能批评其学说之是非得失，而无隔阂肤廓之论。否则数千年前之陈言旧说，与今日之情势回殊，何一不可以可笑可怪目之乎？但此种同情之态度，最易流于穿凿附会之恶习；因今日所得见之古代材料，或散佚而仅存，或晦涩而难解，非经过解释及排比之程序，绝无哲学史之可言。然若加以连贯综合之搜集，及系统条理之整理，则著者有意无意之间，往往依其自身所遭际之时代，所居处之环境，所熏染之学说，以推测解释古人之意志。由此之

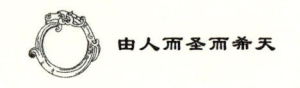

故，今日之谈中国古代哲学者，大抵即谈其今日自身之哲学者也；所著之中国哲学史者，即其今日自身之哲学史者也。其言论愈有条理统系，则去古人学说之真相愈远……

（冯友兰：《中国哲学史》下册《审查报告一》）

上揭文字的要点，实质上触涉的是，今人能否真正理解古人的问题。这也是现代哲学解释学所极力解决的问题。如何既以艺术家之眼光和精神，通过"神游冥想"，对古人有"同情之了解"，即"真了解"，又尽量避免以今人之偏见，"穿凿附会"于古人，以至在"条理统系"中远离"古人学说之真相"。这无疑是我们研究历史中的思想家所不能回避的问题。

借用现代学术语义，槐轩以及槐轩学可以目为一种"文本"①。对其研究的主要目的，在于通过我们的诠释，解读出槐轩不得不如此立论的"苦心孤诣"，以及此内中所具有的社会和历史的普适性理念，即槐轩"学说之真相"。换一个角度来说，需要找出那个贯通古今之"时"，推及地域之"空"的价值精神的基点，方有可能避免以主观臆断"穿凿附会"于槐轩学的困境。那么，如何诠释出这个基点呢？或许需要把"同情的了解"再深进至孟子之"知人论世"的观点上。所谓"同情"，并非一般的怜悯之情；而"了解"，亦非仅指对客观物的知晓。也就是说，必得有一"人同

---

① "文本"一词，已在中文学术界被广泛使用，而且常常被当作"文献"的同义词，这在某种程度上是不错的。不过，"文本"应该可以在多种含义上使用。"文本"在英文语境中为"text"，其在与"情境"（context）的关系中亦有多重含义。若稍做归纳，可有狭义与广义之分。狭义的文本，一般指以文字表述的文献或资料，如一本书、一篇文章或一段记录等。广义的文本，则指任何能够被观察和诠释的研究对象，如一个社会历史的人物、事件、行动，乃至一个图像、仪式、文艺作品，等等，正如伽达默尔所言："历史中的一切东西都是可理解的，因为一切都是文本。"（转引自王庆节：《解释学、海德格尔与儒道今释》，中国人民大学出版社，2004年第12页）对"文本"进行理解和研究，目的有两个，一，通过仔细阅读表面文字，进而提炼出其中隐而不显之内容；二，将"文本"放置于"历史现场"，即在"文本"与社会现实"情境"的关系中，揭示出研究对象所具有的社会文化价值的别相与共相。笔者研究刘沅思想，就是在广义"文本"的意义上，力图达到上述两个目的。

此心，心同此理"的基点，才能把握住槐轩尚论孔孟，今人理解槐轩的情理脉络。借用徐梵澄先生的话说，即是人类之"同情知"，乃至"同一知"，即"同体为一"的境界。在引用"知人论世"的观点时，人们常简疏地把"知人"处理为个人经历，"论世"理解为时代背景。为了使槐轩学的读解，有一个适当的前提性铺垫，这里先对"知人论世"做些必要的讨论。

我们知道，"知人论世"出自《孟子·万章下》，而孟子是在"尚友"的语境中谈论此问题的。全文如下：

> 孟子谓万章曰："一乡之善士，斯友一乡之善士；一国之善士，斯友一国之善士；天下之善士，斯友天下之善士。以友天下之善士为未足，又尚论古之人。颂其诗，读其书，不知其人可乎？是以论其世也，是尚友也。"

这段文字由"交友"引申出如何理解"古人"的问题，人们多注意后者，而且将"知人论世"阐发为读解历史及其人物的诠释学依据。然而，何以"友天下之善士"仍"为未足"呢？换言之，"一乡""一国"乃至"天下"，实指同一时空，而"尚论古之人"，则要回溯到过去的历史，因此，孟子在这里就潜隐着一个设问：能够将同时代之善士与古圣先贤结合为"友"的那个基点究竟是什么？或许我们可以这样理解，这段文字的深意，实质上超出一般"交友"，甚至普通诠释的范畴，它追问的是"善"的社会和历史如何能形成，并绳绳相续的问题。

"尚友"古圣先贤，然，斯人远矣！人们只能凭借他们留下的文字与之"对话"或曰"晤谈"，故曰"颂其诗，读其书"。不过，读毕文字未必就能明晓体会内中的真意，因此孟子说要"知其人"并"论其世"。"其人"与"其世"有内在的关联，它表征着蕴涵于诗书文字中的精神意境，是如何在"古之人"的真实人生中逐步酿蓄而成的。

关于孟子的"知人论世"，历来阐述者颇众。概要说来有两种，一是把

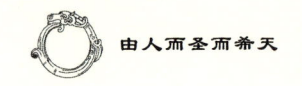

古圣先贤及其文字当作外于自我的研究对象,以求达到所谓的客观解读。①二是凭借自我的真切感受和必要想象,尽力与"古之人"心契神交,体贴他们何以如此立论言说的深心邃意;亦可说今人与古人,是两个生命主体之间的精神互动和经验分享。笔者诠解槐轩学,倾向于后一种方式。

其实,历史中已有诸多学者主张这样的诠释路向了。如南宋的张九成在《孟子传》中写道:"盖颂诗读书,想象其音容,仿佛其一二,如出乎其时,如对乎其人,揽其遗芬,味其余噍。"(载《四库全书珍本二集》之卷二十五)明代的姚舜牧认为:"以其心想论到此处,如身处其地,而亲见其行事一般。则千百世之上,如同一日,如同处一堂,精神意气初无间隔,而直与之俱。"(姚舜牧:《重订四书疑问》,载《四库全书存目丛书》卷十)很显然,这种如同身临其境的诠释路径,所主张的实质上是一种生命主义的历史观,它把历史视为活生生的存在,恰如钱穆所比喻的:里面有着林林总总花草树木的"庭园"。② 在这样的视界中,历史如同活着的现在,而"古之

---

① 采取客观方法的注解者,以赵岐和朱熹最为典型。赵注:"读其书,犹恐未知古人高下,故论其世以别之也。在三皇之世为上,在五帝之世为次,在三王之世为下,是为好上友之人也。"(赵岐注《孟子》)(阮元校勘:《十三经注疏》卷十下)很显然,赵岐理解的"知其人",是要"知古人高下",而高下的分判标准,是具体的历史阶段,时代越古远越高明。朱熹认为,所谓知人论世的意思,是"论其当世行事之迹也。言既观其言,则不可以不知其为人之实,是以又考其行也。夫能友天下之善士,其所友众矣,犹以为未足,又进而取于古人,是能尽其取友之道,而非止为一世之士矣。"(朱熹:《四书章句集注》之《孟子集注》卷十)朱熹理解的"知人论世",是偏重客观的认知,即"观其言"并且"考其行",最终"知其为人之实"。

② 钱穆的这一论述,应当被我们重视。其言:"历史传统本是以往社会的记录,当前社会则是此下历史的张本。历史中所有是既往的社会,社会上所有则是现前的历史,此两者本应联系合一来看。社会譬如一个庭园,里面有林林总总的花草树木,其中有几百千年的盘根老树,也有移植不到一月几旬的娇嫩芝卉。在同一横断面下,有不同之时间存在。以此来看社会,有的习俗流传至今已有几千年以上的历史了,但也有些是今天刚产生的新花样。此社会之横切平断面,正由许多历史传统纵深不同的线条交织而成。社会就是历史进程的当前归宿,社会是一部眼前的新历史。历史家把历史分为上古、中古、近代和现代,但还有眼前史。此当前的社会,呈现于我们面前之一切,实为最真实最活跃的眼前史。……历史是以往的,社会是现存的。如说社会是一个发光体,那么历史就是这一发光体不断放射出来的光。必待有某样的社会,始能产生某样的历史。……要研究历史,不该不落实到现实社会。欲了解此现实社会,也不该不追究到以往历史。此两者,总是不可偏废才好。"(钱穆:《中国历史研究法》,第52~53页。)我们不能证明钱穆是否(转下页注)

人"亦如活着的今人。由此,我们方能运用应有的历史想象力和设身处地的心理感受,使历史对今人发出"一种活生生的乐趣",尽最大可能地读懂古圣先贤。

至此可以说,"尚友"古人,实是与古人"交心",如姚舜牧言:"知其人者,知其人之心也。人之相知,贵相知心。论其世,知其人之心,始可称尚友。"(姚舜牧:《重订四书疑问》载《四库全书存目丛书》卷十)而使两心相交的基点,如上文所言,在其"善"。那么,如何理解孟子反复言说的"善士"之"善"呢?

一种解释是"好善之心"。如明代郝敬说:"惟好善之心,无远近新故。由乡国天下,推至上古。心苟虚受,百世如在。少自满足,虽巷有君子,且暮遇之,而交臂失之。……友者,亲爱之名,同道曰友,因心曰友,友善即是好善。……生同世,则声应气求;生不同世,则心一道同。诗书所载,芳规懿行,皆可以精神冥接,合天下古今之善,通为一心。谓之千古之善士可也。……尚论古人,不越载籍,而诗书为要。其言语性情,征于诗;其行事功业,着于书。……书诗非古人,而因诗书可见古人。……论世知人,即诗书所言,神游古人之地,较量体验,如亲承謦咳,冥识风采,而洞悉其底里者。"(郝敬:《孟子说解》,载《四库全书存目丛书》卷十)这种解释虽近似表面,但却提出一个方向,即要达到"洞悉其底里"的目的。

(接上页注②)受到,或在何种程度上受到西方历史哲学的影响,但可以肯定的是,他的见解与西方生命主义的历史观甚为相通。如所周知,西方近现代的历史学有一个从历史主义向生命主义的过渡。当然,历史主义有着不同的含义。朝向生命主义的历史主义,系指由新康德学派至迈纳克(F. Meinecke, 1862－1954)的历史主义,而不是分析学派的历史主义。迈纳克的历史主义认为,要真正了解历史,就必须超出单纯的科学因果律,而应该对过往的事件、人物、典章制度等,给予"同情的掌握","对于材料有一种活生生的乐趣"。沿着这一朝向,奥特迦把自己的历史观称为生命主义(vitalism),其主张甚与钱穆合契。他认为,"当前是由个人的和集体的全部过去所组成的,其中既有今人的过去,也有前人的过去。历史就是人类思想、感情、知识、技术、政治、组织等等的一个大贮存库。过去的存在,并非因为它曾经对前人发生过,而是因为它就构成我们当前的一部分。我们现在的选择和决定都有赖过去。除非某种事件是目前存在的,否则我们就不能说它是存在的;所以过去如其存在的话,那么它就是某种现存的、并且目前就在对我们起着作用的东西。"(奥特迦:《历史是一个体系》,转引自何兆武《苇草集》,第122～123页)

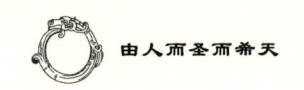

与此相较，南宋张栻则深推一步，把"好善之心"诠释为"求道之心"，"善士"为"志于善道者"。其言："善士虽有小大之不同，皆志于善道者也。一乡之善士，斯友一乡之善士；非惟取友固然，而其合志同方，自相求也。所见者愈大，则所友者愈广矣。……友天下之善士为未足，又尚论古之人焉——其求道之心，盖无穷也。自友一乡之善士，至于尚论古之人，每进而愈上也。夫世有先后，理无古今。古人远矣，而言行见于诗书，颂其诗，读其书，而不知其人，则何益乎？颂诗读书，必将尚论其世，而后古人之心，可得而明也。"（张栻：《孟子说》，载《影印摛藻堂四库全书荟要》卷五）很明显，张栻之"求道之心"，重在"道"或"理"。今之"善士"之所以能尚友"古之人"，端在"道"之"无穷"。用现代学术语言表述，因为"道"有着超越性，所以今人才能跃出具体时代，而理解古圣先贤的精神之道，正所谓"世有先后，理无古今"。古今之人，皆藉"求道之心"相"友"，"知其人"就是知"古人之心"。然而在孟子的语境中，"知其人"是与"论其世"相关的，只有"论其世"方能"知其人"。或许可以说，孟子认为若真"尚友"古人，必得注意历史性，即"论其世"。张栻虽然也表示"必将尚论其世，而后古人之心，可得而明也"，但这只是一般性的谈论，并未阐述"论其世"的确切意思。就"超越性"与"历史性"而言，张栻更强调"超越性"。

那么，如何理解"论其世"的历史性意涵呢？清代焦循的说法比较切近。他在批评赵岐用一个绝对的价值标准，把古人分为上、次、下三等之后，接着指出："古人各生一时，则其言各有所当。惟论其世，乃不执泥其言，亦不鄙弃其言，斯为能上友古人。"[①] 焦循认为，古圣先贤生于不同的历史时空和情景境遇之中，他们依据各自时代的特殊性，提出了"各有所当"的思想和观念。后人若要理解他们，就得知晓那些立论言说的特殊历史景况。既然身处的时代不同，因此，对于古人"各有所当"的言语，就应该既"不执泥，又不鄙弃"，这就是"论其世"的意思。如果说张栻的超

---

① 焦循：《孟子正义》，中华书局，1998，第727页。

越性，关怀的是"道"之体；那么焦循的历史性，注重的则是在不同的时空中，"各有所当"之"用"。其言："孟子学孔子之时，得尧舜通变神化之用，故示人以论古之法。"① 如此一来，孟子的由"论其世"而"知其人"的重要指向——知古圣先贤之心，就转义成：得"通变神化之用"和"论古之法"。尽管焦循的观点有相当的正确性，但其忽略经典儒家所怀抱的精神本根——"道之体"，这就是严重的缺陷了。当然，应该注意焦循所处的特定时代，就是说，我们对他也应有"论其世"的"同情的了解"。对此，后文有述。

其实，"超越性"与"历史性"，本就是统一的。二者以"道之体"与"道之用"而统一于"道"。孟子在"尚友"语境中所论说的"知其人"与"论其世"，实质上隐喻着一个"道"的价值理念。须注意，"道"绝非空悬的概念，或曰不是单纯的知性对象，其在学理上为"超越性"与"历史性"的统一，而在人的存在意义上，则是精神论与实践论的统一。② 正是在

---

① 焦循：《孟子正义》，第727页。
② 笔者在阅读槐轩文献时，见其批评宋儒，多在"养知觉之心"和缺少"实践精造"方面。就后者而言，槐轩所言范畴或论题，必讲求在践履中的实现。此种运思路向颇与西哲黑格尔相近。黑格尔在论述他的精神哲学时，极为注意概念和理念的异同。黑格尔认为，"概念"的基本定义是"关于自己的各种定性的观念统一体"。比如人对自己的观念，即有意识的"我"，这个"我"包括诸多最不同的观念和思想，"这些简直就是一整个世界的观念"；换言之，"概念包含各种不同的定性于观念性的统一体里，其情形就是如此。"黑格尔这样定义概念，是为了提示出概念的价值和目的：作为具有普遍性的概念，它必须使自己在客观存在中实现出来，意即要对人类的社会生活产生实际的意义；如果概念只停滞在观念中，它也只能是主体性的或抽象性的。此种实现，黑格尔谓之"普遍的在特殊之中"（参见黑格尔《美学》第一卷，朱光潜译，商务印书馆，1982，第138～139页）。可以讲，界说"概念"的主要意义和目的就在于它的实践性。正如薛华先生所强调的，理解黑格尔必须注意他的实践性，"黑格尔不仅认为哲学有理论意义和目的，而且有实践意义和目的。当然，他是以理论研究为己任，他所说的哲学的实践是对现实存在进行批判，进行估价。"（薛华：《黑格尔对历史终点的理解》，中国社会科学出版社，1983，第14页）依据这个向度，或许可以将"概念"（当然是正极的建设性的）理解为一种"理想"或曰"理想的图形"。因此也可以说，使理想在现实中实现出来，是概念的真正目的。在客观存在中实现出来的概念，黑格尔认为才是真正的概念，是主体与客体相统一的整体（而非片面）。在"整体性"的意义上，概念就是"理念"，黑格尔说，"这种整体就是理念"，或曰"理念就是概念与客观存在的统一"（黑格尔：《美学》第一卷，第141～137页）。如果说观念和实践的统一，是概念的本质或曰价值所在，那么，（转下页注）

这种统一中，孟子的"尚友"之论，方能使今人成为古人世界的积极参与者，而今人也能跨越时代与古人"会晤"和"对话"。"道也者，须臾不可离也"。依此视野来看，这种"对话"就有着真切的寓意：古人、今人及未来之人，其善生求道之心是彼此理解的精神动力；而循道作为，才可能筑就安全良好的栖身之所，即合理社会。换言之，由过去、现在、未来所构建的人类历史，必须是一个贯通着"道"的过程，亦可说，是道之精神活动的历史。借用西哲克罗齐的话说："历史乃是一桩精神的事业，精神自身的活动就是历史。历史和历史学都需要人的理性（Reason）或精神注入其中。"（转引自何兆武《苇草集》，第124页）亦如徐复观先生所言，"颂其诗，读其书"，要深入进去以把握诗、书中的人，"人是活的，是有精神血脉的，而且此时所见的不是文字的世界，而是人的世界。但每一个人，皆生于时代（世）之中，人的价值乃在时代中形成，亦须在时代中论定，否则人不是具体而成为抽象的'非历史的存在'。孟子就更进一步提出由'论其世'以达到'知其人'的目的，把人与世紧密地联结在一起，由历史以确定人的地位，由人以照明历史的运行，这样一来，他所进入的人的世界，即是进入到有精神血脉的历史世界。"①

综上所言，讲"理"的社会，才是"善"的社会；以"道"贯通的历史，方能朝着合理目标持续前行；而追求"善道"，则是有价值意义的，或曰有生命力量的社会历史。这固然是以应然原则为鹄的，然而，也只有秉持这样的历史观念，我们方能具有一种确信，即人的社会是可能不断改善而逐

（接上页注②）或可说，"理念"实质上是"概念"的根本目的，是在历史、时代、具体现实中不断实现的"概念"，或曰"理想"。就二者的主要区别而言："概念"侧重在观念性和主体性，"理念"则要求主体性与客观存在的统一。黑格尔的这些思路，为笔者解读槐轩学提供了重要参照。如槐轩论人之特性，虽极重孟子之"几希"说，然其内中涉及太极、天理、性、命等先天与后天的各种"定性"，亦可说"简直就是一整个世界的观念"；而其实践的维度，不仅期冀个人，更由此推向社会历史之"人情天理之正"的目标。是而，笔者在研究过程中，一直谨慎把握两点，一是从"各种定性的观念统一体"去理解槐轩的"概念"，如在诠释其"心性"时，注意与其他范畴之间既衍申又辐辏的关系；二是从"理念"的视角，注意其概念的价值意义和实践目的。

① 徐复观：《徐复观论经学史二种》，上海书店出版社，2002，第34页。

渐趋向合理的。钱穆先生在诠释《大学》三纲领时说过一段话，可以支持笔者的论点。他说："孟子所谓'知人论世'一语，意即要知道某一人，必须从其人之一生之真实过程中作探讨作衡评。孟子所谓论世，似并不全如近人想法，只系专指其人之时代背景而言。从这一点上，再回到《大学》所提出的明明德亲民与止于至善之三纲领来说，明明德是德性之学，亲民是治平之学，止于至善则是其最高境界。中国人所理想，人在群体社会中，所应向往所该表现的最高鹄的即是'善'。我们亦可说，中国整部历史，正是蕲向于此善。中国整个民族，也是蕲向于此善。此乃中国学术思想最高精神所在。若没有了这'善'字，一切便无意义价值可言。"①

这里需要稍做说明。以"道"之精神诠释"论世"，当然不能否定"时代背景"的认知作用。如梁启超就认为："孟子尝标举'知人论世'，论世者何？以今语释之，则观察时代之背景是已。人类于横的方面为社会的生活，于纵的方面为时代的生活，苟离却社会与时代，而凭空以观某一个人或某一群人之思想动作，则必多不可了解者。未了解而轻下批评，未有不错误也。故作史如作画，必先设构背景；读史如读画，最要注察背景。"注重考察时代背景，目的在于认识社会意识以及政治特质所赖以存在的基础或曰基件。梁氏以《史记·货殖列传》为例，论曰："其全篇宗旨，盖认为经济事项在人类生活中含有绝大意义，一切政教皆以此为基础。其见解颇有近于近世唯物史观之一派，在我国古代已为特别。其最精要之处，尤在将全国分为若干个之经济区域。每区域寻出其地理上之特色，举示其特殊物产及特殊交通状况，以规定该区域经济上之物的基件。每区域述其历史上之经过，说明其住民特殊性习之由来，以规定该区域经济上之心的基件。吾侪读此，虽生当二千年后，而于当时之经济社会已得有颇明了之印象。其妙处乃在以全力写背景，而传中所列举之货殖家十数人不过借做说明此背景之例证而已，此种叙述法以旧史家眼光观之，可谓奇特。……吾侪今日治史，但能将本篇所

---

① 钱穆：《中国历史研究方法》，第87页。

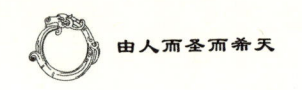

用之方法扩大之以应用于各方面，其殆庶几矣。"① 以社会之实存来观照人之特性及活动，将人作为社会实存背景的例证，这是以"时代背景"理解"论世"的基本逻辑。在这种逻辑中，个人与社会实存，显然后者是主导的。社会实存是给定的，因此它就具有必然的和规律的特质，而人在给定的景况中，亦有自然人的性状。

钱穆和梁启超对于"论世"的两种解释，实则涉及的是一个历史哲学问题，即如何看待人类历史或曰人类向何处去的问题。如果将历史社会视为绝对的给定，那么，我们只需遵循自然而又必然的规律活着即可；而如果把历史行程看作是可以选择和决定的，那么，人类自己就是创造合理社会生活的主人。笔者非常肯认何兆武先生"历史具有两重性"的论点，即"作为自然人，人的历史是服从自然的和必然的规律的，但作为自由和自律的人，他又是自己历史的主人，是由他自己来决定自己的取向的。作为自然人，人对自己历史的所作所为不负任何责任，但同时人作为自己历史的主人，他却要对自己的历史负全部的责任。"（何兆武：《苇草集》，第3页）

从"两重性"的角度理解"知人论世"，笔者是想为后文槐轩学的阐发，确定稳实的基点，也可说是思考的重点："论世"方可"知人"；从"自然的和必然的规律"来看，我们应该理解在给定的历史社会境遇中，槐轩如此立论言说的悯切之心；就"自由的和自律的主人"而言，我们又须契会槐轩在特定时代所形成的思想系统中，内涵的情向和理念。这些理念，不仅对治于当下社会，有其特殊性，且关怀未来的历史发展，有着普遍性。所谓"特殊性"，是对社会实然状况的反思，而"普遍性"，举示的则是人类合理社会的应然原则和前行方向。与中外那些真正的思想家（思想巨匠）一样，槐轩的整个学术样态中，如前文所言，"在其心性伦常与觉世牖民的张力中"，始终贯穿着"实然"与"应然"的深沉视见。然而，我们若要理解这种深沉视见，则须找到能够贯穿"实然"与"应然"的结合点。

---

① 梁启超：《中国历史研究法》，华东师范大学出版社，1995，第144~145页。

第一章 "以'天理'定人性，以'中庸'概圣贤"

第三节 "天之理，人得之以为性"：百姓作为"人类"之人的尊严与价值

毋庸置疑，槐轩之思想学术，对于现代人来说，当然是一历史"文本"，而我们若想深入地解读他的精神"意蕴"，则首先需要找到可能与他进行"对话"的"主题"，也就是一个共同关心的"问题"。而此"问题"既是贯穿槐轩之"实然"与"应然"思想理脉的结合点，也是槐轩学对现代社会生活能够发生"意义"之关键所在。明白地说，笔者对槐轩学的理解，是带有"现存时代的同时性"，或曰"解释的现在维度特征"的。因为只有带着自己当下所关切的问题，去与历史"文本"展开"对话"，槐轩学的内在"意蕴"（sense），方能通过现代人（及此后每一时代的人）的阐释活动，实现其存在的"意义"（meaning）。①

---

① 笔者对于槐轩学的研究，是怀着对经典进行现代阐释的心情进行的。因为，历史传承的"文本"，在每一时代都要面临新的问题，所以，当前时代的人们，对于经典的解读，就不能仅停留于训诂和述介层次，而应该使"文本"积极地向新时代开放，将其内在的精神与我们的思想相融合。这就是说，需要在传统与当代的视界融合中，对典籍文本做出合理的诠释，既理解其特殊性内容，又对其普遍性内涵做出新的阐发，以使历史的文化生命在经典"意义"的呵护下绵绵相续。笔者采取这样的视角，可以得到现代哲学解释学的支持。关于"问题"，伽达默尔认为，解释者与历史"文本"之间的关系，虽然是解释学的谈话，然而它与一切真正的对话相似，应该"预先设定谈话的双方都考虑同一个主题——个共同的问题——双方正是就这个问题进行谈话，因为对话总是有关某些事情的对话"。故而，解释者必须恢复和发现的，"不是作者的个性和世界观，而是支配着文本的基本关注点——亦即文本力图回答并不断向它的解释者提出的问题"；而只有找出文本提出的问题，我们才能"不断超越文本的历史视域，并把它与我们自己的视域相融合"，使其在"与一切现存时代的同时性"中，将其内中确定的"意义理想"实现出来。可以说，共同关注的"问题"，不仅使现代人获得了传统的精神资源，而且也使历史经典"成为一种永无穷尽的意义可能性的源泉，而不是研究的消极对象"（参阅伽达默尔《哲学解释学》，上海译文出版社，1994，第9~12页）。需要注意的是，伽达默尔的"意义理想"，有着在不同历史时代将文本实现出来的意味。关此，法国现代学者利科尔说得更为明确。他认为诠释历史文本，应该有"解释的现在维度特征"，也就是说，"文本"不是封闭的，而是向着他物开放的，而这种"开放"的可能性就源自经典本身具有的"更新的原创能力"。请注意这段话："假如阅读可能，那么这确实就是因为文本不是自身封闭的，而是对外向着他物开放的。在任何条件下，阅读都是将一段新的话语连接在文本的话语之上。这一话语间的（转下页注）

为了这场"对话"的有效性，我们有必要尽可能地回到槐轩生活的"历史现场"，去把握他毕生苦心求解的"问题"。这些"问题"发生于经验生活，但却是他一生思想探索的根本动能，换句话说，他的哲学观念和学术论说就是对"问题"的系统性解答。英国历史哲学家柯林武德的观点可以支持笔者的思路。他认为，一种系统的哲学理论就是哲学家对自己所提出某种问题的解答，"凡是不理解所提出的问题究竟是什么的人，也就不可能希望他理解这种哲学理论究竟是什么"；其次，一位思想家所提出的命题，在现实以及历史的过程当中，"为真为伪，有意义或无意义，完全取决于它所要回答的是什么问题。脱离了一个命题所要回答的特定问题，则命题本身并无所谓真假或有意义无意义故此，重要之点就在于我们必须明确找出它所要回答的问题"。[①] 笔者以为，以"问题"作为研析思路的切入点，就可能最大程度地理解槐轩的精神世界，发现其在每一时代社会生活中的价值意义，并且在某种"历史的相似性"中，体会那种具有根质性和永恒性的思考深度。

　　那么，何为槐轩的"问题"？换言之，我们该如何理解槐轩之"问题"

（接上页注①）连接现象就表明，在文本的构成本身中存在有一种不断更新的原创能力。这一不断更新的原创能力就构成了文本的开放性特点。解释就是这连接与更新的具体结果。"从现代的诠释的角度说，阅读、解释一部文本，在相当大的程度上，就是在阅读和解释我们自己，当然，这绝不意味着解释者的随心所欲和信口开河，因为"解释者的所说是一种重说（resaying），这一重说激活那文本中已说出的东西"，换言之，解释乃是新的存在模式的展现过程，或曰"新的生活形式的展现过程，这一过程给主体以新的能耐知晓自己"，这种新的能耐，不过是读者自身"筹划能耐的扩大，而这种扩大乃是通过获取某种从文本自身而来的新的存在模式时达成的"。利科尔认为，文本解释，说穿了就是使原先在文本中可能存在的东西"现实化"和"现代化"，将其可能的因素通过解释者创造性地实现出来。为此，他提出文本的"意蕴"（sense）和"意义"（meaning）是有区别的。文本起初只有意蕴，而意蕴就是文本的结构和内在关系；只有通过读者的解释活动，文本的"意蕴"才得以在当下实现为文本的"意义"。明确地说，文本若要对现实生活发生意义，必须通过现代的阐释活动方能实现，"意蕴过去就已给出文本的符号学维度，意义只在当下才给定文本的语义学方向"（转引自王庆节《解释学、海德格尔与儒道今释》，第17~20页）。由此，或许可以说，将"解释的现在维度特征"与文本的"意蕴"之"意义"联系起来，是利科尔对伽达默尔"意义理想"的更为清晰的阐释。笔者的槐轩学研究，在相当程度上，是依循现代哲学解释学的原则展开的。

① 参见何兆武《历史与历史学》，牛津大学出版社，1995，第117~119页。

第一章 "以'天理'定人性，以'中庸'概圣贤"

的内含呢？

有学者曾就槐轩之经解，提出其有着明显的"圣人情结"，且以"圣人之尺"作为衡量裁断的标准。① 其实，槐轩的整个学说，贯穿的是一个"由人而圣而希天"的价值方向。所谓"圣人情结"，并非现代心理学范畴领域内的某种心理倾向，它实质上内蕴着槐轩之丰多的学思理脉。

笔者在阅读中发现，槐轩举示"圣人"，必与"人"（或"人人"）、"民"相连，亦可说是一种"圣人"与"民"相对应的言说结构。兹摘录其晚年几段文献说明之。

> 道者，天理而已，人独得之以成人，禽兽则无有也。以道修身，乃求尽其所以为人之理，故曰：远人不可为道，以人治人，改而止焉。自羲农至孔孟，天生圣人，或为君相，或为师儒，凡所以养人，教人，使其不入于禽兽者，礼盖无不明，而法亦无不备。诗书虽富，惟在力行。言圣人之言，行圣人之行，无愧于人，即无愧于天。反身而求，欲仁即至，有何难企！……人人读圣人之书，不敢存希圣之念，则大非圣人教人之意，上天生人之理矣！……人人皆有天理，即人人皆可圣贤，虽天下古今事变无穷，然其要不外身心性命之理，日用伦常之道，全之则为圣人，得半亦为君子，背之即为禽兽。
>
> （刘沅：《子问》之《弁言》）

尧、舜、禹、汤、文、武、周公、孔、孟，圣贤之极也。然此数圣贤者，非有好名之心，非有必传之想。道得于己，不忍斯民自弃其身者，而见于言行以觉天下，尽其分所当为，与其时势事业之所能为，不同而同，知其所以不同，得其所以同。然后知圣人之事即吾身之事，圣

---

① 如蒋秋华认为，刘沅解经，往往拘牵于"圣人情节"，具体说来，即"先横亘至高无上之圣人于心中，以其所有作为均属完美无瑕，凡不如其所认同之说，即以非圣人所为排斥。在《书序》作者的判定上，他就是操持一把圣人之尺，来衡量裁断。""高举'圣人中正之理'，作为解读古书是否可靠的评判标准。"（蒋秋华：《刘沅〈书经恒解〉研究》，《经学研究集刊》2006年第2期，第110页，转引自赵均强《性与天道以中贯之——刘沅与清代新理学的发展》，第424页）

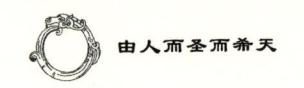

人之言即吾心之理。天此道也,地此道也,天下古今皆此道也。此道不待远求,溯吾身与理自来,命在其中矣。知吾身与心之所以承天地,性在其中矣。性命统于一元,天地以此故能长久,圣人以此故能立极。凡人皆有此理,故须臾不可离。但言之易,行之难能行之矣。

(刘沅:《槐轩约言》之《说道说》)

大学之道,圣人所以陶成天下,使咸为圣贤,无愧于天亲者也。天地父母混合而有此身,异于禽兽者,以其有德。德者何?天理而已。天之理,而人得之以为性。实有曰诚,共由曰道,以其为生生之本曰仁,全之则为圣人,失之则为禽兽。人人所有,亦人人所能,第非师不授,非恒久不能竟其功。唐虞三代所以道一风同者,大学之教,上以此育才,下以此修身,无知愚皆知也。周衰俗弊,道乃不在君相,而在师儒。孔子不遇于时,仅得私以诲其弟子,而又虑不能永传,遂为此篇授曾子。……孔曾忧世牖民,乃为是书,身心性命之理,日用伦常之道,全备与兹。

(刘沅:《大学古本质言》之《叙》)

圣人已远,全凭读圣人书如见圣人,学圣人亦止是全我为人之理。但身心性命之理,日用伦常之道从何入手,图功如何次第深造,此非可以凭虚而造也。此书成人成己,全体大用之学功夫次第咸毕,误解而使人莫知向方,圣人觉世苦心竟如画饼,圣人有知,其不怨恫乎?

(《大学古本质言》之《赘论》)

上揭四段文字,其思想和学理内涵颇多,后文将有详述。这里先顺随"圣人"与"民"的思路进行讨论。这四段文字皆为槐轩85岁时所作,故可视为他的思想确论。

"圣人"与"民",或可看作某种特定的政治关系。在经典儒家语境中,此一关系与现代政治模式有很大不同。按照牟宗三先生的说法,它是根源于中华民族独特心灵的"特有的文化生命"的"最初表现"。《尚书·大禹谟》说:"正德利用厚生"。牟氏指出,"这当是中国文化生命里最根源的一

第一章 "以'天理'定人性，以'中庸'概圣贤"

个观念形态"，其虽然指向一种政治关系，但却是"向生命处用心"，正是基于文化的生命，"所以对自己就要正德，对人民就要利用厚生。正德、利用、厚生这三事，实在就是修己以安百姓这两事"。将政治关系植根于文化生命之中，"这是最深刻最根源的智慧"，正德或修己，是调护和安顿自己的生命，利用厚生或安百姓，是调护和安顿人民的生命，在这个意义上，儒家语境中的政治，乃是"一个道德政治"，这样的政治"就是属于心灵世界或价值世界的事"，正德是道德的，利用厚生是政治的，这就开启后来儒家所谓"内圣外王"之学，"二帝三王这些作为政治领袖的圣哲首先把握了这一点，而表现了这个观念形态"。[1]

应给予注意的是，牟氏所言之植根于中国文化生命中的"道德政治"，内中实则沉潜着一个源头性的历史线索，即作为普遍或个体意义上的"道德"（virtue），成熟于春秋中晚期，具体以孔子"仁"的理念为其根本标志。而此前之"德"，主要运用于政治范畴。前者源自后者，并经过一个由外转内的过程，最终而成一系"即自超越"（徐复观语，即通常所言"内在超越"）的"心性哲学"。因此可以说，政治范畴之"德"，是一个历史性的关节点，而此关节点当在殷周之际。[2] 不过，"德"虽尚属政治范畴，然

---

[1] 参见牟宗三《历史哲学》，转引自《牟宗三学术文化随笔》，中国青年出版社，1996，第112~113页。

[2] 此一说法，笔者主要依据的是以下文献。其一，王国维《殷周制度论》中有一著名观点：殷周之际改朝换代，不仅标志着"小邦周"取代"大邦殷"，更意味着社会与文化上的革命性转折，所谓"中国政治与文化之变革，莫剧于殷周之际"。王氏在论述中，指示了一个重要思路，即殷周之际最为深刻的变革，是以道德为核心的思想变革，——"殷周之兴亡，乃有德与无德之兴亡"，而体现社会变革的周礼之完成，旨在"纳上下于道德，而合天子诸侯卿大夫庶民以成一道德之团体"，"周之制度典礼，乃道德之器械，而亲亲、尊尊、贤贤、男女有别四者之结合体也。此之谓民彝"（王国维：《殷周制度论》，《观堂集林》卷十，中华书局，1984）。其二，郭沫若也支持这一说法。他在《先秦天道观之进展》中指出，德的观念是西周以来新的思想因素，是西周天道观中的"新意思"。就周礼而言，礼的背后亦有德的理念。为此，他还从字源上进行了考证。他在《今文丛考·周彝中之传统思想考》中提出，"德字始见于周文"，而"殷彝无德字。卜辞亦无之"，且进一步言之，"于文以省心为德。故明德在于明心。"德有"得之于内者"，"有得之于外者"，前者重在道德、品德的蓄酿，后者在于"崇祀鬼神，帅型祖德"；内外相连，体现周代政治文化的特征，即"宗教、政治、道德之三者实为一体"；而"三者一体"，实则开（转下页注）

· 23 ·

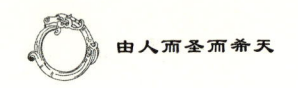

而却为此后中华民族历史中的政治生活和伦理社会,开出了人性依据的端头;并且在普遍价值理念的意义上,启迪出内在道德人格或曰人之为人的心灵方向。①

由此,必得做一提问:政治范畴的"德"何以能够逐步转变成具有普遍意义的"道德"(virtue)?也就是说,只有把握贯通其二者的内在核心,才能对中国传统文化精神有些许深度的理解。就已有的共识而言,我们或可做这样的概述,"德",源于形上之天道而人得(德)之以为心之"性体"者,亦如牟宗三所言,是那种"向生命处用心"的文化精神。

以此来看槐轩,我们则可发现,他没有像现代学者那样,从专业性的思想史研究出发,找出"道德"的上古之源和此后的发展之流,而是用"身心性命之理,日用伦常之道"这个核心一以贯之。因此,在他的视野中,"自羲农至孔孟""尧、舜、禹、汤、文、武、周公、孔、孟",实为一圣

(接上页注②)出一个从"有德者"逐渐扩展至家、国、天下的社会理想目标——"有德者得其寿,得其禄,得延其福泽于子孙。德以齐家,德以治国,德以平天下。德大者配天,所谓大德者必在位也"(转引自郑开《德礼之间——前诸子时期的思想史》,生活·读书·新知三联书店,2009,第3~5页)。其三,据刘翔考证,"德,周代金文里的常见字,出现已有近百例。德字语义所表述的是中国传统文化中自始至终处于主导位置的,处理人伦关系,指导人们行动的道德观念。""德字不见于殷代卜辞,而大量出现在西周以后的金文。迄今所见金文中出现德字最早的是周康王时代的《大盂鼎》和《何尊》,这一史实殊值重视。""德字在周初金文中始见,充分说明它是殷周之际社会大变革的历史产物。"(刘翔:《中国传统价值观诠释学》,上海三联书店,1996,第90~96页)。

① 政治范畴之"德",表现出前诸子时代(相对于先秦诸子时代)的文化特质,而这一特质极大地影响了儒家道德理念的形成和发展。如,陈来在《古代宗教与伦理》中提出,"德"虽属政治范畴,但它的出现及其观念的发展,"对于中国文化的精神气质的发育,具有相当重要的意义"。可以说,政治美德实为道德伦理展开的基础或曰模式,"考察德的意义时,可以发现,早期文献中肯定的德及具体德目,大都体现于政治领域,或者说,早期的'德'大都与政治道德有关"。然而,这一特征却具有某种普遍性的意义,如同西方政治思想史中以"正义"涵盖所有政治美德那样,中国古代以"德"(后来更以"仁")来衡评一切政治美德。而且,自"西周以来,逐步发展了一种思想,即认为在这现行的政治秩序之后还有一个道德法,政治运行必须合于某些道德要求,否则就必然导致失败",可以说,"中国文化早期价值理性的建立,首先是通过三代政治对政治道德的强调而开始实现的,是以这样一种与政治密切相关的方式,在政治文化领域里滋养起一种精神气质(ethos),而逐步建立起来的"(陈来:《古代宗教与伦理》,生活·读书·新知三联书店,1996,第297~298页)。

人之"道"相续延绵的历史。我们今语所谓政治范畴之"德"与普遍意义之"道德"（virtue），其揆一也，即统之于"理"和"道"，如其言："圣人者，与天地鬼神合德者也。自羲农至孔孟，勋业不同，而此心此理皆同，虽百世何异？故可俟百世圣人而不惑。"（刘沅：《子问》）当然，槐轩亦对圣人之载体，有个符号性的分疏，即唐虞三代，"道在君相"；周衰俗弊，"道在师儒"。这一分界，实为朱熹"道统"与"道学"之论的转说。[①]

在槐轩的语脉中，圣人无论为"君相"，抑或为"师儒"，都是"圣贤之极"。因其是德性人格的型范，故能为民人"立极"。就圣人而言，"极"意味着精神世界的整全，即槐轩所谓"身心性命之理，日用伦常之道，全之则为圣人"。详读槐轩文献，可发现他讲圣人，必赋之以"全"，此或可借西哲康德之"整全的精神能力和有效的实践能力"助解之。又如牟宗三所言，圣人"其德性之纯备不可以一端论，要以既通且化之'温润莹澈如玉'为准的，此则前圣后圣其揆一也。皋陶谟言九德：'宽而栗，柔而立，愿而恭，乱而敬，扰而毅，直而温，简而廉，刚而塞，强而义。'皆以相反者之融化为德之成与真，偏于一端皆非真德，此只有对于道德践履有真实感者方能知之。此种'在辩证的融化中以成其实德'之工夫与造诣，自必消除一切虚妄与夸诞，而自臻于无声无臭之化境。此之谓'玄德'。"牟氏所言不偏于一端之"真德"或"玄德"，实与槐轩"天之理，而人得之以为性。实有曰诚，共由曰道，以其为生生之本曰仁，全之则为圣人"之意相通，故又可谓之"全德"。

请注意，槐轩在这里有一层深意，即圣人与民有着向善成德的共同人性之源——人人皆得"天之理"；其区别只在圣人得之"全"且真诚践履，而一般之人则有待即己自觉和日渐精进。正是因着固有之本心性德，每个人学习圣人才有了内在的可能性依据，即所谓"人人所有，亦人人可能"。由于深透到了共同的人性依据，槐轩就使得"唐虞三代"之以"君相"为载体

[①] 余英时：《朱熹的历史世界》上卷之《绪说》，生活·读书·新知三联书店，2004。

的"圣人",即政治范畴之"德",其所内含的以全德为目标的心灵方向显豁出来。牟宗三的一段话恰可诠释槐轩的这层深意。其在解读《尧典》(今文)"克明俊德"时说,此言赞誉尧之德行,"承上文'钦明、文思、安安、允恭克让,光被四表,格于上下',并贯下文'以亲九族'等等而言。此种形容古代帝王之人格,正恰是反映中华民族所向往之最高德行人格所是之心灵方向,而此心灵方向正恰为儒家之道德意识所代表。后人如此塑造古圣,正表示后人之心向,而后人虽不能至,亦必黾勉以此为准。而后之继起者亦正表现此典范,为此型范作见证,如文王,如孔子,皆是其著者。"①

如果从知识论的角度,或可问,槐轩的"圣人"之论何以可能?然而,我们只合说,它不是实证之事,而是信证之行。槐轩言:"自羲农至孔孟,天生圣人,或为君相,或为师儒,凡所以养人、教人,使其不入于禽兽者,礼盖无不明,而法亦无不备。"显然,槐轩这里所说"天生圣人",是一种基于信念的预设。"圣人"应当被理解为承担着天道使命(养人、教人)的人格典范,他们所成就的事业,实际上使人类的历史站在了一个伟大的出发点上,如孔子在"最深刻的历史分界线",即所谓"轴心期"② 为中国乃至世界奠定了人类精神进步的原动力,正所谓"天不生仲尼,万古长如夜"。在槐轩的语义中,圣人实为"以道循身"或曰天人合一的价值符号,如其言:"道者,天人合一之理。人能全乎天理,则无论穷达,皆可以正人心、化风俗,使人伦之义不至失宜。有道之人,而为君相欤,万物理而太和翔洽,天清地泰,人物咸康矣!"又言:"故圣人或在上,或在下,皆兢兢以正人心、厚风俗为急,自成而即欲成物,其心有不能自已者。"(刘沅:《子问》)槐轩之论,可说是对《中庸》"诚者,天之道也;诚之者,人之道也。诚者不勉而中,不思而得,从容中道,圣人也;诚之者,择善而固执者也"之观点,所做的明体达用的阐发。

其实,每一个具有深厚文化底蕴的民族,都有类似"圣人"的观念。

---

① 引自牟宗三文,参见《心体与心性》上册,上海古籍出版社,1999,第182~183页。
② 参见〔德〕卡尔·雅斯贝斯《历史的起源与目标》之第一章《轴心期》,华夏出版社,1989。

如徐梵澄先生提出："无须多论，每一个民族的历史，都有前后相继的繁荣期和衰落期。但这其中有一个共同的特征，即总是在多灾多难、希望渺茫、孤苦无助、前途暗淡的时刻，突然出现了光明，一位伟大的圣人诞生了。在印度，人们称他为毗瑟挐的化身。在中国，人们称他为天生的圣人。《诗经》中有信仰神之化身的暗示，如有一首诗提到，几位神仙从高山上走下来于是，两位伟人诞生了。①虽然我们还不能确切地断定，这一信仰在当时是否被普遍接受，但却可以肯定，这其中包含着古代人天或人神的概念。这是一个很大的课题。而孔子就出生在这样一个时代。"②

再如弗洛伊德把犹太民族的先知摩西，阐释为"一种性格图像或性格典型，一种表现人的本质的类型"；而犹太教的创立则是"天道"赋予他的一个伟大使命，"一个计划符合于他那富有能量的生性，来建立一个新的帝国，找到一个新的民族，他立意把一被埃及蔑视的宗教赠给这个民族。如同人们知道的那样，这曾是一个英雄性的尝试，同命运搏斗"（摘自薛华手稿《弗洛伊德的摩西》）。

又如康德所谓"理想的哲学家"，似与儒家"圣人"近。康德认为，他们肩负着一项"大自然的隐秘计划"，因此，他们"不是理性领域中的一个技匠，而是其自身就是人类理性底立法者"。牟宗三于此认为，"理想的哲学家"亦当该是孔子，在这一层，"圣人与理想的哲学家为同一"。不过，二者尚有不同："依圣人与理想的哲学家有别言，真正是人类理性底立法者的那个人是圣人，而不是理想的哲学家。或如此说亦可，即：圣人是人类理性底践履的立法者，而理想的哲学家则是人类理性底诠表的立法者，虽然他亦并非无实践，然而未到圣人之境，因此，他相当于贤人或菩萨。"③

---

① 见《诗经·崧高》："崧高维岳，骏极于天；惟岳降神，生甫及申。惟申及甫，惟周之翰；四国于蕃，四方于宣。"（转引自江阴香《诗经译注》卷七，中国书店，1982）
② 徐梵澄：《孔学古微》之《序》，载孙波《徐梵澄精神哲学入蹊》，华东师范大学出版社，2013，第149页。
③ 牟宗三：《现象与物自身》，台湾学生书局，1996，第463页。

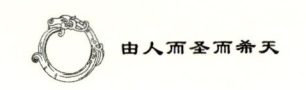

所谓"人类理性底践履的立法者",实质上意味着"圣人"是知与行高度统一的人格表征,也可说是"价值存在的践履者"。落到现实的社会生活来说,"圣人"的关怀,永远朝向人类生活,借用印度圣哲阿罗频多的话,圣人就是"精神底长征之领袖们",他们"要做的事是与人类生命同大,所以开路的那些人,将以一切人类生活为其原地","因为人类生命的每一部分皆应当为精神者所取"。①

槐轩对"圣人"的诠释,当在此高境上。他所言"礼盖无不明,而法亦无不备",实与"以一切人类生活为其原地"之义同符。他反复这样辩说:"圣人之道如沧海,一杯一勺,以暨沟渠江河,皆水也";"圣人教人存心养性,亦无非为实践伦常之本,……大义已全,即不愧于天,精神可以不朽,志士仁人,固不容区也";"圣贤之学,不外伦常,伦常本于心性";"道在日用伦常。日用伦常之事,古今异宜,人情风俗异尚";"自古圣人,皆即其所处之时,职分当为之事"(刘沅:《子问》)。

不过,槐轩所理解的"圣人",不是伫立于高境之上的瞭望者,而是自觉担当大自然所赋予的"养民、教民"之使命的"力行"者:"道者,天理而已,人独得之以成人,禽兽则无有也。以道修身,乃求尽其所以为人之理,故曰:远人不可为道,以人治人,改而止焉。自羲农至孔孟,天生圣人,或为君相,或为师儒,凡所以养人、教人,使其不入于禽兽者,礼盖无不明,而法亦无不备。诗书虽富,惟在力行。言圣人之言,行圣人之行,无愧于人,即无愧于天。反身而求,欲仁即至,有何难企!……人人读圣人之书,不敢存希圣之念,则大非圣人教人之意,上天生人之理矣!"(刘沅《子问》之《弁言》)

如果我们再三思忖槐轩之语(不仅限于上揭文献),或可见其将经典语义又深入一层的用心。我们知道,在诸多儒家经典中皆有圣人明己德以致治

---

① 室利·阿罗频多:《社会进化论》,载《徐梵澄文集》第七卷,上海三联书店、华东师范大学出版社,2006。

的论说。① 然而，槐轩不是一般性地强调"养人"，而更重"教人"。他反复陈言人之为人的先天依据，就在于人"独得"天理（"天道"）而与他物相别。这个相别的意义，关键在人之完成自我之"天性"以挺立人格之尊严上，即所谓"以道修身，乃求尽其所以为人之理"。天赋之"性"，人人皆具，只在尽心力行之程度上有所不同，由是分为三等："全之圣人""得半君子""背之禽兽"。

在此分辨当中，槐轩实有两层深意。一，用天理的遍在性，为所有人确立自身作为价值存在的本体依据，且明示成贤希圣的方向，——"人人皆有天理，即人人皆可圣贤"；二，阐明圣人之"养人、教人"的历史社会担当，非出于个己荣显、声誉传世的权衡计较，而是以本然的悲悯之情为动能，系于淑世的高贵心愿，故而他说，圣人"惓惓于斯世，悲天悯人，未尝稍息，观孔孟可知矣"（刘沅：《子问》）。以今语言之，圣人的担当，乃发自"情心"（heart）而非一般语义的思智之心或曰"思心"（mind）。通观槐轩的语脉，其所言"天生圣人"，或可理解为天生圣人之"悲悯"心（情心）。

槐轩深契古圣之心，实则是将古典文化视为那种伟大人格的精神表现。此恰如牟宗三先生在阐发"综合"理解文化时所言，"文化是人创造的，是人的精神活动的表现，不是脱离人而现在地摆在外面的"，如果将文化"收进来而内在于人的生命，内在于人的精神活动"，那么，文化也就转为"古今圣贤豪杰诸伟大人格的精神表现，而不是与人格生命不相干的一大堆外在的材料"，这是"了解创造文化的生命人格之表现方式，即生命人格之精神表现的方式。这种生命人格之精神表现的方式也就是文化生命之表现的方式"。②

---

① 列举几段文献说明之。《论语·泰伯》曰："大哉尧之为君也！巍巍乎！唯天为大，唯尧则之。荡荡乎，民无能名焉。巍巍乎其有成功也，焕乎其有文章！"《论语·卫灵公》曰："无为而治者，其舜也与？夫何为哉？恭己正南面而已矣！"《尧典》称尧曰："钦明文思安安，允恭克让。光被四表，格于上下。克明俊德，以亲九族。九族既睦，平章百姓。百姓昭明，协和万邦。黎民于变时雍。"《舜典》于舜曰："濬哲文明，温恭允塞。玄德升闻，乃明以位。慎徽五典，五典克从。纳于百揆，百揆时叙。宾于四门，四门穆穆。纳于大麓，烈风雷雨弗迷。"上引文献，皆表中国道德政治之传统。此亦是槐轩思想之一重要向度。

② 牟宗三：《道德的理想主义》，转引自《牟宗三学术文化随笔》，第65~66页。

槐轩于儒家之圣人，乃至佛家之释迦，道家之老子，皆从其伟大的生命人格去讲，因此，我们或可以认为，槐轩是用自己的生命去与圣人的生命相照面，此乃谓之"生命之通透"也。如其在《约言·说道说》中的一段文字，读来不由得令人感沛不已："尧、舜、禹、汤、文、武、周公、孔、孟，圣贤之极也。然此数圣贤者，非有好名之心，非有必传之想。道得于己，不忍斯民自弃其身者，而见于言行以觉天下。尽其分所当为，与其时势事业之所能为，不同而同，知其所以不同，得其所以同。"一句"不忍斯民自弃其身"，既是槐轩对圣人之生命人格的独到体会，同时也融贯着他自己的生命关怀。

前文有言，槐轩论圣人必与民对举；圣人的存在价值在其"养民"与"教民"。他认为，圣人深体民间之生活和事理，故为"通情达理之至者"——"贫病、死亡、愁苦，人情之所同嫉也。圣人遂其生，复其性，而天地之缺憾以平"（刘沅：《拾余四种》之《恒言》）。又言："圣人经世之务不过'富'、'教'二端。凡礼乐文章制度随时变异或有不同，而要不外养民之生，全民之性。"（刘沅：《正讹》卷五）很明显，"遂其生"或"养民之生"，是顺着中国儒家传统之"王道"理想而来的。槐轩深谙"先富后教"[①]

[①] 所谓"先富后教"，可说是儒家洞明于人之事实现象所给出的社会改良计划。如《史记·管晏列传》："管仲既任政相齐，以区区之齐在海滨，通货积财，富国强兵，与俗同好恶。故其称曰：'仓廪实而知礼节，衣食足而知荣辱，上服度则六亲固。四维不张，国乃灭亡。下令如流水之原，令顺民心。'故论卑而易行。俗之所欲，因而予之；俗之所否，因而去之。"又如《论语·子路》云："子适卫，冉有仆。子曰：'庶矣哉！'冉有曰：'既庶矣，又何加焉？'曰：'富之！'曰：'既富矣，又何加焉？'曰：'教之！'"牟宗三先生有一看法值得重视，即儒家之"先富后教"，不仅就民之个人而言，而且更在"物各付物"（此取自程明道语："致知在格物，物来则知起，物各付物，不役其知则意诚不动，意诚自定则心正。始学之事也。"语见《二程全书》之《遗书第二十二上》）的意义上，其主张"每个东西各归其自己"，即"各得其所，各遂其生，各适其性"，这种"王道"的社会模型设计，不仅不是"集权主义"（Totalism）的，而且"正好是 open society（开放的社会），这不是比附，儒家的基本精神正是如此"（参见牟宗三《中国哲学十九讲》，上海古籍出版社，1997，第162~163页）。槐轩在其所处时代，当然不可能使用现代学术思维和语言，但是其"遂生，复性，平天地之憾"的思想，实已包含着尊重每一生命个体之存在价值的精神，如其言："世界虽大，止是人情物理而已。人情物理不尽，是必以天理折衷之。圣人理得于身，义精仁熟，则本天理以成己成人，能酌乎人情物理之极则，故曰时中。"概言之，"统四端，兼万善"（刘沅：《子问》）。

这一道德政治的根本律则。不过，他不是从平面的，而是以纵深之层级来阐发这一重要思想。

就一般意义而论，在经典儒家的政治语境中，仁政是"王道"的特征，可以说，以"养民"为途径，以"教民"为目的，先富后教，是儒家建构道德社会的逻辑秩序。然而，槐轩却将这个理想首先踏实在人的基本生存需要上，他认为，民生物用是"天地"，即大自然赋予人的基本权利——"人也，物也，皆天地所生而各欲其安也"（刘沅：《中庸恒解》）。就生存的基本权利来说，无论智愚贫富，人与人是平等的，故："盖人无智愚，莫不以养生丧死为亟务。"（刘沅：《孟子恒解》卷一）又说："人生所以养生，止宫室、衣服、男女数事，所以成人成己、经天纬地者不过五伦，人人所有，人人所同。"（刘沅：《俗言》）被"天地所生"的民生权力，恰是圣学的应有之义，因为它顺人情合物理。然而，人们对圣人却多有误解，于此，槐轩颇有感慨，"必饥寒困苦而后为圣贤，人孰甘心穷饿！""先儒谈理愈精而愈不合于人情物理，君子固弗从也"（刘沅：《子问》）。"天下古今，耳目岂能周？而圣人一以贯之者，天理人情而已。"（刘沅：《拾余四种》）他以颜回为例："颜子有郭内郭外之地九十亩，本非贫者，箪瓢表其不求安饱之意耳。若果贫甚，俯仰皆无所资，而乃置之不问，曰'吾有道可乐也'，有此不近人情之圣学乎？"（刘沅：《孟子恒解》卷七）

在踏实民生物用的前提下，槐轩进一步阐述"养"与"教"的关系。孟子谓："养生丧死无憾，王道之始也。"（《孟子·梁惠王上》）很显然，生养死葬是百姓最基础的生活需求，而这个现实层面的经济问题则与理想层面的"王道"之治密切相关。因此，孟子又说："无恒产而有恒心者，惟士为能。若民，则无恒产，因无恒心。苟无恒心，放辟邪侈，无不为已。及陷于罪，然后从而刑之，是罔民也。焉有仁人在位罔民而可为也？是故明君制民之产，必使仰足以事父母，俯足以畜妻子，乐岁终身饱，凶年免死亡；然后驱而之善，故民之从之也轻。"（《孟子·滕文公上》）一个有着良序美俗的社会，必然是大多数成员信而有德，行而有道；而欲使百姓有稳定的德行品质，即"恒心"，则无论"乐岁凶年"，在位者或曰主政者，必给予其基

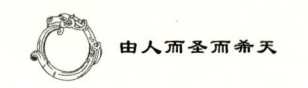

本的生活保障,然后方有"驱而之善"的可能。

槐轩承续了经典儒家"先养后教"的顺序,不过,他似乎另有一番关切在。为什么民有"恒产"则容易向善,即"从之也轻"呢?在槐轩的视界里,物质性的生存是"养民"的要义。因此他再三言明,"治道尽于富,教而不富,何以教。井田不可行,均田之法岂可不知。仿六德六行以求贤,而又严为制度,贵贱毋得侵越。匪才者虽多财,无所用之,则迁善者众矣。"(刘沅:《拾余四种》之《治道类》)"仁政之要在于养民,民生遂而后教以孝悌忠信,彼其爱敬君上之心积于平日,必将以君之耻以为耻。"(刘沅:《孟子恒解》卷一)他分析百姓不能"家给人足"的原因,在于三代之后,主政者失去爱民之心,且施政不当造成的。他说:"周公兼三王以施四事,仰而思之,夜以继日。观《周官》一书,自朝廷至闾阎,人情、物理无不曲尽,法綦密矣。而数传以后即荡弃礼法,至春秋淫逆悖乱无所不有。况三代下贫富不齐,兴养之道甚难,不富又何以教?"(刘沅:《正讹》卷二)又言:"夫子言保庶不过富、教,教必先富。'富'之一字,煞是至难。自商鞅废井田,富者联阡陌,贫者无立锥,任大有为之君不能使家给人足,礼乐教化更何自而兴?"(刘沅:《孟子恒解》卷七)"教必先养,而后世养最难兴,必因时制宜,其权在君亲也。"(刘沅:《俗言》)

应该注意,槐轩没有将"养民"或"富民",仅仅视为物质生存的需要。换句话说,他不把"民"当作只有物质需求的生存者,而是从"天地所生"的终极高度,将民生同时视作百姓获得被珍重感的根要。在槐轩的语境中,此一珍重感的位格甚至更高。百姓被珍重意味着他们有尊严,而尊严必生发出某种主体性的"快慰",在这个意义上,槐轩对孟子"养生丧死为亟务"做出进一步的阐说,——正是基于这种平等("无智愚")的尊严感,"民"之接受礼乐教化,方能"从之也轻"。如其言:"盖人无智愚,莫不以养生丧死为亟务,先令无憾,则民心快慰,使之遵吾礼乐,乃易信从。"(刘沅:《孟子恒解》卷一)

槐轩从天道之终极高度来观照民生,就将经典儒家"养民"与"教民"之社会设计的深邃意涵澄明出来。现在人们的普遍看法是,通过经济的发展使"民"获有富足安稳的生活之后，还应对其进行"教"，即"使人民由自然人而经济人，由经济人而道德人、文化人"。① 然而，槐轩不似我们今人这样，进行"知性"的平面推论。他虽然也肯认"养"（或"富"）与"教"的先后顺序，并关切"不富又何以教"的问题，但这仅是就生存事实而言。实质上，当把"兴养"这一人类存在的根本基础视为大自然的目的时，即所谓"天地所生而各欲其安者"，"民"在槐轩的语境中也就转升到"人"的高度。进言之，在经验性的社会建构层面，"民"是被"养"和被"教"的对象；而在形上的天道高度，"民"则成为被大自然赋予了"天理"或曰"良知""善性"的"人"。此非就个体而言，而是在"人之所以为人"的位格上，把"民"视作"人类"之"人"。在"人类"中，"民"不仅只有保暖安居的需要，而是同所有人乃至圣贤君王一样，有着从自然生命中显豁出理性生命之巨大潜能的"人"。

所谓"理性生命"，不似今语之"知性"，而表之以"道德生命"更为恰切。所谓"道德生命"，人人皆备，因此其有着最大的普遍性。大自然或曰"天道"并非给予人完善的理性或道德生命，而只赋予或可成就无憾人生的潜在能力。就其为天生即有，故为"先天"；而人得之于心，又曰"内在"。在道德哲学的层面，这个"先天而内在"的"潜能"，实为人之为人的本质规定性。经典儒家，如孟子称之为"善端之心"，即所谓由恻隐之心见仁，由羞恶之心见义，由辞让之心见礼，由是非之心见智。

槐轩喻此"善端之心"为"性"或"心性"。他认为，作为"人类"

---

① 关此，曾春海先生的观点可为代表。其在解读孟子德治思想时有言："孟子德治思想的实践原则，在施政重点上有先有后的逻辑秩序，先是能养民，要能为民制恒产，使人民衣食足而仓廪实，造就成富足能安的社会。然而，透过经济的发展所到达的富足安乐社会，并非政治上的终极目标，盖'饱食暖衣，逸居而无教，则近于禽兽。'（《孟子·滕文公上》）因此，在能养之后，应当能教，藉着道德理想的追求来提升人之所以为人的存在价值，理想的社会当是富且贵的社会，由富趋贵的路程，必透过文化教养的实施，使人民由自然人而经济人，由经济人而道德人、文化人。孟子的德政是以造就'父子有亲，君臣有义，夫妇有别，长幼有序，朋友有信'（《孟子·滕文公上》）的道德社会为正鹄。因此，养民是教民的手段，教民才是儒家政治的真实目的和价值所在。"（曾春海：《儒家的淑世哲学——治道与治术》，春晖文艺出版社，2001，第5页）

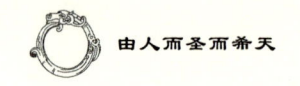

的人，如果仅关注自然生命，而无有德性生命，则与禽兽生物无异。他说："天地父母混合而有此身，异于禽兽者，以其有德。德者何？天理而已。天之理，而人得之以为性。实有曰诚，共由曰道，以其为生生之本曰仁，全之则为圣人，失之则为禽兽。人人所有，人人所能。"（刘沅：《大学古本质言》之《叙》）"有德"的生命，意味着人能够跃出"食色"的生存层，而成为具有人性尊严的价值"存在者"。

第二章
"养其中而制其外"与"制其外以养其中"
——槐轩的治道之思

由"有德"之心性所决定的人之尊严和价值，须体现于两个方面。一是经验生活，即以礼乐为其形质的社会秩序和人伦规范。其言："人心有自然之爱，而圣人导之以礼乐，心失其正则奢淫生焉。非礼乐之难，所以正其心而修其身者难也。道在伦常，伦常本于心性。心性之功不纯，伦常之理不精，故明德为修齐治平之本。"（刘沅：《拾余四种》之《人道类》）二是被"天道"所赋予的"道德心性"，实质上蕴含着人的特殊使命。此即是说，人在合情适理的伦常日用中，使内在的理性潜能（善端）不断地培育扩充以完善自身；而人及社会历史的完善，就是对大自然终极目的的完成。虽根植于形而下之经验生活，然槐轩却在形而上的精神高境，规定了人作为价值存在的本质，即完善的自我及其体现的"天地之心"，在这个意义上，人之尊严与贵重才得以显明。他说："人者，天地之心也。非心何以为人，非人何以为天地，故曰：'人为贵'。""人为万物之灵，灵于其心，实灵于其性。性即天理，无不善也。""人有恒言曰天理良心，善夫！天之理即心之良，心之良始为天之理也。"（刘沅：《拾余四种》之《人道类》）西方哲学家康德有言，"大自然绝不做徒劳无功的事情"，人之"物自身"（牟宗三英译为 thing in itself，意思是"物之在其自己"，就人而言，意即人之自我完善的境界），不仅是自然链条上的最后目的（the last purpose），更是以德性生命即大自然的终极目的（the end purpose）为目标的。槐轩之理想，实与康德同一唱也。

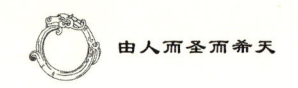

第一节 "万理函于性,万事根于心":
槐轩的世道人心观

分出形下之经验生活与形上之道德心性,此是就应然的义理或曰理论层面而言。在实践原则上,人类的社会秩序与伦常规范能否合情适理,以及个人之言行能否恰得其中,槐轩指出,这些实际上都取决于人的内在修养或曰精神品质。他说:"一理也。在天为命,在人为性。如木果生意曰仁,全备曰德,人所共由曰道,纯一曰诚。"(刘沅:《拾余四种》之《人道类》)他还说:"道只是一个'一'字。一者,不贰之名。以其居于万物之先,而无以尚,曰太极。在人为性,如木果之有仁,曰仁。以其至真言之,曰诚。"[①]更进一步说,人类所有的生活(如家、国、天下)能否皆是良善,悉由人心正与不正所决定:"道该万事,事悉由心而发。心性之理不明,伦理无由而正"。(刘沅:《拾余四种》之《心性类》)"万理函于性,万事根于心。"(刘沅:《拾余四种》之《人道类》)

《子问》中有一段问答,甚能表明槐轩对人"心"与世道的深切看法。其载:

> 问:如子之言,礼以行仁,仁止是天理良心,则非为仁不足以知礼矣。但子罕言仁。朱子曰,仁之道大,故子罕言仁,又不易为。将奈何?
>
> 曰:此汉儒误解,而宋人因之,遂贻误千秋矣!子曰,仁远乎哉?我欲仁,斯仁至。苟志于仁,无恶。有能一日用其力于仁矣乎?我未见力不足者。谆谆以为仁望人,何云罕言哉?《论语》言,与命、与仁、与者,示之详。夫子曰,吾无行而不与二三子,是也。礼所以制外,仁所以养中,未有不养其中而能制其外,不制其外而遂可以养其中。内外

[①] 刘沅:《引蒙》,载余觉中编《圣学梯航》,第193页。

第二章 "养其中而制其外"与"制其外以养其中"

一原，不可偏废，况乎仁者，人也，非仁无以为人，无仁又何以有礼？第全体之仁，即性也，明德也，诚也，道也。全之则与天合，非可旦夕而几。一端之仁，则人人有之，不忍一牛之死，便可保民而王，故一念一言，发于天良，即可为仁。恶其不仁，而求良心天理之安，岂难事哉？扩而充之，可以保四海，孟子已明言之。若以仁为不易为，则是天理良心可一日而无矣。

问者的主要疑问在于礼与仁的关系：礼制的目的是践行"仁"，而"仁"内在于人之心性，不为仁不足以知礼，然槐轩"罕言仁"，故问者有"不易为"之惑。槐轩明确告知，自己从未"罕言仁"，而是殷切希望人们努力体仁践仁，"谆谆以为仁望人"。就"礼"与"仁"的关系来说，二者功能不同，即"礼"重外在制度，"仁"主内在修养，所谓"礼所以制外，仁所以养中"。二者虽功能不同，却互有影响：没有"全体之仁"的内在精神品质（槐轩表之以"性""明德""诚""道"等）就不可能构建礼乐文为之制；而无有良序美俗，也就无法形成范导人心向善的生态环境，即所谓的"未有不养其中而能制其外，不制其外而遂可以养其中"。

请注意，前文有说，槐轩主张心性决定外物，"万理函于性，万事根于心"，而此处所说制外之"礼"与内在之"仁"，又似互相决定："养其中能制其外，制其外可养其中"。那么，这在逻辑上是否相抵牾呢？其实，如果我们用心阅读和体会槐轩的文字，便可见其内含着更深的政道与治道之思。"养其中而能制其外"，实则指向主政者们，意思是他们的道德修养、思想见识、决策水准以及行政能力等全面性的主体品质（能否达"全体之仁"）决定着所建制度的完善与否；"制其外而遂可以养其中"，实则要求主政者们建立善政良法的社会环境，使身处其中的百姓，见贤思齐，日趋向善，得以完成有价值意义的人生。政治学有一观点，良好的人际环境，可以调动人之善性，反之亦然。

槐轩当然不可能用现代学术语言来表述自己的想法，但这丝毫不妨碍我们从他传统的学术形态中，读出其内里的思考向度。看似相抵牾的说法，其实不是逻辑矛盾，而恰是就社会历史的实有状态给出的治道方向。此方向实质上隐喻着政治学的一个应然的价值通则，即在其位者必当有其德。与所有大哲一样，槐轩洞见到社会生活的本质，即人必然生存于各类的关系之中，①而能否形成各个层级和局域的良性人际关系，则在相当程度上取决于处在权力中心的主政者，或关键位置的人物。因为他们的言说动行，哪怕是微小举措，都会极大地影响整个群体的存在状态。正所谓"醉里偶摇桂树，人间唤作凉风"。槐轩的洞见中自有其忧患在焉，他提出，那些身负"保民"之责的主政者们，必须"一念一言发于天良"，且"扩而充之"，方可"为仁"，方能"保四海"。槐轩的这段原话特别值得我们斟酌："一端之仁，则人人有之，不忍一牛之死，便可保民而王，故一念一言，发于天良，即可为仁。恶其不仁，而求良心天理之安，岂难事哉？扩而充之，可以保四海，孟子已明言之。若以仁为不易为，则是天理良心可一日而无矣。"这里，槐轩虽然没有明示"保民""保四海"的主语为何者，但其所指是明确的。在其他文献中，槐轩多有"君上"或"为上"之语。如"心性伦常，天地鬼神，皆赖君上建极以宰之"（刘沅：《拾余四种》之《治道类》）。"有道之人，而为君相钦，万物理而太和翔洽，天清地泰，人物咸康矣！否则，五行不叙，五事不朽，五常不正，而人失其所以为人，天心亦必不安。故为上尤

---

① 槐轩主要从社会关系和政治关系的方面来阐说人的存在特性。杜维明先生也认为人"是一个存在于复杂的关系网络中的实体"，但依据的是另一个角度。他认为，如果把人理解为一个"文化的实体"，那么就需要对人的存在条件做一全面的反思。"人首先是一个具体的人，即他的生物性"，譬如，不能选择自身的父母、性别、出生地、民族、社会环境、历史时代等，"这甚至可以说是命定的（fated to be a particular person）"。我们不能以简单的方式来理解人，"人是非常具体的、活生生的、多面的"。人不仅仅是一种会使用语言和工具的动物。"虽然人与其它动物的区别很小，但这小小的区别使人成为一种特殊的动物。所以必须从多种不同的角度来理解人。"在传统儒家语境中，人既是感性的存在，又是社会的存在，政治的存在，同时也是历史的存在。另外，在感性和现实性的存在之上，人更是"一种形而上的存在，一种哲学上的存在。人和宇宙天地有着密切的关系"。杜氏认为，经典儒家的"五经"，实质上就代表五种对人之理解的方法和标准，即人是感性的（诗经）、社会的（礼乐）、政治的（尚书）、历史的（春秋）、形而上（易）的动物。据此，可以说，人"并非一孤立绝缘的个体，而是一个存在于复杂的关系网络中的实体"（参见杜维明《现代精神与儒家传统》，生活·读书·新知三联书店，1997，第62~63页）。杜维明之论或可与槐轩之思互为阐发和补充，实有助于对槐轩学的理解。

必自修道。"(刘沅：《子问》)徐梵澄先生曾用"球体"来比喻人类的处境。他认为就政治社会关系而言，主政者处在球心，他们的道德水准和执政能力，包括任何一个决策的正当与否，发到球面，对人民生活的影响都是巨大的。① 此论点或可与槐轩的治道之思相互发明。

第二节 "为上尤必自修道"：槐轩对中国历史的深切识见

这里，有一重点需要注意。槐轩论"为上尤必自修道"，也就是在强调主政者必当有君子之德，这不仅洞见到人类社会生活的本质，亦于中国历史之变革的具体境况有深切的识见。他认为，秦汉是中国历史上的重要分界点。唐虞三代有德者在其位，德位统一于圣人，即以"道"治天下；而后世以霸"力"俾天下屈服，"所以陋"。关此，槐轩多有言，如"圣人无意于天下，而天下归之，唐虞三代其道同。后世力争乎天下，而天下屈之，秦汉以下所以陋"；"大才受大禄，君子在位，小人在野，三代盛时，所以朝无滥爵而野无遗贤"；"非其君而天下归仁，不得已应之，则得国正矣。后世其谁？秦隋无道，天下畔之，有诚欲安民者，布德行仁，天下应焉，可

---

① 徐梵澄先生在《孔学古微》中指出，国家或人群的社会及政治关系，如同一球形的机体，而主政者或居重要位置者居于球心，他们的决策正当与否，对于被领导者（如同居于"球面"的群众）的影响是巨大的。"少数领导者或统治者，如果他们能成为仁义君子，那么，他们在国中所行的政策和原则自然是合宜的，社会便可进步、繁荣，无论国人知惑不知，皆可安足。需行之事总是处于中心，一旦角度有些许偏差，球面上产生的差异就会很大。即是说，问题是在根本上解决。"百姓的生活状况取决于政策，而决策得当与否，又由治政者的"全德"人心所决定。这个思路同样可以反推。治政者如果达到"明明德"的至境，那么，他所管理的地域，百姓自然皆可安康而幸福地生活，即对领导者及其政策，"知或不知，皆可安足"。百姓无需对任何特殊的人物感恩戴德，他们的生活如同天降甘霖，春风和煦，仅天道自然而已。因此，徐氏有言："老子所言'不言之教'或'无为之事'，确实不虚"。（徐梵澄：《孔学古微》，华东师范大学出版社，2015，第190页）此治道之至境，亦可见《中庸》三十三章："《诗》曰：'不显惟德，百辟其刑之。'是故君子笃恭而天下平。《诗》云：'予怀明德，不大声以色。'子曰：'声色之于以化民，末也。'《诗》曰：'德輶如毛，毛犹有伦。''上天之载，无声无臭'，至矣。"徐梵澄之"球体"之论，有助于对传统儒家以及槐轩政论的理解。

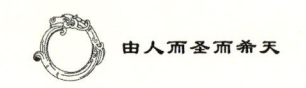

也。汉祖唐宗，惜其未闻斯义"；"不凡之才，其先世必有隐德，而后钟是人焉。惜其得志骄横，不由礼法，既负天心，亦堕祖德，卒亦不免于死亡也。曹操司马懿之流然"等。（刘沅：《拾余四种》之《治道类》）

　　槐轩虽然以终极意义上的"有道"与"无道"来划分唐虞三代和秦汉以后的历史，但并不止步于此。他以今天叫作"历史理性"的眼界，认为秦汉统一自有其势所必至的历史趋向。商鞅变法、春秋战国豪强兼并、废封建等重要历史事件或现象，实有"法久必敝"而引发变革的实然原因。如其言：

　　　　商鞅之罪，在于刻薄寡恩，若废封建、开井田，未可全非也。天下统于一尊，在上者诚能身修道立，本成己以成人，较各君其国、各子其民者易安。井田之制，圣人欲人人安养，其意固美。而保暖生淫欲，饥寒起盗心，谚云原自不错。春秋豪强兼并，由于世禄、世官之故，民多保暖，易生怠荒，久而礼义亦废。虽法久必敝，然即委穷源，事有由致，则封建亦何必定然？易曰，天尊地卑，乾坤定矣。卑高以陈，贵贱位矣。气化不齐，则贵贱贤否不能不分。商鞅废井田，亦似有天意焉！民生固不能人人使之安乐也。孟子言，降大任，必受诸艰。生于忧患，死于安乐，天理固然，人世安能外此？且贫贱未必无成，富贵尤多荡佚，果能因贫贱而自修，则栽培倾覆，亦未必遂终于饿殍，是废井田，不必为商鞅咎也。

　　　　　　　　　　　　　　　　　　　　　　（刘沅：《子问》）

　　槐轩的历史观是很清楚的。他深透到精神或曰心性来理解历史，所谓"法久必敝"，原因不在"法"，而在人"心"的颓败。因此，就普遍的意义来说，人即使身处贫贱困窘，也应修身自强，若如此，则"未必无成"，其"栽培倾覆"端在人之自为；对于"在上者"而言，无论分封建制抑或郡县统一，最根本的不是政体形式，而是主政者的主体品质，如果他们"诚能身修"，那么，治"道"可立；若如此，即使是"统于一尊"的秦汉中央集权，或也可优于"各君其国，各子其民"的封建制度。

当然，这是价值层面的治道方向，是理论范畴的应然原则，在实际的政治和社会情景中，这些原则的实现是十分困难的。槐轩于此极为清醒，他多有感慨地说："道著于人伦而其原在心。心弗正，身弗修，伦何以尽！学，问，思，辨，笃行，务此而已"；"上古开天明道之圣，半由生安。中古治功备而嗜味日繁，天亶神灵，造物以靳之。删书所以断之唐虞，祖述所以止于尧舜也"；"王莽限民田而天下大乱，苏威诵五教而民不信从，莽乱贼而威曲士也，无诚正修齐之本，徒髣古道，可乎！惩之而以为不必如斯，其惑弥甚"（刘沅：《拾余四种》之《治道类》）。或许正是基于价值理念与历史事实之间的差距，槐轩对于人之"心性""道心""复性"等论点的阐发，才充满着殷切的情心（heart）。

槐轩"在上者诚能身修道立"的预设，其背后沉潜着他对秦汉以后的郡县之政体，能否承续三代"圣王施政"的疑虑和忧思，以及他给出的治道之可能性的途径。至此，我们需就中国历史的更易变换稍做插叙，以便为恰切地理解槐轩做必要的背景铺垫。

第三节 "仁育苍生，则大道未尝不在是"：槐轩的价值史观

从槐轩的预设中，或可读出其内中的心思，即与上古圣贤的治道相比，"统于一尊"的郡县制，实为一有缺陷的政体。

政体表示国家形态，因此也谓之"国体"。吕思勉先生指出，中国历史上的国体，"实经三时代：（一）部落时代；（二）封建时代；（三）郡县时代"[1]。

郡县制贵在统一，而统一对于中国历史的意义是巨大的。钱穆先生认为，中国历史上的主要政府形态都是"统一性"的，其言："秦汉政府，虽经王朝更易，其实是一气相承的。西周时代已可说有统一政府，只是'封

---

[1] 吕思勉：《中国制度史》，上海教育出版社，2002，第326页。

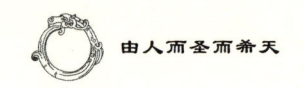

建制的统一'。秦始皇帝时代代表着中国史上第一个'郡县制的统一政府'之开始。汉高祖代表着中国史上第一个'平民为天子的统一政府'之开始。汉武帝代表着中国史上第一个'文治的统一政府',即'士治'或'贤治'的统一政府之开始。这是当时中国人开始建设世界政府以后之三步大进程。"① 这里所说的"统一政府",就国体而言,可总分为"贵族性的封建制"和"平民性的郡县制"。然而,虽皆为统一,二者又有极大的区别。前者易分裂,后者则代表更高的统一要求:"古代的贵族阶级和封建制度,虽在统一政府下,常不免走向分割,必待平民社会逐渐觉醒,逐渐抬头,始有进一步统一之需要。由春秋中叶,直到战国末期,四百年,平民社会各方面势力,继涨增高,进一步的统一要求,愈来愈盛,秦始皇帝的统一,即承应此种要求而产生。但秦王室依然是古代一个贵族阶级之遗传,在此平民势力日涨,贵族势力日消的历史大潮流里,秦国到底也须崩溃。秦国的统一事业,只是当时历史进展中应有之过程。秦王室终于继续其他列国王室而趋于灭亡,古代贵族阶级,到此全部消灭,而后这一个统一政府,开始完全掌握到平民社会的手里。秦国统一,只是旧局面转换到新局面之最后一步骤,必待汉高祖以纯粹平民为天子,始是正式的新时代之开始。"②

所谓"纯粹平民为天子",在理论上意味着人人可登帝位。正如吕思勉说:"秦汉之际之革易,外观虽同,而其实大易。此役也,实政体转变之关键,不容与其余诸役等量齐观也。何也?自周以前之革命,皆以诸侯灭天子。此役则亡秦者皆起自草野,无尺土之民。一也。当时纷纷而起者,六国之后,若六国将相之后,皆无成功。卒登帝位者,乃一贫贱无行之刘季。其将相,亦多贫贱无赖之徒。二也。故此役,实开平民革命之局。自此以后,遂人人可登帝位矣。"③

政体形式的变化只是权力执掌者社会身份的变化。然而,问题的关键在于,无论政体怎样变化,"为民"(即所谓"养民"与"教民")的价值目

---

① 钱穆:《中国文化史导论》,商务印书馆,2001,第94页。
② 钱穆:《中国文化史导论》,第95页。
③ 吕思勉:《中国制度史》,第366页。

标是不能变的。因为这是任何形式的政体合法存在的唯一理由。① 这就意味着在执政目标与实际操作的背后,必有一套文化理念与思想学术作为根本的原则。实质上,这即是传统儒家最为关注乃至耽怀焦虑的"道"与"治"之间的关系问题。如陆九渊谓,"姬周之衰,此道不行"(《象山全集》卷一二《与赵然道》第三书)。"古者势与道合,后世势与道离。"(同上书,卷三四《语录上》)宋元之际的熊鉌说:"秦、汉以下,天下所以无善治者,儒者无正学也。……儒者无正学,则道不可得而明矣。千五百年,牵补架漏,天地生民何望焉!"(《勿轩文集》卷一《送胡庭芳后序》)明刘宗周于《三申皇极之要以决万世治安疏》开头即言:"古之帝王,道统与治统合而为一故世教明而人心正,天下之所以久安长治也。及其衰也,孔、孟不得已而分道统之任,亦惟是托之空言,以留人心之一线,而功顾在万世。又千百余年,有宋诸儒继之。"(《刘蕺山集》卷三)再如晚清学者闫镇珩在《六典通考序》中开宗明义:"由三代以上,治与道出于一。由三代以下,治与道出于二。"

应该说,秦汉统一的郡县制国体以及中央集权政体的出现,使得君主权力能否继续依"道"而行,成为尖锐而突出的问题。钱穆先生曾从社会史而非经学史的视角提出,秦汉时期出现的一批儒家经典,以及汉武帝时代"五经博士制"的确立,其重要意义,就在于以"文治政府"的方式,来规约君主权力在"道统"之内运作。这些文献或许在知识学的层面,尚有许多商榷空间,但就其仍处在儒家精神和社会理想的主脉络之中,而且对统一郡县制及君主世袭有着规约和范导的作用而言,它们是一种重要的思想力量,是"追随于时代潮流而兴起的一种综合的新思想,此派思想,并能把

---

① 中国传统政治思想的"为民"理念,有着普遍性的价值意义,因为它是任何历史时空中之任何政治形态都必须宣称的,而无论实际情况如何。用现代政治学的话语表述,"为民"本质上就是"公共福利的最大化和公共事物的最佳解决"。政体的形式,只是保证此一目标实现的途径和手段,当我们质疑某种权力存在的合理性时,实质上是因其偏离甚至乖违了公共性的价值目标。在这个意义上,政体形式的重要性,正在其对目标实现的保障性(参见毛寿龙《政治社会学》,中国社会科学出版社,2001,第23页)。

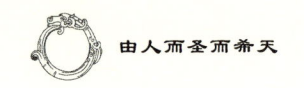

握到指导政治的潜势力。"①

主治权出于君王，虽然避免了"纷争"乃至"分裂"之患，然而由此而来的另一弊端，便是不能保证帝王"德能兼备"而配居君位。若干年前，有学者曾从"控制"机制的角度，提出君权独揽之三大患，此论至今仍有参考价值。其曰："人类任何控制方法都不是万能的，当人们引进一种新控制办法来遏止无组织力量时，又带来新形式的无组织力量，出现新弊病。正如童话中所讲的，魔法师让狗去看管羊群，为了监视狗不出差错，就命令一根棍子去监视狗，但怎么又能保证棍子不出毛病呢？皇帝至高无上的权力和调节作用，固然是凌驾于官僚机构之上的控制力量，但又怎么能保证皇帝不腐化呢？事实上，皇帝位于权力金字塔的顶峰，他上面没有别种力量可以控制他，所以历史上皇帝往往成为腐化的核心。昏君往往是贪官污吏的代表，是全国性腐败的加剧者。皇帝的权力不仅造成本人的腐化，皇权扩大用以监督官僚机构之时，它又把另一种无组织力量引入了一体化结构之中，这就是宦官与外戚干政所造成的一体化结构的自发破坏。"②

牟宗三先生则从另一角度指出弊病所在。他认为，主治权出于君王，实为"政权与治权"不分。因此，"继体之君不能常有德有能而合乎君之理。人之生命随时可以坠落，人之心灵随时可以昏迷。及其堕落昏迷而不能自持，则以君位中心之大机构即不能推动的好。如是，人类本其价值之观念，是非善恶之观念，起而打散它，亦是理之不容已。复此，即不一般地说堕落与昏迷，而君亦有其一定之理，是即有其一定之格。并非任何格任何理皆可为君。李后主、宋徽宗，皆有其艺术上之天才，合乎艺术家文学家之格与理，而不合乎为君之格与理。以彼不合君之格与理者为君，亦不能推动的好。而合不合，则原无先天之保证。以人之生命如此复杂，此并无一原则以限之而使之必合君之格与理。"③

的确，按照人类的普遍价值观念，主政者若无德少能，就应该"起而

---

① 钱穆：《中国文化史导论》，第96~98页。
② 金观涛：《在历史的表象背后》，四川人民出版社，1984，第60页。
③ 牟宗三：《政道与治道》，台湾学生书局，2003，第7页。

打散它",选择有德有能者执政。然而,中国古代之历史性的给定,却只能选择君王世袭的模式作为政体,所谓"君王世袭"即"王位父子相承制"。这就意味着,居于主治权位者,虽可确保由"王统"之内而出,却无法保证其依"道统"行政。令人无奈的是,这是历史不得不如此的选择。

牟宗三认为,对于传统王位世袭制的矛盾,历史上的儒家始终没有提出有效的解决之道:"前贤对于此矛盾,始终未能正面思以解之,而对于由政权一概念之陷于矛盾中所成立之政治困境,历史困境,甚至文化困境,亦始终无法冲得破。此处不能不说是以往儒者思想上之缺憾"。究其根本原因,在于无法开出有效的"观念模型"以支撑"外王之道"的实施,"中国学人之思考方式常是直觉而具体的,常是不能转弯的,不能经由概念之思辨以撑开。自孔孟以及理学家已开出义理之矩矱。本此矩矱以论世(即论外王之道),亦常为此矩矱所限(即于外王处总转不过弯来)。然义理并不限制义理。若真能有内在兴趣之概念思辨力,则义理即可以开出义理来。吾故得言直觉而具体之思考方式有不足也"①。

牟氏的意思很清楚,传统儒家所创之义理,不能解决"外王之道"的问题。其实,这里潜隐着一个思路,即践行"外王之道"的社会,需要相应的义理方有可能。牟氏认为,须有一套"政权与治权"相分的义理,来与"外王"理想相应,而"历史上的儒家始终没有提出"。

然而,问题在于,"外王"的义理实有层次之分,牟氏所言相当于现代学术之政治理论,而最为关键的是,在这些可"操作性"的理论之上,必须有形而上的观念作为价值依据。(这理应是牟氏的应有之义)这是所有真正的哲人都要论证,而且是可论证的(justifiable)。如康德在论证"普遍的和持久的和平"理想时指出:"这个社会的治理规则必然是通过先验的理性,从人们要依据公法去组成法律联合体的理念中获得的。一切特殊事例只能提供说明的例子而非证明,都不可靠。此外,所有的客观事件,都要求有

---

① 牟宗三:《政道与治道》,第9页。

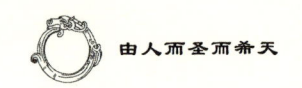

一种形而上学,用它必然的原则去加以论证。"而这一具有"崇高性"的形而上学,如果通过逐步改革,并根据确定的原则加以贯彻,那么,就可能不断接近"最高的政治善境,并通向永久和平"①。

所谓"最高的政治善境",实质上表达了一个思考取向,它意味着所有具有人文理性的国家民族,在任何历史阶段,都应设定以人的合理存在为根本的价值目标。无论是什么样的政治形态,都必须如此。因为,以人为目的,是公权力存在的唯一理由。换言之,它普遍适用于人类历史的任何时段。即使今天之宪政,实亦继承了"最高政治善境"的价值取向。正如有学者言:"宪政史中,始终不变的一个观念是:人类的个体

---

① 参阅康德《法的形而上学原理——权利的科学》,商务印书馆,1991,第192~193页。这一思想,是康德在论述"权利原理"时提出的。若要对此有更恰当的理解,就须注意其阐释语境。康德认为,从理性范围之内来看,建立普遍的和持久的和平,是构成权利科学的整个(不仅仅是一部分)的最终意图和目的。因为和平状态是唯一的具有下面条件的状态:在许多人彼此相邻地住在一起时,在人们之间的关系中,"我的和你的"均依据法律得到维持和保证。此外,"我们结合成一个文明的社会组织,这个社会的规则不是来自单纯的经验,即某些人发现他们的经验对其他人是最好的一种标准的生活指南,可是,一般地说,这个社会的治理规则必然是通过先验的理性,从人们依据公法去组成法律联合体的理念中获得的。一切特殊事例只能提供说明的例子而非证明,都不可靠。此外,所有的客观事件,都要求有一种形而上学,用它必然的原则去加以论证。这种看法甚至会被那些嘲笑形而上学的人间接地承认,他们常说:'最好的政体,就是在这个政体内,不是人而是法律去行使权力。'有什么东西能比他们这种观念具有更多的形而上学的崇高性?这种观念即使按照他们的说法,也具有高度的客观现实性。这种现实性可以容易地通过真实的例子来说明。还有,事实上只有这个观念,才能够得到贯彻,这个观念不是在一次革命中和通过暴力用突然的方式,去推翻现存的有缺陷的政体而被强化的,因为这样一来,整个社会的法律状态便会在一段时间内暂时消失。但是,如果这个观念通过逐步改革,并根据确定的原则加以贯彻,那么,通过一个不断接近的进程,可以引向最高的政治善境,并通向永久和平。"这里,康德的主要思路是,合理的社会治理规则,不能依照某些人的标准(即使他们认为是最好的,也不可以),而必然要从先验理性中获得。此一"先验理性"绝非空悬高挂的概念,而是"形而上学的崇高性"与"高度的客观现实性"的结合体,具体到现代社会来说,就是"依据公法去组成法律联合体的理念"。康德思路的要件,与中国经典儒家的治道精神,路脉异而旨要同,如《中庸》之"道并行而不悖,万物育而不相害",实则内含着维持和保证"我的和你的"之"公法"原则,而这一原则上源于形而上之"天道",下实现于社会民生。槐轩将其概要为"承天心而奠民生"(刘沅:《拾余四种》之《治道类》)以及"中正"精神:"恰得乎人情物理之中,则义精而不失乎规矩之正。"(刘沅:《子问》)虽然经典儒家和槐轩学之内中的学理思路与西哲颇有差异,但其价值关怀的指向是同一的。这些,实在需要我们开阔心胸和视野去体会。

具有最高的价值,他应当免受其统治者的干预,无论这一统治者为君王、政党还是大多数公众。"这就是说,虽然不同历史阶段的政体形态差异甚大,但它们的合法性基础都必须建立在民众福祉之上。从这一角度来看,政权形式只是保证此目标得以最大程度实现的某种模式或设计。"任何特定的模式或设计,与有机体在其生命周期中某一特定时刻所呈现的形式相类似,只是其中的一个驿站而已。"[1] 据此,可以说,政权与治权合一是一"驿站";政权与治权分开亦是一"驿站";"君王、政党、大多数公众",何者握权者,都是一"驿站"。历史之所以要更换"模式或设计",从一个"驿站"走向下一个"驿站",皆因握权者不仅不能最大限度地实现民众福祉,反而剥夺民生民权以至其极。若是以百姓权利为"政之道",那么政体之"驿站",就可能转建为安居乐业之"家园"。古今中外概莫能外。

所谓"形而上学的必然原则",在其价值指向上,可谓之理想性的道德信念。以这样的信念去引导现实社会和历史走向,是那些有担待的思想家们终生不弃的践履,亦可称作崇高的理性事业。据此来看槐轩,他一生所致力的学术事业与教育化众,[2] 无不统之于"养民之生,全民之性"(刘沅:《正讹》卷五)的价值指向,并立足于"全天理以永先泽"(刘沅:《槐轩杂著》卷四之《自叙示子》)的形而上高境,且前者以后者为本体依据,而后者以客观化为前者之目的。

---

[1] 〔美〕卡尔·J·费里德里希:《超验正义——宪政的宗教之维》,生活·读书·新知三联书店,1997,第15页。
[2] 槐轩的生平经历相对简单,除赴京候选和重赴鹿鸣外,平生离川的时间有限;且一生无外任、入仕。《国史馆本传》(简称《本传》)谓其"乾隆五十七年,拔贡中式举人。道光六年,选授湖北天门县知县。安贫乐道,不愿外任,改国子监典簿。寻乞假归,遂隐居教授。博览群书,过目不忘,人咸服其淹恰"。槐轩终生所致力的,主要为治学与授业。就治学而言,《本传》载其所著书,有《周易恒解》六卷、《诗经恒解》六卷、《书经恒解》六卷、《周官恒解》四卷、《仪礼恒解》四卷、《礼记恒解》十卷、《春秋恒解》八卷、《四书恒解》十卷、《大学古本质言》一卷、《孝经直解》一卷、《史存》十六卷、槐轩文集四卷、诗集二卷、《约言》一卷、《拾余四种》二卷,又有《蒙训》《豫诚堂家训》(转下页注)

当然，槐轩的思考路径与诸多思想家尤其是西方的思想家不同，但实质上他们却做着同样的哲学努力，有着共同的人类关怀。或许可以说，槐轩的义理，既用先验性的"天理"范领历史的方向，即其言："吾以'天理'二字定人性，以'中庸'二字概圣贤，实践心性伦常之人为圣贤，可谓为仙佛无不可，否则异端。聊以匡末俗而明大道耳"（刘沅：《槐轩约言》之《道问对》）；又将"天理"之"仁育苍生"的情怀实现为"民生至切之用"，即所谓"百姓日用即道""大道寓于小道"。他说："大道不外心性伦常，盈天地间之经纶，皆所以使人尽其性敦其伦也。百工技艺，其始皆创自圣人，而不从事于圣贤大学之道，则尚于一器而无以成己成物。……农圃医卜，皆民生至切之用。上古粒食未兴，后稷教民稼穑，俾民不鲜食艰食，则治天下之大道即寓于农。瓜壶枣栗悉为民用，圃亦与农并重。先王虑民气不和，民生之多疹而制为医道，所以调燮阴阳，仁育苍生，则大道未尝不在是。至卜之为用，圣人观天地而察人事，使人知悔吝生于善恶，吉凶主于神明，庶知懔畏天命反身修德，……孰谓大道不在是哉！但圣人之于农圃医卜，期以利赖生民而致其中和，后世习之者则为一身一家之计而已。故农圃医卜未尝非小道，亦未尝非大道，在人辨而察之，裕而修之。"（刘沅：《论语恒解》下论）

令人遗憾的是，槐轩同时代乃至后世诸人，对他学术的内中精神，缺少深入体会，而以训诂考证注疏之纯经学名之。道光和咸丰时期，槐轩完成了他的全部经学著作。于此中所内含的精神高境和人世关怀，其同年之友韩鼎晋独有见地："止唐不以经济见诸施行，而第以著述六经为务，人多疑之。

（接上页注②）《保命立身要言》《下学梯航》《子问》《又问》《俗言》等篇，"皆言显理微，足资启发"。就授业而言，《本传》谓"知行合一，以身教人"；"平日裁成后进，循循善诱，著弟子籍者，前后以千数。成进士登贤书者，百余人，明经贡士，三百余人。熏沐善良，得为孝子悌弟，贤名播乡闾者，指不胜屈。"另，刘芬谓槐轩："心性之学，研究终身。"又谓："先生奖藉多方，有来学者，辄勉以圣贤，谓人皆可以为尧舜。讲论最为精确，凡前人之穿凿支离者，胥扩而清之，故服习成才者众。至于义浆仁粟，润枯嘘生，则又先生之残膏余沥，不足为先生纪也。"（刘芬：《清处士刘止唐先生墓志铭》）关于槐轩之生平，可参阅赵均强《性与天道以中贯之——刘沅与清代新理学的发展》（河南人民出版社，2011）相关章节。

第二章 "养其中而制其外"与"制其外以养其中"

然止唐则以治术本于学术,学术必由实践。……其识超而其志宏远,固非外人所能知也。……冀后之人勿以训诂薄止唐之书。"(载刘沅《刘氏族谱》之《送同年刘止唐归里》)

韩氏谓槐轩"其识超而其志宏远",这与前述先验性的"天理"与"民生至切之用",意涵相契。若从人类存在的根本性问题来看,槐轩的精神分量,恰在其如何使"天理"与"心德"客观化,或曰落实在政治层面,建构一个"得乎天理之原与行义之道"(参见刘沅《礼记恒解》卷十三《玉藻》附解)的社会。正如何兆武先生说康德之原则:"道德在任何情况下都绝对是第一位的。"[①] 如果超出知识谱系的范限,依价值取向去看,槐轩即有此深意。他坚执上源"天理",下据人之"道心"的理念,如其言:"理一而已,著为万事万物,而其原皆本于心。心纯乎理,则在我者即天之理,

---

① 何兆武说:"自由、以自由为基础的道德律和权力,决不是一句空话,它是驾驭人类历史的大经大法。一切政治都必须以它为原则,否则政治就会堕落为一场玩弄权术。从根本上说,政治和道德是统一的,此外一切的马基雅维利主义(或洋"法家")在理论上(因而也就在实践上)都是站不住脚的。康德反复申说的基本论点是:人是目的,不是工具。(所以他一定不会同意任何的"驯服工具论"。)人本身就是目的,是大自然的目的;所以'有理性的生物(人)一律平等'(康德:《人类历史起源臆测》)。人以其天赋的尊严都是平等的,否认这一点就只是宣扬奴隶道德。任何统治者如若把自己的同胞当作是工具,那就'违反造化本身的终极目的了'(康德:《重提这个问题:人类是在不断朝着改善前进吗?》)。'你不能以别人为工具'这一准则落实到政治层面便是:'凡是人民所不会加之于其自身的东西,立法者就不得加之于人民。'(康德:《论通常的说法:这在理论上可能是正确的,但在实践上是行不通的》)在康德,道德在任何情况下都绝对是第一位的。"(何兆武:《苇草集》,第70页)槐轩的道德以"道心"为基础,"道心"即"性",实为天赋之"理",人之为人的根据全在"天理",此与康德"人是有理性的生物"本意相契;使心之"性"成长完善而实现"造化本身的终极目的",即槐轩所谓的"万事万理具于心,而心有人心道心。道心天理,人心私欲。自天而之人,七情贼性,自人而之天,节情复性";"必复性而后全仁"(刘沅:《拾余四种》之《心性类》)。槐轩虽然未有现代学术语境中的"自由"之概念,但人能否成为有道德的精神主体,在自我之选择,因此可以说,"自由"实为槐轩乃至经典儒家的题内必有之义。把人人皆有天赋之"理"的普遍观念运用于治世层面,槐轩将主政者的道德作为根本的准则,如他说,"天爱民而立之君,辅世长民莫如德","明德为修齐治平之本","圣人虽往,而其言行具存,学之不已,德奚弗纯。以圣人为不可及而日趋下流,治术所以日敝。修之于身而措诸天下无不宜,仁义而已矣!"(刘沅:《拾余四种》之《人道类》)槐轩固然无有现代学术之语,但道德恒为治道之首位的观念是非常明确的。这些都是我们对槐轩做现代阐释时,须深加体会的。

尽其性而尽人物之性，无不可一以贯之。"（刘沅：《春秋恒解》凡例）本于天理者即"道心"，而"道心"亦谓"心德"，实为人之主体道德。① 在价值本体的意义上，道德"在任何情况下都绝对是第一位的"，而且是人人可行的，"礼乐法度，非常人可议，而仁义者，天性之良，人皆可为也"（刘沅：《拾余四种》之《辨伪》）。在实现"行义之道"的社会理想方面，槐轩则指称清楚，必得居重位者，率先身修而德厚乃道立。以现代学术视界来看，他表达的实则是道德必须引导权力的普适观念——即使在今天的民主时代，槐轩的理念仍然有着重要价值，因为民主政体的功能亦在于限制公权力的私化以及政府对个人权利的侵害等。

至此，或可这样概括，槐轩之"圣人与民"对举的言说方式，其深意在于，既提出为政者必须以德配位之根本性的政治通则，又明确定位了治世思路，借用现代语义，即君与民本非统治与被统治的关系，而是责任者与受益人的关系。这就意味着，在良性的社会政治生态中，主政者承担着"养民教民"的绝对责任，而民享安居乐业则为天经地义之事，即所谓的"承天心而奠民生者"（刘沅：《拾余四种》之《治道类》）。

不过，应特加注意的是，槐轩以"亲民"贯通政治通则与治世思路，在某种意义上可以说，"民"或"亲民"是他治道思想的核心。我们知道，"亲民"语出古本《大学》，而南宋朱熹分经别传，转"亲民"为"新民"。从学术史的角度看，"亲民"一语，的确可视为槐轩与朱子之区别，亦可作为其承续陆王之学的根据。然而，若悉心体会槐轩之论，则可发见"亲民"

---

① 在经典儒家的语境中，"礼"既有内在的价值系统，即"礼义"；又有外在的制度、秩序、规范的体系，即"礼仪"。（参见邹昌林《中国礼文化》之《自序》，社会科学文献出版社，2000，第18页）槐轩依据"天理"与"心性"之形而上，将"礼义"与"礼仪"统之于"心德"，亦谓以"心德"为根本，"礼"的内在之"义"才能体现于外在之"仪"，或曰外在之秩序规范方不失内在价值意义，即所谓的"礼得而义在乎其中"。请见槐轩的详细阐发："天理一而已矣，著而为万事万物则纷赜不齐。先王制为礼以一之，节其太过，文其不及，无方无体，适协乎中，礼得而义在乎其中，故孔子曰'义以为质，礼以行之'，乌有不宜乎时而可以为礼者哉！后世不得乎天理之原于行义之道，往往拘守传注，仿佛古人，而其实窒碍难行，反贻放荡者之口实，岂行礼之难！行礼而不本于心德之难耳！"（刘沅：《礼记恒解》卷十三《玉藻》附解）

实际上是有着特定内涵的。而要理解这些内涵，则须进入槐轩的古史诠释语境，方能对其之深渥覃思见得一二。换句话说，依循他的历史观，或可见其思想命题及价值理念的真切和生动。

第三章
"圣人知天心,立人道,以持气化无穷"
——为权力设准最高道义原则(上)

关于槐轩之古史诠释,笔者以《又问》①开篇第一段文字作为主要解读文本。这段文字较长,其内容几乎涵盖了槐轩思想的主要之点,故首先抄录如下再作读解。其载:

问:成己成人,圣人之道。明德成己,新民成人,俱要做到极好处,此朱子《大学》首章之解也。大人非之,而以为学者必与民相亲,有所本乎?

曰:然。善乎尔之问也!上天爱民,亶聪明,作元后,使为民父母,代天养教赤子,故曰民以君为心,君亦以民为体。父母之于子也,性情心术,起居日用,无不知者,以其瞻依膝下之故。父母于子,曲尽其爱,曲尽其教,未尝自以为功,所以恩同天地。君与民则相去远矣,然万物虽天所生,而去天亦甚远,天又何以并包而涵育之不遗?日月星辰、风云雷雨,天光下济,生养成实,无一不在宥也。君之于民,岂外

---

① 《又问》开篇之"崧云等识"云:"大人著四子六经恒解、《孝经直解》,发明圣人,可谓备矣,虑文繁义深,人不能尽览,又为《大学古本质言》《正讹》《俗言》《下学梯航》《子问》诸书,综圣贤义理而言其大要,用心良苦,然经注犹有不释然者,又近世人情风俗之事,亦当略为指示,祈悯而教之。大人允诺,积久又复成帙,仅录存以便时常恭阅。"可见此时槐轩主要著作已经完成,是而,《又问》当为槐轩晚年之成熟思想。

· 52 ·

是哉？圣人治礼，天子诸侯，必立三朝，燕朝宴息，治朝治事，外朝朝群臣、询万民、询众庶，其与群臣百姓相见也。当依当宁，虽天子不敢安坐，岂过谦哉？为群臣百姓之主，则必以其心为心，以其事为事。深居高拱，堂下远于千里，君门远于万里，而欲民情上达，岂可得乎？下情不通，政制又何以行？圣人旧劳于外，爰暨小人，文王卑服即康功田功，兢兢惟恐不知民情。后世九重高远，即大小官僚，亦威福自用，群黎屏息重足，惟所指挥，行一事、出一令，惟诺盈廷，而四海之内，哗然拂然，置之不问，尚能安宇内、子元元者，寡矣！周制以乡三物教民，德行道艺，天下所同服习。其父师为之于前，子弟率之于后，同师里师、党正州正，无一非三物中人，相沿相习，则不出里闾，固已通知世务。迫道艺既成，升于国学，天子之顾问，司徒之选造，皆在于此，犹恐方隅所限，闻见不周，故以亲民为教。王畿，首善之地，大学，天子之学，天子元子，诸侯嫡子，卿大夫、元士之子，皆在焉，至九州俊秀，由乡而升此者，尤众。合天下之人，讲求天下之务，上下古今，相与研究，而又常与民众周旋，物理人情熟悉，则所学皆为实用，而可以措诸施行。岂如后世坐拥缥缃，高谈性命，偏执自封，而遂欲修其治平乎？修齐治平，不外天理。天理具于心而散着于万事万物，万事万物岂可盛穷？成己成人，只是养教二字周全无憾而已。万国九州、风土人情，及日用事为、智愚清浊，情事百出其途，养之之法，亦非可执一而行。因其俗、制其宜，适合乎人情天理，而民皆乐从，非明明德之圣人，不能随时处中也。至教之之法，固不外乎五伦，五伦本乎天理，天理即德也。人人有天理，则人人皆可以明明德，然而方隅所限，教化所不及，习俗所濡染，种种不齐，有易教者，更有不易教者，亦非圣人不能立教。圣人者，人情物理通达至于精微处耳。人情物理，多不合乎中正，圣人明明德者，天理浑全矣，仁熟自然义精，故以天理折衷，人情物理能曲尽其道，悉契乎人心之所同，然此岂为学之人不与民相亲而能臆想施行乎？宋儒以知觉运动之心为性，故谓明德未必可新民，而孔子言修己安人、安百姓，子思言尽性、尽人物之性，孟子修其身而天下平，俱不明白，所以后世

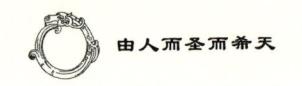

科名成就，方学吏治，文章道德分为两途也，可无辨欤？

为了方便后文的讨论，姑且将上揭文字名之为《上天爱民》。上揭长段文字，以"新民"与"亲民"之问开端。提问者关心的是：槐轩异于朱子"明德成己，新民成人"，而以"学者必以民相亲"即"亲民"立说，如此，根据是什么——"有所本乎？"

槐轩没有直接回答其"本"为何，而是从古史语境中抽绎出"天"—"民"—"元后"（即"天子"或"君王"之意）的关系结构进行阐发。

第一节 天意—民生—德政：周人基于王族本位的观念结构的形成

槐轩"亲民"观念，由绍继古史而来。《尚书·泰誓》云："惟天地，万物父母；惟人，万物之灵；亶聪明，作元后。元后作，民父母。"[1] 又，《尚书·康诰》有云："若保赤子，惟民其康"，意即君王应该像保护婴孩一样保护百姓民人。[2] 很显然，槐轩开篇"上天爱民"数语，皆依据《尚书》之《周书》而来。《泰誓》是周武王伐商大会诸侯时的誓词，现传三篇，今文只有上篇，古文并有中下。关于《康诰》，据司马迁《史记·周本纪》记载，周公在平定三监及武庚所发动的叛乱之后，将康叔封在殷地，以治殷

---

[1] 有学者根据《洪范》"天子作，民父母以为天下王"之句，认为《泰誓》之"元后作，民父母"应为"元后作，民父母以为天下王。"（参见韩邵正《〈尚书〉"民本""民主"曲释订正》，载鞠曦主编《恒道》第四辑，吉林文史出版社，2006）

[2] 众所周知，《尚书》有今文与古文之分，且有着相对复杂的训诂考据的知识谱系。笔者认为，今古文经本，或承儒师，或出圣府，脉络清晰，皆有所自，而且经文尚在，阙义可说，然不可否定其表达的皆为经典儒家的思想。如有学者认为，古文《尚书》可以看作西晋缀拾汉遗古文《尚书》散片的佚文，其中的思想多属春秋以前，如《孟子·公孙丑上》引"太甲曰：天作孽犹可违，自作孽不可活"与今传古文《尚书》相同；另《礼记·缁衣》也引此句，略有异字。这些都说明今传古文《尚书》的思想并非汉、晋人所托撰。然而，亦不可说古文夏商书全然可信，或可说其基本上是周人传述并加以修改而成。（钱宗武：《今古文尚书全译前言》，贵州人民出版社，1991，第7页）出于思想研究的需要，笔者于《尚书》，不受今古文之限囿，而根据论述阐发的需要引用之。

民。此篇诰文是康叔上任之前，周公对康叔的训诫之词。据此可见，槐轩主要以周代为自己的历史观之资源。

王国维的著名观点可为我们理解槐轩提供有效参照。王氏认为，商周之际是上古史发生根质性变化的关键节点，"中国政治与文化之变革，莫剧于殷周之际。殷周间之大变革，自其表而言之，不过一姓一家之兴亡与都邑之转移，自其里而言之，则旧制度废而新制度兴，旧文化废而新文化兴。"所谓"新制度"有三，然而建立新制度的宗旨，非在确保政治权力的"万年永固"，而是着眼于道德，"周人制度大异于商者，一曰立子立嫡之制，由是而生宗法及丧服之制，并由是而有封建子弟之制，君天下臣诸侯之制。二曰庙数之制。三曰同姓不婚之制。此数者皆周之所以纲纪天下，其旨则在纳上下于道德，而合天子诸侯卿大夫士庶民以成一道德之团体。"就功能而言，周人制度有着稳定政治环境和整合社会秩序的重要作用，"是故有立子之制，而君位定。有封建子弟之制，而异姓之势弱，天子之位尊。有嫡庶之制，于是有宗法，有服术，而自国以至天下合为一家。有卿大夫不世之制，而贤才得以进。有同姓不婚之制，而男女之别严。且异姓之国，非宗法之所能统者，以婚媾甥舅之谊通之，于是天下之国，大都王之兄弟甥舅，而诸国之间，亦皆有兄弟甥舅之亲。周人一统之策，实存于此种制度"。然而，周制大不同于夏商者，当在权力与制度本身而不是目的，制度只是道德的承载体。"周之制度典礼，实皆为道德而设，而制度典礼之专及大夫士以上者，亦未始不为民而设也。周之制度典礼，乃道德之器械，而尊尊、亲亲、贤贤、男女有别四者之结体也。此之谓民彝。"①

对于王国维将殷周之变视为"旧制度与新制度，旧文化与新文化"的大变革的观点，有些学者以为不然。如谢维扬先生认为："两个朝代在中国早期国家进程的总的尺度内，仍然可以看作是一个阶段。"② 其根据是，商代同样形成了父子相继的制度和嫡庶的观念，存在着与周代类似的宗法组织

---

① 王国维：《观堂集林》卷十《殷周制度论》，中华书局，1984。
② 谢维扬：《中国早期国家》，浙江人民出版社，1995，第381页。

和宗法制度。从政治角度说，夏商周是前后相继的三个朝代，但是依社会史的视角，三大部族在制度上皆为政权与族权合一的宗法制，用侯外庐先生的话说，即"国家混合在家族里"①。据此，如张光直先生就提出，将夏商周三代作为一个完整的历史时代来处理是比较合理的，"因为在中国古代，文明和国家起源转变的阶段，血缘关系不但未被地缘关系所取代，反而是加强了，即亲缘与政治的关系更加紧密地结合起来"②。

就政权与族权或曰国家与家族之合二而一来说，夏商周三代，的确可以视为"亲缘与政治紧密结合"的完整历史时代。关此，有学者从文化人类学和历史发生学的视角，将其称为"酋邦时代"抑或"都邑国家时代"。③然而，如果我们改变一个视角，即将政治性的控制切换到文化性的认同，那

---

① 侯外庐：《中国古代社会史论》，人民出版社，1963，第32页。
② 参见张光直《中国青铜时代》二集，生活·读书·新知三联书店，1990，第118页。
③ 所谓"酋邦"概念，首先由美国人类学家埃尔曼·塞维斯在20世纪60年代提出，他在《原始社会组织》一书中，将原始社会的演进过程分为"游团"（band）、"部落"（tribe）和"酋邦"（chiefdom）。又在另一部书中提出"国家"是继"酋邦"之后的第四阶段。1983年，张光直先生在《从夏商周三代考古论三代关系与中国古代国家的形成》一文中，第一次介绍了塞维斯的"酋邦"概念，并指出"国家"与"酋邦"的主要区别在于，"酋邦"的政治分级与血缘亲属制度相结合，而"国家"则是"高度中央集权的政府，具有一个职业化的统治阶级，大致上与较为简单的各种社会之特征的亲属纽带分离开来（参见张光直《中国青铜时代》，生活·读书·新知三联书店，1983，第27~56页）。此后，中国史学界逐渐接受了"酋邦"概念，如谢维扬先生在《中国早期国家》一书中，就应用"酋邦"概念对中国古代历史做了系统研究，明确提出：中国历史上从黄帝到尧、舜、禹的传说时代，不属于"联盟"的部落时代，而属于"联合"的酋邦时代，夏代早期国家即是经过夏代之前的"酋邦制"发展而来的（参见谢维扬《中国早期国家》第一篇，浙江人民出版社，1995）。然而，有学者则认为，与"部落联盟"或"军事民主制"等概念相比，"酋邦制"概念更能为人类学和民族学的研究提供重要借鉴，但是，它只能视作某些民族或地区，由部落向国家演进的一种形式和发展阶段，而不适用于对中国古史的阐述。因为，按照定义，"酋邦"是具有明确个人政治权利色彩的社会，可谓人类专制主义政治的发生学源头，如果不加分析地完全根据"酋邦"概念来诠释中国历史，就会把秦汉以后形成的专制主义政治向前推溯两三千年，即早在传说中的炎黄五帝时代就已经产生了。故而，如王震中先生根据考古学所发现的聚落遗址，提出了另一种文明演进模式，试图通过对聚落形态的发展和变化的分析，来取代酋邦的理论模式。这一模式将中国在内的世界历史划分为三大阶段：由大体平等的农耕聚落形态，发展为含有初步分化和不平等的中心聚落形态，再发展为都邑国家形态。具体到中国考古发现，第一阶段之"大体平等的农耕聚落"，其社会组织结构表现为家庭—家族—氏族；第二阶段之"中心聚落形态"，家族—宗族结构（转下页注）

么，或许就可以理解王国维所说的"新旧制度和新旧文化的变革"，其大端实是在道德理想与精神文化之域，即所谓"其旨则在纳上下于道德，而合天子诸侯卿大夫士庶民以成一道德之团体""周之制度典礼，实皆为道德而设，而制度典礼之专及大夫士以上者，亦未始不为民而设也"。

张光直先生曾指出，三代的历史存在着文化与政治不相契合的现象：在政治上，夏、商、周三朝代表相对立的政治集团，在势力强弱的浮沉方面，表现为前赴后继的朝代继承关系；而在文化上，则都是中国文化，具有共同的大特征。[①] 那么，当如何理解这个文化上的"共同的大特征"呢？余敦康先生明确指出，"中国历史的连续性，关键在于文化而不是政治。这种文化主要是以宗族制度为依托的宗教文化，其发生学的源头可以追溯到颛顼时代"。据司马迁《史记·五帝本纪》，颛顼之后，依次为帝喾、帝尧、帝舜，紧接着的是夏商周三个不同的朝代。颛顼所确立的信仰文化，即天神崇拜与祖先崇拜，"构成一个连续性的发展系列，并且凌驾于政治之上，为不同地域和不同族别的各个政治集团势力所认同"，这就使得中国古代文明的进程呈现为"平行并进式"或曰"多元一体"的格局。而天神崇拜与祖先崇拜

（接上页注③）代替了原来的家族—氏族结构，即父权家族确立，个体家庭包含在家族之中，家族包含在宗族之中，从而形成宗族共同体；第三阶段之"都邑国家形态"，此时出现了与父权家族-宗族结构相结合的带有强制性的公共权力和一定规制的礼制，从考古学上来说，相当于龙山文化和古史传说中的颛顼、尧、舜、禹时期。这三个演进阶段在中国文化中所表现出的最大特质，就是宗族组织结构的出现（参见王震中《中国文明的起源与早期国家形成途径的思考》，载李学勤主编《中国古代文明与国家形成研究》，云南人民出版社，1997）。如果我们认同以宗族组织结构为特质的"都邑国家形态"，那么也自然会肯定中国历史正是在这样的时代和社会背景下，进入夏商周三代时期的。就其政治系统与血缘系统几乎是合二而一的重叠关系而言，三代或可继续视为"都邑国家形态"。这种宗族性的纽带关系，至周代，不仅没有因为分封制的实施而削弱，反而更加普遍化了。余敦康先生认为，"都邑国家形态"之宗族组织结构的特质，"从总体上规定了宗法国家的性质"，因此他说："夏商周三代按照王族的宗统组建国家，把社会组织的公共权力转变为国家组织的政治权力，这种政治权力也就必然具有宗法的性质，既不是凌驾于全社会之上的君主个人的专制，也不是一个阶级对另一个阶级的专政，其实质部分仍然是对全社会所普遍奉行的宗统的尊重、整理和维护，致力于亲亲与尊尊之间的有机的结合。"（参见余敦康《宗教·哲学·伦理》，中国社会科学出版社，2005，第24~26页）槐轩"上天爱民"的思想，有着历史发生学的根据，我们只有依循古史背景，才能对内中理路有所理解。

① 参阅张光直《中国青铜时代》，生活·读书·新知三联书店，1983，第27~56页。

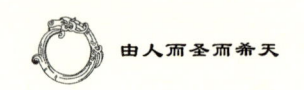

的信仰体制,则成为后世"敬天法祖"的滥觞,并逐渐演变成为华夏族的共同信仰。①

不过,有一个问题值得注意。所谓"以宗族制度为依托的宗教文化"亦可曰"信仰文化",是中国上古历史连贯不断②的根本原因,那么,又该怎样解释"五帝官天下,三王家天下,家以传子,官以传贤"(《汉书·盖宽饶传》引《韩氏易传》)的分别呢?关于公共权力的传承,五帝实行传贤的禅让制,即所谓"官天下";三王实行传子的世袭制,即所谓"家天下"。史家普遍认为,颛顼到尧舜时代,由于各个部落处于平等的地位,不存在按照某个特殊部族的宗统进行权力传承的状况,因此,自然而成传贤的禅让制。夏代依靠军事政治的实力,改变了原有的各部族之间的平等关系,从而垄断了公共权力的传承,按照姒姓家族的宗统来组建国家,开创了一种宗法性的国家模式。此模式为继起的商、周两代所仿效:商取代夏,将子姓家族之宗统转升为商代国家政治之君统;周取代商,又把姬姓家族之宗统转升为周代国家政治之君统。此为三代"传子之世袭制"。当然,三代的政制实有一个逐渐成熟的过程。如关于王位继承,王国维认为,周人始有"立子立嫡之制"。其实,在商代的历史上,虽然大多实行的是"兄终弟及"制,但也曾实行过"立子立嫡"制。司马迁在《史记·殷本纪》中指出:"自中丁以来,废嫡而更立诸弟子,弟子或争相代立,比九世乱,于是诸侯莫朝。"周人"以殷为鉴",在总结殷人经验教训的基础上,才正式确立了"立子立嫡之制"。与"兄终弟及"相比,这个制度因其以血缘关系为中轴,是而就更有利于王权以及整个族群内部的秩序稳定和运作效率。唐代韩愈对此有着

---

① 参阅余敦康《宗教·哲学·伦理》,中国社会科学出版社,2005,第11~16页。
② 张光直认为,中国上古历史以宗族血缘为纽带,走的是一条连续性的由野蛮而入文明的道路;西方,如古希腊城邦国家则是在切断了氏族组织之血缘关系之后而形成的,因此可称为断裂性的由野蛮进入文明的道路。据此,中国文明的发展道路,才是具有"世界性"的。(参阅《考古学专题六讲》之《中国古代史在世界史上的重要性》,文物出版社,1986)根据上古历史的特性,有学者将中国文明称为"原生文化",即从当地民俗传统中发展形成的文化;将希腊文明称为"次生文化",指外界文明加上当地传统而形成的文化(参阅北晨编译《当代文化人类学概要》,浙江人民出版社,1986)。

深刻的历史洞见,他认为,禅让改传子的作用在于"传之子则不争,前定也。前定虽不当贤,犹可以守法。不前定而不遇贤,则争且乱"(《韩昌黎集》之《对禹问》)。

"官天下"与"家天下",虽然表达的是公共权力传承方式的区别,但作为社会基础的宗族统绪,二者却是一致的。五帝时代,整个部落联合体以九族制度为社会组织的基本单位,并普遍地按照父系血统来确立父权的继承,如《尚书·尧典》论尧曰:"克明俊德,以亲九族。九族既睦,平章百姓。百姓昭明,协和万邦。黎民于变时雍。"可以说,五帝时代有宗统而无君统。三代时期,虽然由某一特定家族来组建国家,但仍然是将宗族结构作为整个国家的社会基础。就政治上的君统而言,三代之间表现为朝代的更迭、政权的改姓。然而从对宗统的共同尊奉来看,三代完全可以视为文化上的继承和延续。故而在"礼"的意义上,孔子说:"殷因于夏礼,所损益,可知也;周因于殷礼,所损益,可知也。其或继周者,虽百世,可知也。"(《论语·为政》)不仅如此,就其宗族原则来说,五帝与三代亦有特定的连续性。"分别"是公共权力承继方式的分别,而"延续"则是家族模式的延续。

不过,数千年的上古史,虽然以宗法体系作为公共政治权力的社会基础,但是,掌握王权的宗族亦即王族,究竟怎样处理与其他宗族关系,始终是关键性的问题。如《尚书·尧典》有"九族""百姓""万邦"之说;另有"禹合诸侯于涂山,执玉帛者万国"以及"当禹之时,天下万国,至于汤而三千余国"[1]之传说,这些皆可读出相应的历史背景。尤其是夏商周三代的政治,因其以家天下垄断了公权力,就使得如何以王族为中心,将所有亲疏远近的部族乃至天下所有民人整合为统一的命运共同体,成为更加严峻的问题。

形构休戚与共的"命运共同体",固然需要规范的社会组织体系,但

---

[1] "万国",极言其多。包括不同部族和不同地域,其分约三:一是具有统治地位的姒姓王族;二是沦为从属地位但具有相对独立性的普通姒姓部族;三是与姒姓部族结为同盟关系的异姓部族(参见余敦康《宗教·哲学·伦理》,第33页)。

是，非王族之百姓为何能够接受君王的领导或号令，自愿地进入这样的社会组织系统呢？以今语言之，君王统领天下掌握公权力，必须使自身具有合法性的理由。就三代而论，虽然是"传子"的"家天下"，不过，其王族与非王族之间的臣属关系，却与秦汉以后的中央集权制不同，也就是说，它不带有法定的性质，而是一种自觉自愿的归附，有着相对的选择自由。当然，不能否认，某一王族之所以能够成为权力的中心，确实有着超出其他部族的强大实力。但最为根本的，则是君王乃至所有握权者，若要获得治理天下百姓的合法性，必须将"德"与"民"作为尊奉乃至信仰的最高宗旨。在政治实践中，"德"体现于"得民"，而"得民"必先"保民"。"修德"与"保民"的观念可说通贯于夏商周三代（尽管在夏商不十分明晰）①，然而，殷商之际的变化要超过夏商之际的变化。如果说夏商时期，这些观念形态尚显

---

① "敬德"与"保民"的观念，虽于周人最为明确，但在夏商甚至尧舜时代即已发祥。从文献学的角度来看，有关上古的某些记述，学界多有质疑，被目之为后人依传闻而作的。不过，若就发生学的视野来看，即使为后世儒家所作，这些文献中所蕴含的理念，其从源到流的发展线索，确实是一脉相承，清晰可辨的。据此，古典文献中的记述，是可以作为我们研究中国古代思想文化历史之依据的。关于尧舜之"敬德"与"保民"，《尚书·尧典》有言："克明俊德，以亲九族。九族既睦，平章百姓。百姓昭明，协和万邦。黎民于变时雍。"《郭店楚墓竹简》之《唐虞之道》云："尧舜之行，爱亲尊贤。爱亲，故孝；尊贤，故让。孝之方，爱天下之民。让之囗，世无隐德。孝，仁之冕也；让，义之至也。六帝兴于古，咸由此也。"就夏代来说，《尚书·甘誓》所记载的夏启讨伐有扈氏的誓词中，也传达了保民的思想。其曰："嗟！六事之人，予誓告汝。有扈氏威侮五行，怠弃三正。天用剿绝其命。今予惟恭行天之罚。左不攻左，汝不恭命；右不攻于右，汝不恭命；御非其马之正，汝不恭命。用命赏于祖，弗用命戮于社，予则孥戮汝。"夏启和有扈氏同为姒姓后裔。然而，有扈氏因为触犯天条，即"威侮五行，怠弃三正"，因此遭到夏启的讨伐。关于"五行"和"三正"，传统经学有多种说法，迄无定论。现代学者的研究、解释也不尽相同。如刘起釪认为，"五行"系指天上的五星，"三正"是指人间的三大臣（参见刘起釪《释〈尚书·甘誓〉的五行与三正》，《古史续辨》，中国社会科学出版社，1991，第192～203页）。王世舜根据王引之的观点："威，疑当作威；威者，蔑之假借也。蔑，轻也，蔑侮五行，言轻慢五行也"认为，五行即金、木、水、火、土，所谓轻视五行，是说有扈氏的罪状首先便是轻视或违背自然和社会的运行规律，"亦即轻视运用物质力量的发展为人民造福"（参见王世舜《尚书释注》，四川人民出版社，1982，第74～76页）。金景芳认为，"五行"指地上的水、火、木、金、土五种物质；"三正"指包括天、地、人在内的三种政事（参见金景芳、吕绍纲《尚书·虞夏书新解》，辽宁古籍出版社，1996，第443～448页）。此观点与郑玄及《孔传》"三正，指天、地、人之正道"之论若合。另，于省吾认为："正，长，官长；三正，即三公亦谓三卿。"（转引自王世舜《尚书释注》，第76页）（转下页注）

粗疏和质朴，那么在西周则形成了具有普遍伦理意义的道德观念，以及支撑它的终极信仰，即"天"的观念。关此，有学者指出，在周人的观念中，"已可看到明显的理性化的进步"。与殷人相比，周人的至上观念——"天"，实为一个比较理性化了的"绝对存在"，且有"伦理位格"，可目为调控世界的"理性实在"。而周公所创造的礼乐文化，正是一种"有条理的生活方式，由此衍生的行为规范对人的世俗生活的控制既深入又面面俱到"。"在礼乐文化中，不仅价值理性得到建立，价值理性的建立本身就是理性化的表现。"①

（接上页注①）据上，虽解读不同，但可概括为："五行"表示自然的秩序原则，属"天道"；"三正"实为社会的秩序原则，属"人道"。有扈氏既轻蔑"天道"，又违背"人道"，因此夏启的讨伐是道义性的。再看商代，《尚书·汤誓》有着更为鲜明的"吊民伐罪"的思想。此篇为商汤讨伐夏桀的誓词，也是一篇战争动员令。因为文字比较浅显，故有学者认为是战国时代的作品。不过，《孟子·梁惠王》有引，故当在孟子之前。另据《尚书·多士》所言："惟殷先人有册有典，殷革夏命"，可证《汤誓》底本应属殷人传世之典册，即使后人有所改写，亦不失为可信之史料。汤是商代第一位国君。其时，夏朝内政已十分腐坏，桀的暴虐无道引起民人的强烈反对，汤适时发动了伐夏灭桀的战争并声明其行动的正义性之所在。《汤誓》云："王曰：格尔众庶，悉听朕言。非台小子，敢行称乱，有夏多罪，天命殛之。今尔有众，汝曰'我后不恤我众，舍我穑事，而割正夏？'（王世舜认为，"夏"当为衍文，《史记》引文无"夏"字。见《尚书释注》，第79页）予惟闻汝众言，夏氏有罪，予畏上帝，不敢不正。今汝其曰：'夏罪其如台？'夏王率遏众力，率割夏邑，有众率怠弗协。曰：'时日曷丧，予及汝皆亡！'夏德若兹，今朕必往。尔尚辅予一人，致天之罚，予其大赉汝。尔无不信，朕不食言。尔不从誓言，予则孥戮汝，罔有攸赦。"这篇文字所表达的顺乎天而应乎人、替天行道、解民倒悬的思想，被后世儒家作了人文理性的阐发。如《孟子·梁惠王》引《汤誓》之"时日害丧，予及汝皆亡"以及《尚书》逸文发挥说：《书》曰：'汤一征，自葛始。'天下信之。东面而征，西夷怨；南面而征，北狄怨。曰：'奚为后我？'民望之，若大旱之望云霓也。归市者不止，耕者不变。诛其君而吊其民，若时雨降，民大悦。《书》曰：'徯我后，后来其苏。'"孟子将商汤之讨伐，解读为吊民伐罪的正义之战，得到了夏之众多属国乃至异于华夏族的西夷、北狄的拥护。这或许有些想象性的发挥，然而，其所阐发的"天心即民心"与"得民心者得天下，失民心者失天下"的"民本"思想，却决不失上古圣贤之精神主旨。笔者认为，"敬德"与"保民"的观念虽滥觞于夏，流行于商，然实畅乎于周。西周真正形成了天意决定民情，民情决定德政的成熟理念，故孔子言："周监于二代，郁郁乎文哉！吾从周。"（《论语·八佾》）关于古史，槐轩主要以周代为思想资源，其"天—民—元后"的观念结构，即是对周人"天意—民生—德政"的阐发。

① 陈来：《古代宗教与伦理——儒家思想的根源》，生活·读书·新知三联书店，1996，第9页。

由人而圣而希天

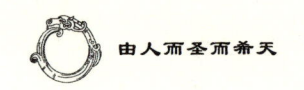

上文所举示的王国维言"异于商者"之周人三项制度，就其社会性的本质而言，仍是解决王族与非王族乃至所有民人和睦共处的问题，即消解"一姓与万姓"之间的矛盾并进而形成命运的共同体。要达此目标，必得建构一种被全体社会所普遍认同的道德理念和伦理秩序。后者体现为国家与社会二元一体的分封制系统，前者则以"敬德"与"保民"为根本内涵。此二者"是一非二"，密切相连，这就是说，若要维持命运共同体的稳固，就必须将道德理念真正贯彻实现于社会生活之中。于此，王国维的论说应给予重视。与那种圣人天生即公的看法不同，王国维认为，古之圣人也有本族"一姓福祚之念"，但是，圣人有着明澈的历史识见，深谙必须以保民显德为宗旨，方能"祈天永命"的道理。他说："古之圣人亦岂无一姓福祚之念存于其心，然深知夫一姓之福祚与万姓之福祚是一非二，又知一姓万姓之福祚与其道德是一非二，故其所以祇天永命者，乃在德与民二字。"（王国维：《观堂集林》卷十《殷周制度论》）用现代学术语言表述，"一姓之福祚"指居于统治地位之王族的私利；"万姓之福祚"则表示全体社会人的公利，也可说是国家整体目的所在。如果罔顾万姓之福祚，而使一姓王族成为特殊的利益集团，那么，王朝的覆灭也就在劫难逃。这是中国贤哲总结出的经验教训和历史智慧。如《吕氏春秋·贵公》云：

> 昔先圣王之治天下也，必先公，公则天下平矣。平得于公。尝试观于上志，有得天下者众矣，其得之以公，其失之必以偏。凡主之立也，生于公。故《洪范》曰："无偏无党，王道荡荡；无偏无颇，遵王之义；无或作好，遵王之道；无或作恶，遵王之路。"天下非一人之天下也，天下之天下也。（高诱注："《书》曰：'皇天无亲，惟德是辅。'故曰：'天下之天下也。'"）

周人以宗法原则构筑分封制的国家模式，其礼乐文为实质上体现的是能被所有民人（包括庶民在内）遵从的文化秩序。若此，被后人熟知的"礼不下庶人"，又该当何解呢？王国维明确指出，那些"制度典礼"并非身份

第三章 "圣人知天心，立人道，以持气化无穷"（上）

等级的象征，而意味着一种必然的要求和责任：使民人得恩泽以融洽，使社会循道义而有序。因此，之所以要使"上自天子诸侯，下至大夫士"必须身处"典礼"之内，目的就在"以为民也"。请读如下语：

> 由是制度，乃生典礼，则经礼三百曲礼三千是也。凡制度典礼所及者，除宗法丧服数大端外，上自天子诸侯，下至大夫士止，民无与焉，所谓礼不下庶人是也。若然，则周之政治，但为天子诸侯卿大夫士设，而不为民设乎？曰：非也！凡有天子诸侯卿大夫士者，以为民也。有制度典礼以治，天子诸侯卿大夫士，使有恩以相洽，有义以相分，而国家之基定，争夺之祸泯焉，民之所求者，莫先于此矣！且古之所谓国家者，非徒政治之枢机，亦道德之枢机也。使天子诸侯大夫士各奉其制度典礼，以亲亲尊尊贤贤，明男女之别于上，而民风化于下，此之谓治，反是则谓之乱。是故天子诸侯卿大夫士者，民之表也；制度典礼者，道德之器也。周人为政之精髓，实存于此。
>
> （王国维：《观堂集林》卷十《殷周制度论》）

所谓"制度典礼"可概称为"礼制"，此表周代政治特征；亦可称之"礼治"，意即以"礼"治天下。按照王国维的解释，"礼"的根本意义不是要将"民"隔离在礼的系统之外，而是在于把各级政治权力纳入包括所有民人在内的社会系统中。正是身处这样的整体社会之中（而非凌驾于社会之上），"天子诸侯大夫士"作为"为政者"，他们自身存在的合理性才能得以实现。换言之，他们存在的必要性或曰价值就在于满足"民之所求"："使有恩以相洽，有义以相分，国家之基定，争夺之祸泯"。进一步说，所谓"礼不下庶人"表示的是，"天子诸侯大夫士"必须"各奉其制度典礼"，并且在"为民"的政治实践中，使自己成为社会的道德表率，由是方有"民风化于下"的"治"世（而非"乱"世）。依俗语：（除宗法丧服数大端外）"礼"是用来要求当官儿的，而非是用来约束百姓的，故"礼不下庶人"也。正是基于此，王国维说"天子诸侯卿大夫士者，民之表也；制度典礼者，道德之器也"。

· 63 ·

从社会生活的视界来看，由于"制度典礼"施行于人的一切关系，乃至所有的重要行为之中，故而，可以将"礼"视为中国上古时代尤其是周人的一种生活方式，甚至是价值的存在方式。① 或许正是在这重意思上，王国维说周人之制，"其旨则在纳上下于道德，而合天子诸侯卿大夫士庶民以成一道德之团体"。而"道德"的根本之义在"为民"，因此又说，制度为民而设，而所有为政者（即执行这些制度的人，今语之"官员"）亦为民而设，"周之制度典礼，实皆为道德而设，而制度典礼之专及大夫士者，亦未始不为民而设也"（王国维：《观堂集林》卷十《殷周制度论》）。饶有兴味的是，西方历史上的有些学者，从另一文化视角看中国礼制，虽然身处其外，但他们的特定解读，却与礼之精神庶几近之。如法国启蒙学者孟德斯鸠就认为，"礼教"把"宗教、法律、风俗、礼仪都混合在一起"而成"道德"或"品德"。"礼"的目的在于保障人民生活在平静和谐的社会关系之中，它实际上"构成了国家的一般精神"。②

---

① 如邹昌林先生认为，"礼"表现了儒家价值系统的核心关系，在以"礼"为纲纪的社会中，礼"不但是人们的行为规范，同时也是生产方式、生活方式和财产分配方式，是所有这一切的总和。"就"礼"所内涵的价值理想而言，"儒家根本的立脚点是以父系血缘关系为基础的社会礼仪，而不是那种造成社会不公平的、以君臣关系为核心的、严格的政治等级礼仪。儒家的全部努力，就是为了把这种政治等级制度纳人人生社会礼仪的系统中，而不是牺牲人生社会的利益去维护以君臣关系为核心的政治等级制度。当这种制度与社会人生的利益相背离时，他们总是站在社会人生的立场上，以社会礼仪和社会伦理为武器，来批判那种造成社会不平等的政治制度和暴君污吏。"（邹昌林：《中国礼文化》，社会科学文献出版社，2000，第21、154页）有丰富的经典文献可支持邹氏之论。如《礼记·表记》云："虞夏之道寡怨于民，殷周之道不胜其敝"；"后世虽有作者，虞帝弗可及也已矣。君天下，生无私，死不厚其子，子民如父母，有憯怛之爱，有忠利之教，亲而尊，安而敬，威而爱，富而有礼，惠而能散"。
② 他山之石，可以攻玉。西方学者的观点适可作为我们理解自己传统的一个重要参考，故在此将孟德斯鸠的几段话录出，以飨读者。关于"礼"表征着中国人的生活方式，孟氏说："他们（指中国的立法者）把宗教、法律、风俗、礼仪都混在一起。所有这些东西都是道德。所有这些东西都是品德。这四者的箴规，就是礼教。中国统治者就是因为严格遵守这种礼教而获得了成功。中国人把整个青年时代用在学习这种礼教上，并把整个一生用在实践这种礼教上。文人用之以施教，官吏用之以宣传；生活上的一切细微的行动都包罗在这些礼教之内，所以当人们找到使它们获得严格遵守的方法的时候，中国便治理得很好了。"关于礼的目标，他有言："中国的立法者们主要的目标，是要使他们的人民能够平静地过生活。他们要人人互相尊重，要每个人时时刻刻都感到对他人负有许多义务；要每个公民在某个（转下页注）

第三章 "圣人知天心,立人道,以持气化无穷"(上)

应该注意的是,周人之"德"与"民"的思想,其内中贯穿着三个价值理念:以亲亲尊尊为原则的人道理念;"皇天无亲,惟德是辅"与"民之所欲,天必从之"的天命理念;"天子自纳于德而民从之"的敬德理念。

1. 关于人道理念,如前所述,周代亦是以家族之宗统构建政治之君统,因此,其既需要设置相应的人际层级以保证整个国家秩序的稳固,又必须凭借血缘亲情使王族与非王族,即所有社会成员凝聚成一个命运共同体。二者是一而二,二而一的关系。就政治秩序来说,国家实行的虽然是分封制,却不能违离"亲其所亲"的血缘宗法原则;① 就社会的命运共同体来说,国家又必须具备明确的上下隶属和平行有间的格局,以"尊尊"的原则来

(接上页注②)方面都依赖其他公民。因此,他们制定了最广泛的'礼'的规则。"关于礼之于人性的教化功能,则说:"在这方面,'礼'的价值比礼貌高得多。礼貌粉饰他人的邪恶,而'礼'则防止把我们的邪恶暴露出来。'礼'是人们放在彼此之间的一道墙,借以防止互相腐化。"关于"礼"的核心是爱,而"爱"构成了国家的一般精神,也有言:"尊敬父亲就必然和尊敬一切视同父亲的人物,如老人、师傅、官吏、皇帝等联系着。对父亲的这种尊敬,就要父亲以爱还报其子女。由此推论,老人也要以爱还报青年人;官吏要以爱还报其治下的老百姓;皇帝要以爱还报其子民。所有这些都构成了礼教,而礼教构成了国家的一般精神。"另外,孟氏还认为,"礼"能够唤起人们内心深处的情感和履行义务的自觉。他举例说:"一个儿媳妇是否每天早晨为婆婆尽这个或那个义务,这事的本身是无关紧要的。但是如果我们想到,这些日常的习惯不断地唤起一种必须铭刻在人们心中的感情,而且正是因为人人具有这种感情才构成了这一帝国的统治精神,那末我们便将了解,这一个或那一个特殊的义务是有履行的必要的。"据此孟氏总结说:"中国人的生活完全以礼为指南。"(参见孟德斯鸠《论法的精神》上册,商务印书馆,1978,第313~316页)

① 周人以小邦周战胜大邦殷之后,其所推行的分封制,无论封与被封,均是以血缘宗族为单位的,即是说"宗族的纽带从未断绝"。关此,《左传·定公四年》载:"昔武王克商,成王定之,选建明德,以藩屏周。故周公相王室以尹天下,于周为睦。分鲁公以大辂、大旗,夏后氏之璜,封父之繁弱,殷民六族:条氏、徐氏、萧氏、索氏、长勺氏、尾勺氏,使帅其宗氏,辑其分类,将其类丑,以法则周公,用即命于周,是使之职事于鲁,以昭周公之明德。分之土田陪敦,祝宗卜史,备物典策,官司彝器。因商奄之民,命以伯禽,而封于少昊之墟。分康叔以大辂、少帛、綪茷、旃旌、大吕,殷民七族:陶氏、施氏、繁氏、锜氏、樊氏、饥氏、终葵氏,封畛土略,自武父以南及圃田之北竟。取于有阎之土,以供王职。取于相土之东都,以会王之东蒐。聃季授土,陶叔授民,命以康诰,而封于殷墟。皆启以商政,疆以周索。分康叔以大辂、密须之鼓、阙巩、沽洗,怀姓九宗,职官五正。命以唐诰,而封于夏墟,启以夏政,疆以戎索。"周人的分封制,体现出很高的政治智慧,所谓"殷民六族"云云,意即使诸族之长,各帅其本当宗同氏以及分枝属族,"职事"于执政的周人。所谓"启以商政","启以夏政",则指周人虽然是征服者,但却尊重被征服者的风俗习惯,"顺民俗而施教",正是《礼记·王制》所说的:"修其教,不异其俗;齐其政,不异其宜。"

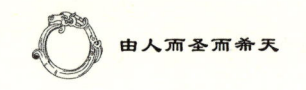

保证其机制的有效运转。换言之，二者之间应维持必要的张力，以形成合理的政治社会体制。关于周代之成熟的整体形态，《礼记》中有经典表述：

> 别子为祖，继别为宗，继祢者为小宗。有五世而迁之宗，其继高祖者也。是故祖迁于上，宗易于下。尊祖故敬宗，敬宗所以尊祖祢也。庶子不祭祖者，明其宗也。
>
> 亲亲、尊尊、长长、男女之有别，人道之大者也。
>
> （《丧服小记》）
>
> 别子为祖，继别为宗，继祢者为小宗。有百世不迁之宗，有五世则迁之宗。百世不迁者，别子之后也。宗其继别子之所自出者，百世不迁者也。宗其继高祖者，五世则迁者也。
>
> 自仁率亲，等而上之至于祖。自义率祖，顺而下之至于祢。是故人道亲亲也，亲亲故尊祖，尊祖故敬宗，敬宗故收族，收族故宗庙严，宗庙严故重社稷，重社稷故爱百姓。
>
> 上治祖祢，尊尊也。下治子孙，亲亲也。旁治昆弟，合族以食，序以昭穆，别之以礼义，人道竭矣。（《大传》）

从文化发生学的角度来看，血缘关系是一种自然关系，中国上古以祖先崇拜作为凝聚力而构成的宗族模式，则标志着自然关系向人文关系的转向。祖先之所以受到后世子孙的崇拜，并不仅仅因其是族人记忆所能追溯到的血缘顶点，而更是有功于民的道德典范。正如《礼记·祭法》所言："圣王之制祭礼也，法施于民则祀之；以死勤事则祀之；以劳定国则祀之；能御大灾则祀之；能捍大患则祀之；……舜勤众事而野死；……契为司徒而民成；汤以宽治民而除其虐；文王以文治；武王以武功去民之灾。此皆有功烈于民者也。"如果说血缘关系是宗族组织的外在网络，那么，先祖则以其德功，成为后世族人的精神象征。如孔颖达所云："祖，始也，言为道德之初始，故云祖也。"

第三章 "圣人知天心，立人道，以持气化无穷"（上）

可以说"祖有功，宗有德"① 的观念，亦为周人构建"嫡子"与"别子""大宗"与"小宗"之宗统血缘网络的内在凝聚力，即所谓"周道之兴自此始"。② 更进一步说，源于"祖德"的价值精神，实通贯于周代之国家与社会的整体系统中。就组织原则而言，以"亲亲、尊尊、长长、男女之有别"四者为根本，即所谓"人道之大者"。然而，历史的实存情境是，在血缘网络之外，必然存在为数更多的非血缘的百姓或庶民。③ 为此，周人

---

① 参见《礼记·祭法》注引："禘、郊、祖、宗，乃宗庙之大祭。禘者，禘其祖之所自出，而以其祖配之也。郊者，祀天以祖配食也。祖者，祖有功。宗者，宗有德。"（孙希旦：《礼记集解》下，中华书局，1989，第1192页）
② 据《史记·五帝本纪》记载，夏、商、周三代的始祖分别是禹、契、稷，三位曾同在尧舜治下任事：禹为帝舜所举，继承父亲的治水事业；契"佐禹治水有功，任为司徒"敬敷五教"；稷被帝尧举为"农师"。《殷本纪》称"契兴于唐、禹大禹之际"；《周本纪》谓"后稷之兴，在陶唐、虞、夏之际"。就周族而言，公刘是稷之曾孙，其时周族因夏后氏政衰而避于戎狄之地，据《周本纪》述："公刘复修后稷之业，务耕种，行地宜，自漆、沮渡渭，取材用，行者有资，居者有畜积，民赖其庆。百姓怀之，多徙而保归焉。周道之兴自此始"。从《诗经·大雅·公刘》中可见公刘"见迫逐"而"迁其民邑于豳"的某些史实："笃公刘，匪居匪康……思辑用光。……弓矢斯张，干戈戚扬，爰方启行。……于胥斯原，既庶既繁，既顺乃宣，而无永叹。……逝彼百泉，瞻彼溥原，乃陟南冈，乃觏于京。……于京斯依，跄跄济济，俾筵俾几。既登乃依，乃造其曹，执豕于牢，酌之用匏。食之饮之，君之宗之……"根据这些文献，可见周代的治世之道，于远祖公刘已肇大端。
③ 关于"百姓"与"民"（或庶民）的确切含义，自汉代以来迄于近人，解释颇有不同。如《诗·天保》毛传："百姓，百官族姓也。"《尧典》郑注："百姓，群臣之父子兄弟。"（见《史记》集解引）《周语》韦注："百姓，百官也；官有世功，受氏姓也。"近人如郭沫若先生认为，"百姓"与"民"分别代表不同社会等级，"百姓"是贵族。他在《两周金文辞大系》之《臣辰卣铭》附注云："百生者百姓也，百官也。"又在《中国古代社会研究》中说："百姓是贵族，又叫作君子"；解释《梓材》篇"以其庶民暨臣达大家"之句，曰："王是第一级。邦君是第二级。大家——就是所谓百姓，是第三极。臣仆和庶民是第四级。前三级就是贵族"。然而，杨希枚先生则经过对诸多史料的考证之后，指出："姓字于古文献上除指子嗣族属而言以外，且兼指人民而言。尤以百姓一词，每与人民互举或连言，其义最为显然。"如《周语》云："夫义，所以利生也；祥，所以事神也；仁，所以保民也；……古之明王，不失此三德，故能光有天下而宁和百姓。"《晋语》曰："昔者之伐也，兴百姓以为百姓也，是以民能欣之。"《齐语》云："无夺民时，则百姓富。"《楚语》曰："祀，所以昭孝，息民，抚国家，定百姓也。"杨氏认为，"民字含有一种被统治者的意思，也就是说，所谓民者，应即诸侯国君所统治的属民。"故《左传》闵公元年云："天子曰兆民，诸侯曰万民。"实际上，"兆或万，以及百姓之百字，均系泛表众多的虚数，在意义上并无多大差别。故百姓一词便与兆民联言或互言。"如《周语》云："昔我先王之有天下也，……以备百姓兆民之用"；"尊贵明显，……然则民莫不审固其心力以役（转下页注）

由亲亲与尊尊（此为四项原则中最重要的两项）中提炼出了"仁"与"义"的精神（而非明确的概念，作为概念的"仁""义"，则完成于孔子和孟子），即所谓"自仁率亲，等而上之至于祖。自义率祖，顺而下之至于祢"。先祖之德功，其心理动能，是由爱血缘亲人而推及于爱天下百姓。"亲其所亲"是一种天赋的情感，将这种原于先天的自然情感推及出去，不断扩大范围以至于全体民人，进而使其升华为自觉的人道理念和价值准则。应该说，从自然到自觉，这真正是周人或曰周公对人类精神文化进步的巨大贡献。诚如杨向奎先生所说："以德礼为主的周公之道，世世相传，春秋末期遂有孔子以仁、礼为内容的儒家思想。"[①] 又如有学者说："没有周公和西周文化养育的文化气质，孔子的出现是不可想象的。也正惟如此，汉唐一千年间以'周孔'并称，完全是自然历史过程的真实体现。"[②]

就人类社会构成的要件来说，作为先天情感的"亲其所亲"与作为后天规定的"尊其所尊"，二者既相反又相成。一个社会，如果只讲"亲亲"原则，那么，人的活动半径，或许只能限定在同姓合族的关系中，而无法建构这一网络（依今语，或可引申为熟人网络）之外的必要的社会秩序；而若果只奉"尊尊"原则，那么，人与人之间就会失去应有的情感共振与仁爱互助，从而使整个社会陷入呆板的规制与凉漠的交易，甚至某种"暴政"之中。在古典儒家语境中，亲亲与尊尊的理性体现是"仁"与"义"，制度体现是"礼"和"乐"。正如《礼记·表记》所云："仁近于乐"，"义近于礼"；"厚于仁者薄于义，亲而不尊；厚于义者薄于仁，尊而不亲"。

（接上页注③）上令……百姓兆民夫人奉利而归诸上"。总之，"古之所谓百姓或百生，群姓或群生，万姓或万生，以及朋生友生，其义互通，均指统治者之邦族兆民而言"。当然，"有时或指子嗣族属"（参见杨希枚《先秦文化史论集》，中国社会科学出版社，1995，第55~73页）。笔者认同杨希枚先生的观点，因为只有将"百姓"解读为"万民""兆民""民人"，才能与周人由"亲亲""尊尊"推及至"爱百姓"的价值精神相契；更进一步地说，为儒家"家、国、天下"的价值理念确立古史的文化源头；具体到本书来说，使槐轩"上天爱民"的思想具有结实的经典文献基础。

① 杨向奎：《宗周社会与礼乐文明》，人民出版社，1992，279页。
② 陈来：《古代宗教与伦理——儒家思想的根源》，生活·读书·新知三联书店，1996，第4页。

第三章 "圣人知天心,立人道,以持气化无穷"(上)

不过,应该注意的是,尽管亲亲与尊尊相反而相成,但从亲亲中升华出的"仁爱"精神却必须贯穿于尊尊的始终,借助今语言之,即所有的政治制度和社会规范都应该以"人"或曰"爱人"为本体(意即"根本之体")。正如《礼记·哀公问》云:"古之为政,爱人为大。所以治,爱人,礼为大"。因此可说,"仁"("爱人")是礼的精神,亦是儒家的核心精神。在"爱人"的意义上,礼方能发生"正"国家天下的作用:"圣人以礼示之,故天下国家可得而正也"(《礼记·礼运》);"乐者为同,礼者为异。同则相亲,异则相敬。礼义立,则贵贱等矣。乐文同,则上下合矣。仁以爱之,义以正之,民治行矣"。(《礼记·乐记》)

正是基于"仁"与"爱"的精神升华,周人才能够超越血缘网络的范限,从"尊祖"推导出"爱百姓"的系统的人伦范式,即所谓"是故人道亲亲也,亲亲故尊祖,尊祖故敬宗,敬宗故收族,收族故宗庙严,宗庙严故重社稷,重社稷故爱百姓。"[①] 后儒将这种由"仁"经"尊祖"(宗统)至

---

① 这里应注意,上古特别是周代,由宗族血缘而延展至非血缘的天下百姓,或曰由尊祖、敬宗、收族、宗庙严、重社稷直到"爱百姓"的推及路线中,"重社稷故爱百姓"是关键。因为"社稷"尚在宗统之内,如《礼记·礼运》说:"天子祭天地,诸侯祭社稷",那么,社稷与非血缘的百姓之间,是凭借什么而内在地联系在一起呢?此与古人的祭地神有关。《周礼》称"地神"为"示",孙诒让先生认为"此经皆借示为祇"。(孙诒让:《周礼正义》第一册,中华书局,1987,第147页。)《说文》示部:"祇,地祇,提出万物者也。"在地示之祭中,"社"最为重要。如《礼记·郊特牲》有言:"社,所以神地之道也","社祭主土而主阴气"。注曰:"山林、川泽、邱陵、坟衍、原隰,谓之五土,社者祭五土之总神也。"(孙希旦:《礼记集解》中,中华书局,1989,第685页)"社"代表地神或曰土神,这是从广义上说。但在政治秩序的语境中,"社"相对于天子而言,谓之"地";而对天子以下的诸侯大夫等,则指称其所管辖的那一部分土地,即上文举示的"天子祭天地,诸侯祭社稷"。政治秩序语境中的"社"是狭义的,因此,不能简单地等同于"地"。恰如金鹗所言:"祭地专于天子,而祭社下达于大夫士,至于庶人,亦得与祭。盖祭地是全载大地,社则有大小。天子大社,祭九州之土,王社畿内之土,诸侯国社祭国内之土,侯社祭籍田之土,与全载地异。又地有上中下,上为山岳,中为平原,下为川渎。社虽兼王土,而为农民祈报,当以平原谷土为主,是社与岳渎各分地之一体,与全载之地尤异,此社神与地神所以分也。"(转引自孙诒让《周礼正义》第五册之《大宗伯》疏,第1317页)可以说,"地"是对自然地理形态的描述,即山岳、平原、川渎;而"社"则依政治层级而有范围大小之不同,又如《礼记·祭法》云:"王为群姓立社,曰大社;己自为立社,曰王社;诸侯为百姓立社,曰国社;诸侯自为立社,曰侯社;大夫以下,成群立社,曰置社。"很显然,"社"虽然有着身份性的限定,但皆以"土地"为祭祀对象,而且(转下页注)

"百姓"的系统，抽绎为"家、国、天下"的治道理路，而支撑这个理路的内在力量则是"仁义"或曰体现"仁义"的"礼义"。借用现代学术语言表之，"礼义"实质上表现的是将理性精神与合理制度高度融合的"人道"力量，正所谓"序以昭穆，别之以礼义，人道竭矣"。如果说，"亲亲、尊尊、长长、男女有别"是周人制度性的原则，即"人道之大者"；那么，自"尊祖"而层层扩展出的"爱百姓"，则通过内含着仁爱精神的文化规范——"礼"，将"人道"的根本要素充分体现出来。

若果我们换一个角度，即从宗教文化的角度，便可见出那种把"人道之大者"与"人道竭矣"相贯通的"仁义"或"礼义"精神。在信仰的深层，其标示着周人已经脱出多神的自然宗教，将最高存在与价值理性紧密联系，从而助力所有人置身于真正的伦理生活之中，并且使族群乃至整体社会发展出了"德性"的观念和道德力量。

西周时代所呈现出的这些理性精神，恰可与德国哲学家恩斯特·卡西尔所论述的"成熟的伦理宗教"相发明。卡西尔认为，以色列先知们的宗教、琐罗亚斯德教、基督教，都可视为"较成熟的伦理宗教"，这些宗教都给自己提出了一个共同的任务，即"解除禁忌体系不堪承受的重负"，同时提出"宗教义务的一个更为深刻的含义：这些义务不是作为约束或强制，而是新的积极的自由理想的表现"。与"伦理宗教"相比照，巫术性宗教的禁忌体系，注重"行为"，而无视行为的"动机"。二者的不同在于，"禁忌体系强加给人无数的责任和义务"，而这些责任"完全是消极的"，不包括任何积极的理想，其以禁令的形式要求人们对某些事情和行为必须回避，实则基于一种恐惧心理——"恐惧唯一知道的只是如何去禁止，而不是去指导，它

（接上页注①）其人文目的在于"为农民祈报"，故"以平原谷土为主"。正如《汉书·郊祀志》引王莽奏云："社者，土地。稷者，百谷之主。所以奉宗庙，工粢盛，人所食以生活也。"又如孙诒让所言："祭稷者，祭稷之神，非祭稷也。物必有神主之，其神既主是物，正宜用是物以祭，报其生育之恩。"（孙诒让：《周礼正义》第五册，第1320页）就是说，"社"字从"土"，是为土神；"稷"字从"禾"，是为谷神。所谓"社稷"，或曰祭"土神"与"谷神"的根本意义，在于感谢"大地"和"谷物"对农民或曰万民的养育之恩。或许正是由于社稷与民生直接关联，因此《礼记·大传》谓之"重社稷故爱百姓"。

警告要提防危险，但它不可能在人身上激起新的积极的即道德的能量"。这种"道德的能量"在人的社会生活中，则会呈现为"一种纯粹的伦理力量"，从人的主体角度，她是"新的积极的自由理想的表现"，亦可谓"伟大的个人道德意志的表现，甚至连自然也呈现出新的面貌，因为人们专门从伦理生活的镜子中来观察它了"。应该说，"伦理意义"使人类的历史获得了一个全新的方向，人可以不再是"禁忌"和"巫术"所束缚的被动物，而完全能够依靠"善的思想、善的词语、善的行为"去过"为正义而进行不间断斗争"的生活，并且通过"正义的力量去寻求或接近上帝"。①

很显然，周人文化与卡西尔所谓"伦理宗教"阶段有若干相似处，不过，周代并没有走向西方唯一神教的道路，而是以"礼乐"文明为其核心，从而开启了中国传统文化独特的精神状态。正像杨向奎先生所指出的那样：没有周公所建立的礼乐文明，"就没有儒家的历史渊源，没有儒家，中国传统的文明可能是另一种精神状态"②。就三代的文明特性而言，有学者认为，"夏以前是巫觋时代，商殷已是典型的祭祀时代，周代是礼乐时代"；具体到殷商时代的信仰，"商人已具有人格神的观念，如祖先神，这种观念要比接触、类比的观念复杂得多，故商代文化已不是巫文化或萨满文化，而是保留着萨满色彩的自然宗教。但这虽然是一种宗教形态，却没有任何道德理想出现，看不到伦理价值，看不到理性智慧，一句话，看不到'价值理性'。而真正的宗教决不能止于消极的禁忌，而是积极的价值和理想。只是，当中国'真正的宗教'开始出现或成熟时，它自己又已经不是'真正'的'宗教'了"③。笔者认同此观点。周人的"礼乐文明"，不是西方宗教学语境中的"真正"的宗教，然却具有所谓"成熟的伦理宗教"的价值理想和超验理念。在它的祭祀体系中，周人从"礼"的规范中发展出"德性"的观念，进而将"礼义"化转为可普遍化的实践性的道德力量，以"爱百姓"作为"人道竭"而实现"天"之期待，

---

① 〔德〕恩斯特·卡西尔：《人伦》，甘阳译，上海译文出版社，1985，第126~139页。
② 杨向奎：《宗周社会与礼乐文明》，第136页
③ 陈来：《古代宗教与伦理——儒家思想的根源》，第11、149页。

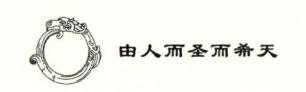

即所谓"以德配天"。此与卡西尔"靠正义的力量去寻求或接近上帝"之意涵相近。

这里,我们必须注意的问题是,周人的人道理念,虽然如《礼记》所言,以"亲亲、尊尊"为主要原则,且由"尊祖"逐层推展出"爱百姓"的普适性的人道理想。但是,如果缺少超验性的价值源头,那么,以"礼义"为核心的整个伦理体系是无法稳实地确立起来的。因此,我们必须进一步探讨,周人"德"与"民"思想中所内含的"天"或"天命"之理念。

2. 具有共识的观点是:周人天命观的特质为天的道德化,而是否合于道德,则取决于主政者对民的态度;周书《蔡仲之命》"皇天无亲,惟德是辅,民心无常,惟惠为怀",是代表性的表述。可以说,周人天命观的道德性是与"保民"的政治文化主题密切相关的。上文谈到,周人由"尊祖"而推展出"爱百姓"的人道观念,那么,一个问题则随之提出,即所尊之"祖"与其信仰的最高代表"天"之间,究竟有着怎样关系呢?

大部分学者认为,周人之"天"或"天命",由殷人的"帝"或"上帝"发展而来。如郭沫若先生认为,"天"虽然在殷商时代早已有之,"但卜辞称至上神为帝,或上帝,却绝不称之为天";作为至上神的"帝",实为殷民族的祖宗神,也就是卜辞中的"高祖夒"。① 这里要注意两点:其一,殷人的至上神称"帝"或"上帝";其二,"上帝"就是殷人的祖宗神。关于前者,陈梦家先生的观点大致相同:"西周时代开始有了'天'的观念,代替了殷人的上帝,但上帝与帝在西周金文和周书、周诗中仍然出现。"又

---

① 郭沫若的观点根据王国维的考证而来。王国维在《殷卜辞中所见先公先王考·夋》中提出,卜辞中的"高祖夒"应该指帝喾。其论据是:从卜辞祭夒来看,夒"必为殷先祖之最显赫者",若"以声求之,盖即帝喾也";甲骨文卜辞中"夋"与"夒"字形极相近,故卜辞中的"夋",皆"夒"字形讹所致,"'夋'者又'夒'字之讹也"。据此得出结论:"《祭法》'殷人帝喾',《鲁语》作'殷人禘舜',舜亦当作夋。喾为契父,为商人所自出之帝,故商人禘之。卜辞称高祖夒乃与王亥、大乙同称,疑非喾不足以当之矣。"(王国维:《观堂集林》第二册,第412~413页)不过,王国维并未表明"帝喾"就是"帝",而郭氏则接续此论,明确认定"卜辞中的帝便是高祖夒"。(《郭沫若全集》历史编第一卷,人民出版社,1982,第327页)。

第三章 "圣人知天心，立人道，以持气化无穷"（上）

说："殷代的帝是上帝，和上下的'上'不同。卜辞的'天'没有作'上天'之义的。'天'之观念是周人提出来的。"[①] 但最为重要的是，陈氏不同意"帝便是高祖夒"的观点，认为"卜辞中尚无以上帝为其高祖的信念"，并详细地阐述道："殷人的上帝或帝，是掌管自然天象的主宰，有一个以日月风雨为其臣工使者的帝庭。上帝之令风雨、降福祸是以天象示其恩威，而天象中风雨之调顺实为农业生产的条件。所以殷人的上帝虽然也保佑战争，而其主要的实质是农业生产的神。先公先王可上宾于天，上帝对于时王可以降祸福，示诺否，但上帝与人王并无血缘关系。人王通过先公先王或其他诸神而向上帝求雨祈年，或祷告战役的胜利。"[②] 可见，"上帝"虽然是殷人的至上神，但却不是权力无限的至上神，它只是"掌管自然天象的主宰"，实为负责"农业生产的神"。而且与祖先神不同，"上帝"不享受祭祀的牺牲。那么，祖先神与"上帝"的关系是什么关系呢？陈氏指出，人王与上帝并无血缘关系，故不可直接向上帝祈求。不过，由于作为祖先崇拜的先王先公可在帝庭或帝所为上宾，因此人王在祭祀祖先时，就可通过先王先公或其他诸神来转达愿望，祈求上帝"令风雨"为人间带来风调雨顺的福祉。明确地说，殷人信仰的祖先神，是世人与上帝之间的媒介，在相当程度上已经"天神化"；而殷人的"上帝"无疑是一个体现农业民族需要的至上神，其关乎人间的"祸福"，是而也可说已经"人格化"。

关于殷人的祖先神灵，陈梦家先生指出，其在卜辞中分为两类：上甲以后的王、妣属于一大类；上甲以前的先公高祖、河、王亥属于另一大类。二者的主要区别是：王、妣、臣对人王和王国有作祟的力量；先公高祖、河、王亥则是福佑的力量，是人王祈求丰年雨水的对象。这里透出一个信息，即殷人的祖先神灵既有悯爱人间，接受世人祭祀祈求并向上帝转达的一面，又有情性不稳，可能作祟的一面。不仅祖先神，殷

---

① 陈梦家：《殷墟卜辞综述》，中华书局，1992，第562、581页。
② 陈梦家：《殷墟卜辞综述》，第582、580页。

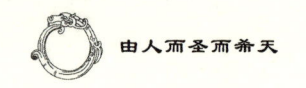

人的上帝亦有降福与降祸之两面性，对人间，既令雨、受又、受年，又令风、降祸、降莫。① 对此，李亚农先生的概括是："殷人创造的上帝并不单是降福于人、慈悲为怀的慈爱的神，同时也是降祸于人、残酷无情的憎恶的神。"② 据上，我们或许可以认为，殷人信仰中的上帝，既没有确定的善恶观念，也没有明晰的理性内容，正如侯外庐先生所说，卜辞中没有一个关于道德智慧的术语。③

笔者尊陈梦家先生之论。由此，就需再作深问，如果"上帝"是殷人的至上神，然而它既不享祭祀，又非从祖先神灵发展而来，那么，应该怎样理解其来源呢？有学者认为，此来源应当是道德相对模糊的"天"之观念。如清末吴大澂最早提出，甲骨文的"帝"字，与花蒂之形相像，认为花之有蒂，果之所自出也；意即草木之所由生，枝叶之所由发，生物之始，与天合德，古帝足以配天，故"帝"字表示有"生物之德者"。④ 再如，詹鄞鑫先生根据《礼记》郑玄注"因其生育之功谓之帝"指出："天有生育万物之功，故称为帝，也就是说，帝的语源义是生育万物""语言中的帝本是对天的别名，其意义是从生育万物的功能来说的"。⑤ 就"生育万物之功"或"生物之德"来说，"帝"的确与"天"有相通之意；而殷人的"上帝"，按照陈梦家的说法，"主要的实质是农业生产的神"，那么，其"生育之功"当然是题中应有之义了。

或许正是在这个意义上可说，甲骨文中虽然未见以"天"为"上帝"的记载，但并不表示商人没有"天"的观念；⑥ 也正是因着"天"的观念，我们才能找到周人之"天"或"天命"由殷人之"帝"或"上帝"发展而来的内在线索。换言之，正是由于殷人的"上帝"作为至上神，并没有完

---

① 陈梦家：《殷墟卜辞综述》，第351、646页。
② 《李亚农史论集》，上海人民出版社，1987，第561页。
③ 侯外庐：《中国思想通史》第一卷，人民出版社，1957，第23页。
④ 转引自许倬云《西周史》，生活·读书·新知三联书店，1994，第99页。
⑤ 转引自陈来《古代宗教与伦理——儒家思想的根源》，第116～117页。
⑥ 参见许倬云《西周史》，第103页；傅佩荣：《儒道天论发微》，台湾学生书局，1988，第12页。

第三章 "圣人知天心,立人道,以持气化无穷"(上)

全人格化,且保留着大自然"生物之功"的意念,① 故而方有此后周人道德化的天命观,乃至成为中国古典哲学之天道善生理念的重要根源。

前文有述,殷人的至上神和祖先神,皆有降幅与作祟之正负两极,且尚没有明确的伦理和道德内容。② 然而,发展至周代,周人的"天命"和"尊祖"信仰,则发生了根质性的变化,即具有了确定的道德内涵,其"天"

---

① 有学者明确提出,殷人的"帝"实质上就是自然之天。因为卜辞中的"帝"能够令风令雨令雷,但这些全部是上帝的主动行为,而非人们祈求的结果;人只可通过占卜知道上帝何时作令,却不可施加影响于上帝;故而,那种认为先祖宾于帝庭而转告人间请求的观点,不能成立。这就意味着,上帝对天象的支配,是有着自己的规律的,不以人的意志为转移,在这个意义上,令风令雨的"帝"实为自然之天。自然之天的上帝,没有祖先神地位高,这或许也能从一个侧面,说明"帝"何以在殷商不享祭的原因(参阅晁福林《论殷代神权》,《中国社会科学》1990 年第 1 期)。

② 认为殷人的至上神和祖先神尚无伦理特质的观点,其主要依据是甲骨卜辞。如果依据《尚书》等古典文献,不仅商,而且夏,都有天命护民的道德思想。陈来认为,《尚书》作为古代政治文献的典籍,与卜辞的一个最大区别,"就是《尚书》所记述的商以前的天帝信仰,不是突出其作为自然的主宰,而突出的是作为人世历史及命运的主宰。"(陈来:《古代宗教与伦理——儒家思想的根源》,第 166 页)《尚书》之"天",作为"人世历史及命运的主宰",主要表现为"王权神授"的思想,而天神将权力授予哪位王者,则取决于"王"是否具有爱民的德行。如《尚书·甘誓》是夏启讨伐有扈氏的誓词,《尚书·汤誓》是商汤讨伐夏桀的誓词,内容皆为受天命保民人,尤其是《汤誓》,甚至明确表达了"一种天心即人心的民本思想"。余敦康先生认为,"这种王权由天神授予而不是由祖宗神授予的思想,内在地蕴含着一种'革命'的观念,如果'王'(如夏桀、商纣)暴虐无道,残民以逞,那么,就会引起上天的震怒,'天'重新授命有德之'王',替天行道,'致天之罚',以救民于水火之中,所谓'殷革夏命','周革殷命',实则表现了以道德为合法性原则的政权更替。就《汤誓》'天心即人心'的王权神授的理论来看,'实际上乃是历史经验的总结,蕴含着丰富的政治智慧。这种王权由天神授予而不是由祖宗神授予的理论,如同一柄双刃剑,一方面固然可以神化王权,另一方面也可以成为推翻王权的思想武器。商汤讨伐夏桀,就其所运用的王权神授的理论而言,与夏启讨伐有扈氏如出一辙。后来周人讨伐商汤的后裔纣王,也是以其人之道还治其人之身,运用同样的王权神授的理论来进行舆论动员的"。据此,不仅在宗统的意义上,而且在王权神授(而非祖宗神授)的意义上,可以把夏、商、周三代的信仰"连成一个系统",如果根据天神观念起源于颛顼时代所进行的"绝地天通"的历史事件,甚至可以进一步把中国古代的信仰"连成一个时间跨度更为宏阔的大系统"(参见余敦康《宗教·哲学·伦理》,第 27~34 页)。笔者充分注意到,由于依据的"文本"不同,学者对于夏、商时代思想的判断亦有殊异,如有人认为,《尚书》之《夏书》和《商书》诸篇,多为后人托拟,其内容多反映的是周人的思想。为了使槐轩学的探讨获得充分的古史资料的支持,故笔者依儒家整体视角,对卜辞和古典文献兼采而用,以服务、阐发思路的主旨。

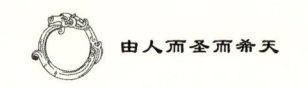

是福佑万民之天,其"祖"是敬天保民之祖。换言之,作为周人最高信仰的"天"或"天命",已经没有了负极方向,它以分辨善恶的理性力量,来要求和监督执政的王族。或许依此视界,我们才能正确理解陈梦家先生所说之意,即商人的"帝"是生活生产的主宰,周人的"天"为政治的主宰。①因此,对于周人的"天命"观念,与其定义为一种新的宗教性,莫如从道德层面来理解它的信仰实质。

据《史记·卫世家》载,武王逝后,成王年幼,周公摄政。武王之弟管叔、蔡叔、霍叔原本授命监视居商故土之殷人,然却在周公摄政后勾结武庚叛乱。周公平叛之后,将康叔封在殷地,以治理殷之余民。《尚书·康诰》便是康叔上任之前,周公对康叔的训诫之辞,意在告知如何治理卫国。《康诰》是周公摄政后发布的最重要的文献,也是我们理解周人文化精神的重要文本依据。周公总结了文王治世的历史经验,将其概括为治国的根本原则:崇尚德教,慎用刑罚,扶弱,任能,敬贤,抑恶,且彰显明晓于百姓庶民,即所谓"克明德慎罚,不敢侮鳏寡,庸庸,祗祗,威威,显民"。凭借德政的治国之道,文王使原有的小邦周,逐渐扩展至大,"用肇造我区夏,越我一二邦,以修我西土"。

在《康诰》中,周公表达了一个极为重要的观念,即"天佑德政",而这也标示着周人为天命观念赋予了确切明晰的道德内涵。"上帝"(天)赞赏肯认文王之德政,于是命其灭掉业已腐坏的殷政权,并代天治理它的国家及其臣民,"惟时怙冒闻于上帝,帝休,天乃大命文王殪戎殷,诞受厥命越厥邦厥民"。准确地说,天命的道德内涵实质上是指向政治的,或曰是为主政者提出的治道标准和社会目标。这其中潜涵着一个前提,即王能否长久得到"天"之授命,全在自己执政是否有德,"用康保民,弘于天,若德裕乃身,不废在王命"。

周公将此前提高升到具有人文意涵的宇宙论,提出"惟命不于常"的重要命题,原话是:"呜呼!肆汝小子封,惟命不于常,汝念哉!无我殄

---

① 参见《古文字中的商周祭祀》,《燕京学报》,1936年,总第十九期。

享。明乃服命，高乃听，用康乂民。"这段话或许透出周人克殷之初的政治忧患心理，但我们更能从中读出，与殷人相比，周公或曰周人意识的本质性变化，即理性精神的呈现。在周人的视界中，"天"已不再是喜怒无常、福祸不定的"上帝"，而是有着道德意志和善恶判断的政治社会性的主宰。天道无私，绝不会恒常地偏爱某一姓王族，且将权命永久赋予之。能否获得天赋大命，取决于是否有"德"，而"德"的定义者是民，若能使民安康，天助之，天助则权命在，权命在则先公先祖永享祭祀。这段话蕴含着三个关键语义：天之大命决于德、德之显晦听于民、民之安康祖有尊。前文曾引《礼记·大传》中由"尊祖"而推展出"爱百姓"的一段文字。如果说由"尊祖"而"爱百姓"，是根据尊尊亲亲原则而展现的人道理想，那么"惟命不于常"这段话，则由"民"之安康来决定权命王族之先祖先公能否得享祭祀。① 概言之，"爱百姓"则"祖有尊"。亦可说，"惟命不于常"的真正意思是"天命惟德"。

很显然，在周人的意识中，众民的作用是极其重要的，周公告诫康叔"敬哉！天威棐忱，民情大可见"，认为德政就是民得安康，甚至恳切地说"若保赤子，惟民其康"。正是基于对民情的敬畏，周公在《康诰》的最后，反复强调"敬哉""勿替敬"，要求康叔"丕则敏德，用康乃心，顾乃德"，"乃以民宁"，"用康乂民"。关于民情与德政的关系，《尚书》存有诸多资料，如《召诰》有曰："夫知保抱携持厥妇子，以哀吁天，徂厥亡，出执。

---

① 这里，有必要将王世舜先生对"惟命不于常"这段文字的译文录出，以供读者参考。译文曰："哎！现在我（周公）要告诉你这年幼的封，要想到上帝的大命是有变化的，你要好好地考虑啊，不要因为你没有把国家治理好而断绝了我们对祖先的祭祀。要努力完成你的责任，经常听取我给你的教导，只有把众民治理好，我们的国家才能得到安康。"（参见王世舜《尚书译注》，第161~163页）原文之"无我殄享"，"享"指祭祀。"殄享"意即灭绝祭祀，意思是说周族的先祖不再享有祭祀，此意味着周族的权命被"天"收回。王世舜先生的理解，有一处可以斟酌，即"用康乂民"，"乂"为"治"义，王氏认为此是倒装句，应为"乂民用康"，故将其表述为：将众民治理好，使国家得安康。笔者认为，结合《康诰》中"用保乂民""用康保民""若保赤子，惟民其康乂"等义，可将其诠释为：使人民的生活得到保障并安定康宁，国家才能治理好，似乎较为妥当。换句话说，国家治乱与先祖尊侮，均取决于周人执政者能否使民安康，简言之，民之福祉是目的。

· 77 ·

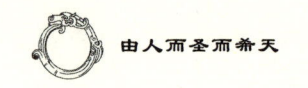

呜呼！天亦哀于四方民，其眷命用懋。王其疾敬德！"君王不仅要敬德保民，还应勤于民事，如《无逸》载："周公曰：呜呼！君子所其无逸。先知稼穑之艰难，乃逸，则知小人之依。相小人，厥父母勤劳稼穑，厥子乃不知稼穑之艰难乃逸。乃谚既诞，否则侮厥父母，曰：'昔之人无闻知。'"为避免论述枝蔓过多，兹不多赘举。

　　值得注意的是，判定执政者有德或无德，决定于民是否享有了福祉，这一观念尚在政治学范域，而周人将此观念溯之于"天"或"天命"，就为周人之天意—民生—德政的关系结构，赋予了终极性的价值源头，使"德政"与"民生"不仅有着道义上的应然关系，而且具有了超出政治范畴的源自"天道"的必然原则，明确地说，就是君王必须如此作为的原则。而这一原则又是根据民人的呼声和意愿来确立的，这就意味着"天"永远基于"民"的立场，来监督主政者即君王之政德。《泰誓》三篇是武王伐商，大会诸侯时的誓词，今文只有上篇，古文并有上中下三篇。其中"天佑下民"的思想，是常被后人引用的经典之语。"惟天地万物父母，惟人万物之灵，亶聪明，作元后，元后作民父母。"（《泰誓》上）"惟天惠民。""天矜于民，民之所欲，天必从之。""天视自我民视，天听自我民听。百姓有过，在予一人。"（《泰誓》中）"古人有言曰：抚我则后，虐我则仇。"（《泰誓》下）王权得命于"天"，而"天"听从于"民"，可以说，周人意识中的"天人关系"，本质上是"天民合一"的关系，意即"天"与"民"是休戚与共的确定性的关系。民的喜怒哀乐必能上达于"天"，而天意是民意的最高代表和终极支持者，故而要根据民意来决定政权的授命。与天民关系相比，君主与天的关系则不具有确定性或曰偶然性的关系。

　　于此，我们须充分理解周人"天神信仰"所蕴含的重要的理论意义。确定性的关系实为一种明晰的具有逻辑力量的价值关系："天意"在民，因此"民意"即"天意"。皇天授命的目的是护民惠民，君王不过是"天意"的执行者，因此与民相比，人民不仅有优先性，更具有社会历史的本体性，即所谓"民本"之义。这就意味着，人民对于君王，没有绝对服从和忍受压迫的义务，反而有着要求主政者必须实行德政的权利，因为所有人（包

第三章 "圣人知天心,立人道,以持气化无穷"(上)

括君王在内)都必须服从天意。如果君王不行德政而施暴虐,则民自会视其为寇仇,并反抗之;而"天"作为道义之代表,自会降罚并收回人世的治理权。有学者将这种天民关系更鲜明地表述为神权即民权,主政者"服从神权也就是服从民心民意"。①

至此,须提及一个不能忽略的向度:在周人之"天意"—"民生"—"德政"之静态的关系结构中,实则还沉潜着一个很重要的基于动态历史经验的理性观念,这主要表现为周人对夏、商两朝历史的总结。

周人认识到,权力的丧失,社会的崩解,其主要原因在自身内部的腐化堕落,而非外力的摧毁。如《尚书·酒诰》是周公对康叔的另一篇诰辞。

---

① 长久以来,多有学者认为,夏商周三代所奉行的"王权神授"思想,是利用神权来神话王权,以期使王权成为凌驾于全社会之上的绝对权力,并且为国家统治的合法性进行辩护。余敦康先生依据《尚书》等经典文献,对这类观点做出了极有思想力量的反驳。他鲜明地指出,"王权神授"的根本意义,并非神权为王权服务,而恰恰相反,是"王权必须服从神权"。且不论周代,就夏、商两代的历史来看,王权虽然有着强大的军事政治做后盾,但却不断地受到挑战、怀疑,甚至被取而代之,也就是说,事实上从未成为凌驾于全社会之上的绝对权力。如《尚书·甘誓》是夏启讨伐有扈氏的誓词,曰:"嗟!六事之人,予誓告汝。有扈氏威侮五行,怠弃三正。天用剿绝其命。今予惟恭行天之罚。左不攻于左,汝不恭命;右不攻于右,汝不恭命;御非其马之正,汝不恭命。用命赏于祖,弗用命戮于社,予则孥戮汝。"["威侮五行",王引之认为:"威,疑当作烕,蔑之假借也。蔑,轻也,蔑侮五行,言轻慢五行也。"五行,即金、木、水、火、土,所谓轻视五行,意思当指轻视或违背自然和社会的运行规律。"怠弃三正",郑玄及《孔传》认为,"三正"指天、地、人之正道(参见王世舜《尚书译注》,第76页)。]从这篇誓词可以看出,王族的祖宗神已经有了生杀予夺的权力,而权力来源于天神所授;夏人的天神观念虽然粗陋,但开始具有了维护自然与社会正道的内涵;有扈氏"威侮五行,怠弃三正",故天神要对其惩罚并收回权命,"天用剿绝其命",同时又将维护人间正道的责任交给另一位人王夏启,令其担负体天行道的责任。再如,《尚书·汤誓》表达了一种"天心即人心的王权神授的理论",并且公开申言,"有夏多罪,天命殛之",完全否定了夏代王权的合法性。其所以如此,"是因为夏代的王权不服从神权,暴虐无道,民怨沸腾,引起了全社会的反对,没有履行天神所赋予的维护正常秩序的职责。商汤利用王权神授的理论进行夺权斗争,说明国家统治的合法性不在王权本身,而在于是否服从神权。由于天神关注的对象是体恤民众,爱护民力,所以服从神权也就是服从民心民意。"这些历史文献表明,在中国古史当中,人王所拥有的权力,"并不是绝对专制的无限权力",人王必须对天神负责,而这在本质上实是对众民负责(参见余敦康《宗教·哲学·伦理》,第23~44页)。笔者认同余氏的观点。因为只有在天神关注众民、神权即民权的思想论域内,方能对槐轩"上天爱民"的观点做出合乎历史与逻辑的解读。

·79·

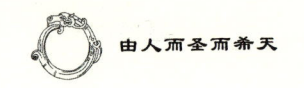

谈的是戒酒，实则是对社会历史之兴衰治乱的深刻洞见。周公告诉康叔，上天造酒，非供享受，而是用于庄严的祭祀，"祀兹酒。惟天降命，肇我民，惟元祀。天降威，我民用大乱丧德，亦罔非酒惟行，越小大邦用丧，亦罔非酒惟辜。"这里的"民"指殷人。殷人忘记了上天之意，肆意饮酒，"用大乱丧德"，因此"天降威"，予以惩罚。周公总结了殷代由盛转衰的过程：成汤到帝乙的阶段，"昔殷先哲王迪畏天显，小民经德秉哲。自成汤咸至于帝乙，成王畏相，惟御事厥棐有恭，不敢自暇自逸，矧曰其敢崇饮。"意思是说，国王勤于政务，人民遵从道德，官吏各尽其职。而帝乙之后的继位者们，"惟荒腆于酒"，纵欲无度，肆意行乐，使社会风气逐渐败坏，以致天怒人怨，"辜在商邑，越殷国灭，无罹。弗惟德馨香祀，登闻于天，诞惟民怨，庶群自酒，腥闻于上，故天降丧于殷。"周公认为，商殷灭亡，不是上天无情，而是殷人自己的堕落招致的，"罔爱于殷，惟逸。天非虐，惟民自速故。"这里的"民"仍指殷人而言。招致亡国的力量，绝非"天"之暴虐，而是从君王到臣民，即源自整个殷商社会的自身腐败——"惟民自速故"，以及由此导致的人伦道德的失序——"诞惟厥纵淫于非彝"。《酒诰》后部有一段话："王曰：封！予不惟若兹多诰。古人有言曰：'人无于监，当于民监。'今惟殷坠厥命，我其可不大监，抚于时。"周公这里提出了一个极为重要的历史观念，即"殷鉴不远"，所谓"当于民监"，意即必须以殷人的失败为借鉴。用今语言之，历史研究的目的和价值，端在于总结和汲取，恰如徐梵澄先生所言，"深入地研究过去，以便为了伟大的未来做好准备。"[①]

就周人而言，仅仅认知"夏命移商"（殷革夏命）与"殷命移周"（周革殷命）的内部原因还是不够的。更为深刻的问题是，这种权命转移，固然源于"诞惟厥纵淫于非彝"的自身腐败，但是这种"惟民自速故"，是否定然成为每一掌握政权者的历史宿命呢？很显然，周人是否定历史宿命的。基于对动态历史经验的观察，他们认定，只要践行一幕有"德"的历史，就能避免夏、商之难，使社会永治久安；进一步说，只有"敬德"，自我毁

[①] 徐梵澄：《古典重温——徐梵澄随笔》，北京大学出版社，2007，第120页。

亡才无法成为历史的宿命。《尚书》之《召诰》是表达这种敬德历史观的典型之作。周公在这篇诰辞①中，从理性的高度指出，"惟不敬厥德"是夏、商腐坏亡命的根本原因："相古先民有夏，天迪从子保，面稽天若，今时既坠厥命。今相有殷，天迪格保，面稽天若，今时既坠厥命。""我不可不监于有夏，亦不可不监于有殷。我不敢知曰，有夏服天命，惟有历年；我不敢知曰，不其延。惟不敬厥德，乃早坠厥命。我不敢知曰，有殷受天命，惟有历年；我不敢知曰，不其延。惟不敬厥德，乃早坠命。"夏与商，都是因为不能敬"德"，而导致早失权命。既然夏、商之毁亡都在"惟不敬厥德"，那么，现在被"天"授予大命的周人，当然应该汲取历史教训，即"监于有夏""监于有殷"，必须以"德"为治世的根本原则。可以说，无论从负面抑或正面来看，"敬德"始终贯穿在周人的历史观中；并且，在周公看来，周人的历史使命就是要将"惟不敬厥德"转为"惟王其疾敬德"，即将"无德"转为"有德"之社会。如其言："今天其命哲，命吉凶，命历年。知今我初服，宅新邑，肆惟王其疾敬德。王其德之用，祈天永命。其惟王勿以小民淫用非彝，亦敢殄戮用乂民，若有功。其惟王位在德元，小民乃惟刑用于天下，越王显。上下勤恤，其曰，我受天命，丕若有夏历年，式勿替有殷历年。欲王以小民，受天永命。"

3. 如果说，周人之"天意—民生—德政"的观念结构，是在静态的表述中，提出了以"民"为核心的应然原则（于此可概括为：保民生为德政，有德政则合天意），那么，贯穿于动态历史中的"敬德"观念，则将终极性的"天"与经验性的"德之用"相关联，从而使应然原则具体化为可践行的方式，换言之，其明确了"敬德"的社会内容。《尚书》之《周书》中的相关内容比较多，这里根据本文探讨的需要，择其大端言之，即"敬德"非停留于"信仰"，更是真诚的"实践"。"敬德"的实践主体是"王"，而"王"不仅要实施"保民"的行政举措，更应使自身成为众民仿效的德性榜

---

① 据《史记》之《周本纪》和《鲁周公世家》记载，武王逝后，成王尚幼，因而周公"代成王摄行政当国"。七年之后，成王年长，周公还政成王，"北面就臣位"。时年，成王修洛邑，派召公主事。此间，周公去洛邑视察，作《召诰》与《洛诰》。旧注均以《召诰》为召公所作，然而，从内容看，应为周公作。笔者从《史记》说。

样，此即王国维所说，"所谓德者，又非徒仁民之谓，必天子自纳于德而使民则之"。"敬德"实有"德政"与"德教"的双重意涵。借用现代语言来说，"德政"是在衣食住行的生存层面解决民生问题，"德教"则要使众民于意义存在层面同样成为有教养有价值的人。如上引《召诰》云："其惟王位在德元，小民乃惟刑用于天下，越王显。"① 或许正是在"王"之身教的意义上，周人之"德政"也可理解为"德教"。如《康诰》中有言"今民将在祗遹乃文考，绍闻衣德言"。所谓"衣德言"，即"依德教"之义。② "德政"侧重物质生活，而"德教"则期待"民"不仅是康定安宁日子的享有者，亦能成为"经德秉哲"（《酒诰》）之人。从"德教"的视角，我们对王国维所说周代文化精神的那段话（"其旨则在纳上下于道德，而合天子诸侯卿大夫士庶民以成一道德之团体。周公制作之本意，实在于此"），或许会有多一重理解。

不过，在现实生活中，人的问题是很复杂的。从社会治理的角度说，民人的需求以及状况是极为多样的。周人对此有着深度的观察和适当的理解。在复杂多样的情态中，主政者秉持的首要治道原则，是对百姓的恩惠宽和。因此，在把"民"与"天"相互连接的终极前提下（即"天佑下民""天矜于民"），进一步具体提出"惟天惠民"（《尚书·泰誓》中）的主张。如《尚书·蔡仲之命》的名句"皇天无亲，惟德是辅"，紧接其后的话是"民心无常，惟惠之怀。为善不同，同归于治；为恶不同，同归于乱"。这里的关键字是"惠"。又如《尚书·皋陶谟》"安民则惠，黎民怀之。"再如周

---

① 王世舜先生对这段话的解译，可供参考。周公对成王说："希望成王居于天子之位，而有圣人的大德，小民在下面便能够自行按照法度行事，发扬王的美好的品德了。"（王世舜：《尚书译注》，第190页。）

② 关于"衣德言"，王世舜先生有考："衣"同"依，依照"。孙星衍认为，"《学记》'不学博依'，'依'或为'衣'。言今之人，将在敬述文王，继其旧闻，依其德言。"又，曾运乾说："衣，当为殷。《中庸》：'壹戎衣'注：'衣读为殷，声之误也。齐之言殷声如衣。'言今民将察汝之敬述乃文考，绍文考所闻殷之德言与否也。"又，杨筠如说："衣，《白虎通》：'衣，隐也。'古衣、隐同声。《无逸》：'则知小人之依'，即知小人之隐也。此文依亦为隐。隐德之隐，与绍闻正相对成义也。"王氏译注采孙星衍说。故曰"德言"即"德教"。（王世舜：《尚书译注》，第153页）笔者从王世舜说。

公对康叔说，民之怨"不在大，亦不在小。惠不惠，懋不懋"①。(《尚书·康诰》)"惠"意味着民心可以"无常"，亦可有"常"。有"惠"就有"常"，无"惠"就"无常"。

如果将"民心无常"与(天)"惟命不于常"相联系，那么，可以看出"民心"与"天命"是同构的，都是"有常"与"无常"的统一。就"天命"而言，可以借助吕大吉先生的说法帮助理解。古史中的"帝"或"天"，都可视为"神灵"，这些神灵皆有内心世界、道德属性和理智特征，"有些宗教神学家是用富于情欲和意志的色彩塑造和描绘出来的，而有些宗教神学家则使用富于智慧和理智的笔调去精心雕凿。这样一来，就使不同宗教的不同天命观，在内容上和性质上有不同的形态和色调：或者发自于神灵的恣情任意，表现为注重情欲的天命观；或者出自神灵的伦理和理性的思考，使其天命具有某些伦理性和理智性的特征。前一种天命常常是反复多变、不可捉摸，神灵喜怒无常，天命亦不可测。后一种天命则往往表现为有常的天道和整然有序的世界结构。"笔者以为，殷人的"上帝"或与前一种天命相类，而周人之"天"则与后一种天命相仿。"上帝"无常，而"天"有常，因此可说，在周人的天命观中，"由于天命有常，表现于一定的规律和整然有序的世界结构之中，所以，天命是定然如此，不可改变的。这种规律和秩序，我国传统宗教常以'天道'之名命之。'天道'是天帝无声的命令，它显示了天命的不可抗拒、不能改变的神圣性"②。吕氏的观点很明确：

---

① 王世舜将"惠"解释为"顺服"；"懋"解释为"勉力"。据此将这段话译为："民怨的可怕不在大，也不在小。如果认真对待，民怨虽大也不可怕，如果不认真对待，民怨虽小，也是可怕的。一定要使那不顺服的人，顺服我们；一定要使那不努力为我们服务的人，努力为我们服务。"(王世舜：《尚书译注》，第153页。)笔者以为，根据上下文义及全篇主旨，将"惠"理解为"恩惠""宽厚"，可能比较接近原意。如《尚书·无逸》："怀保小民，惠鲜鳏寡"；《左传·庄公十年》："小惠未遍，民弗从也"；《论语·公冶长》："其养民也惠"；《荀子·王制》："庶人骇政，则莫若惠之"；《汉书·元帝纪》："惠此中国，以绥四方"。另外，"懋"，为"勤勉""勉励"之义。如《国语·周语上》："先王之于民也，懋正其德而厚其性，阜其财求而利其器用"；《周语中》："叔父其懋昭明德，悟将自至"。根据上示文献，此段文字或可译为：民人的怨气不在其大或小，最重要的是，主政者能不能惠泽于民(惠不惠)，能不能勉励和教导民人提高道德，修养心性(懋不懋)。

② 吕大吉：《宗教学通论》，中国社会科学出版社，1989，第174~175页。

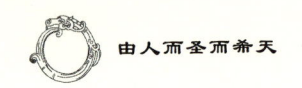

殷人的上帝"无常",周人的天道"有常"。

其实,周人之"天道"实是"有常"与"无常"的统一,而统一的基点则在社会历史之中,即取决于民的情状"惠不惠,懋不懋",因为"天矜于民,民之所欲,天必从之"。若主政者于民有"惠"而能"懋正其德"(《国语·周语上》),那么,民心就会"有常",民心有常则天命亦"有常",反之亦然。这种民心与天命的同构,方是天命之"不可抗拒,不可改变的神圣性"之所在。或许我们可以借用现代宗教学家的一个说法,周人之"天",是他们追求的"至高无上的更真更善的神",是"历史中的上帝"[①],而"有常"与"无常"之统一的"天命",实是"历史中的上帝"的意志的体现。这种"意志",如果将其落实到人类的经验生活之中,即从历史社会的视角来看,它本质上反映的是民心所向的巨大力量,或曰"上帝意志"实是"民心向背"之象征性的符号。正如《尚书·泰誓》所载:"古人有言曰:抚我则后,虐我则仇"。可以说,民众的怨怼乃至仇恨,是一个朝代或政体走向衰落或灭亡的由内向外的现实能量。

应该加以注意,执政者与民众的关系,固然是周人所要解决的根本问题(这也是人类历史的普遍性问题),然而作为平衡这一关系的"民本"原则,其中的"惟王子子孙孙永保民"[②](《尚书·梓材》)只是最基础的要求,换言之,"民本"原则还有着更重要的意涵,即前文已提到的,不可把"民"视为仅有生存需要的生物,更应该把"民"尊为有着存在价值的"人",因此,对其进行道德人性方面的教化(即所谓"德教"),也是"民本"的固有之义。在这个意义上,"懋不懋"的重要性甚至高于"惠不惠"。恰如《国语·周语上》所云:"先王之于民也,懋正其德而厚其性,阜其财求而

---

① 参见〔英〕麦克斯·缪勒《宗教的起源与发展》第六章,金泽译,上海人民出版社,1989。
② "保",历来有解释为"治"或"安"者,如王世舜先生即将"欲至于万年,惟王子子孙孙永保民"之"保",解释为"保,安,统治的意思"(王世舜:《尚书译注》,第180页)。笔者以为,"保"字,还是理解为于民"保之使安",比较接近原意。

利其器用。"笔者也在这个意义上,认为王世舜先生将《康诰》"惟乃丕显考文王,克明德慎罚",译为"文王能够崇尚德教而谨慎地使用刑罚",意思是比较准确的。

可以说,"明德"与"慎罚"是"德教"中相辅相成的两方面。关于"慎罚"的思想,《尚书》多有涉及,如《康诰》《梓材》《多方》等诸篇,然以《康诰》最具代表性。关于"明德慎罚",周公的主要原则是"庸庸、祗祗、威威"。"庸庸、祗祗"是说,任用当用者,尊敬当尊者,此属"明德"范畴;"威威"是说,惩罚当罚者,此属"慎罚"范畴。"慎罚"是《康诰》的主要议题。周公详尽地告诉封,何为刑罚的准则,以及如何把握施刑的尺度。① 概括来说,"罚"是"德教"的手段,其目的是教育民众敬业守法,对于自己的错误,要像医治疾病那样,自觉改正;而主政者也应当像保护孩子一样,帮助民众提高自身的德行水准——"有叙时,乃大明服,惟民其敕懋和。若有疾,惟民其毕弃咎。若保赤子,惟民其康乂。"既然"慎罚"是以"德教"为目的,那么,自然就与"天意"相联系。周人所理解的"天意为民",当然在衣食住行的物质基础上,还必须包括精神和德性内容,意即使民成为"懋正其德而厚其性"之人。"慎罚"不等于不罚,因此,主政者在施行刑罚时,"慎"意味着不能根据个人的喜好厌恶,而是要依理即据"义"而为,如此这般才能体现天道的意志。即所谓的"非汝封刑人杀人,无或刑人杀人""用其义刑义杀,勿庸以次汝封""汝乃其速由兹义率杀"。据此,我们可以肯定地说,周人的"慎罚"思想,已经可以看出合理、公正以及超验正义(天德)的萌芽了。正如徐复观先生所说,周公将"刑杀之权,离开统治者的意志,以归于客观的标准",并提出道德节目中的"义"的观念来,"这是开始有道德的人文之光,照出人民存在的价值,因而使人民在政治中得到生存的最低限度的保障"。从普遍的意义上说,"义"的观念,是"人类合理行为的最后保障",为人类的历史,"投予以新的光明,人们可以通过这种光明而能对历

---

① 关此,可参阅王世舜《尚书译注》,第148~149页。

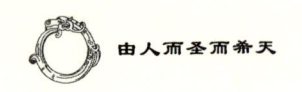

史作合理的了解，合理的把握"。就中国而言，周初"真正是中国历史黎明期的开始"①。

固然，"民"是任何国家与民族的主体，不过，若要充分显豁出"人民存在的价值"（而非只有物质需要的生物），却不可能在无政府无组织的状态中实现，换言之，主政者对人民的治理乃至引导有着至关重要的作用。于此，古今中外真正的思想家，其关注点是一样的。如卢梭，作为欧洲18世纪启蒙运动最卓越的代表人物，在对"道德风尚进行历史研究"之后指出，任何"民族"（亦可理解为国家中的人民、群体）的品质，在根本上取决于它的政府的性质："一切问题在根本上都取决于政治，而且无论人们采取什么方式，任何民族永远都不外是它的政府的性质所使它成为的那种样子；因此，我觉得什么是可能最好的政府这个大问题，就转化为如下问题：什么是适合于形成一个最有德、最开明、最睿智并且从而是最美好的民族的那种政府的性质。"② 形成"最美好的民族"（或曰人民）是对政府或曰主政者之自身"性质"的根本性要求。关此，中国经典儒家早已论述多多。如《礼记·表记》的作者，以孔子之言，对夏、商、周三代政府的主政得失或曰"性质"做了总结和评价。下引文字对于理解槐轩的古史语境很重要，故先照录如下：

> 子曰："夏道遵命，事鬼敬神而远之，近人而忠焉，先禄而后威，先赏而后罚，亲而不尊；其民之敝，蠢而愚，乔而野，朴而不文。殷人尊神，率民以事神，先鬼而后礼，先罚而后赏，尊而不亲；其民之敝，荡而不静，胜而无耻。周人尊礼尚施，事鬼敬神而远之，近人而忠焉，其赏罚用爵列，亲而不尊；其民之敝，利而巧，文而不惭，贼而蔽。"

---

① 参见徐复观《中国人性论史》，华东师范大学出版社，2005，第17～20页。此一说法，最早应为傅斯年先生所提出。其在《性命古训辩证》中，举示《周诰》及《诗经·大雅》中的"天命靡常"观，将其称为"人道主义的黎明"。（转引自许倬云《西周史》，第107页）

② 〔法〕卢梭：《社会契约论》，何兆武译，商务印书馆，1994，第5页。

第三章 "圣人知天心,立人道,以持气化无穷"(上)

子曰:"夏道未渎辞,不求备,不大望于民,民未厌其亲;殷人未渎礼,而求备于民;周人强民,未渎神,而赏爵刑罚穷矣。"

子曰:"虞夏之道,寡怨于民;殷周之道,不胜其敝。"子曰:"虞夏之质,殷周之文,至矣。虞夏之文不胜其质,殷周之质不胜其文。"

这段文字明确地提出,政府的对象是"民",而管理社会的主要原则,是恰当地运用好"尊"与"亲"之间的尺度,即王国维所谓"尊尊、亲亲之结体也"。如果我们从现代政治社会学的角度来看,"尊尊"的现实意义,是在人际网络中,建立能够使政治操作和社会生活有效运转的层级秩序以及行为规范。这些秩序与规范,对于公共生活来说,当然是必要的,但因为有着必须遵从和尊重的强制性,所以如果强调过头,超越合理的限度,就极易误导人们唯秩序是上,唯高层有尊,从而造成刻板、冷漠、趋利、媚上等不良的世风。"亲亲"的现实意义,在于使整个社会,保有足够的亲和感和凝聚力,也就是说,人们能够超越身份有别、贫富层级、关系亲疏等间距,而彼此扶助,和谐融洽。"亲亲"世风,是国家遇有重大事件时,调动民众的巨大社会心理能量,但是,如果鼓励、引导暧昧无当,也会导致人们对秩序的漠视,以及对礼义规范的怠慢。

实际上,把握好"尊尊"与"亲亲"之间的张力与平衡,是任何历史阶段中的主政者都必须践履的原则,《表记》作者对三代治道的分析和总结,深刻地体现出这一智慧。夏、商、周三代的主政者,在运用"尊尊"与"亲亲"时,皆有所偏重与失衡。夏代的治国之道,忠实地亲近人民,重福祉和奖赏,轻威严和惩罚。这种政治的优点是"寡怨于民""民未厌其亲",可以加强人民之间的团结;失误则在"亲而不尊",导致世风愚钝朴野而缺少文明教养,"其民之敝,蠢而愚,乔而野,朴而不文"。殷承夏,反其道而行之,注重对祖先的崇拜"率民以事神,先鬼而后礼",将"尊尊"置于"亲亲"之上。主政者对民的治理原则,是"先罚而后赏",如此这般,虽然强化了主政者的威权,划清了等级分界,却使社会氛围"尊而不亲",导致民风"荡而不静,胜而无耻",人们争强好胜,务求免刑,而

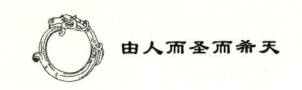

无有道德感和羞耻心。周人为克服殷道之弊，重返夏代"事鬼敬神而远之"，专以人道为教的政治。主政者接近人民，情意忠实，推尚施与，其行赏用罚的轻重视爵位尊卑而定。虽然周人在"尊礼尚施"以及礼乐文为的建设方面与夏人的质朴无文有所不同，但是，他们把"亲亲"置于"尊尊"之上，"亲而不尊"却与夏代是一样的。此种政风导致的民风是，"趋利而取巧，文过饰非而大言不惭，害人败事而手法隐蔽"[①]。不过，执政过程毕竟是复杂的。虽然三代的主政者们在"尊尊"与"亲亲"原则的实践上各有偏侧，也导致民风的某些弊端，但就整体而言，还是保持了基本的社会生态。故《表记》的作者认为，夏虽然"朴而不文"，却"未渎辞"；殷虽"求备于民"，却"未渎礼"；周虽"亲而不尊"，却"未渎神"，而且推行"强民"的政教，其奖赏晋爵、施刑处罚的制度也达到极致。

从历史的发生来看，"尊尊"与"亲亲"作为治国之道，源自宗族内部的祖先信仰；将这一信仰实际化为政治原则并具体运用于社会治理时，夏、商、周三代政府皆有所偏颇，而这些偏颇对民风的走向，又造成极大影响。那么，这些偏颇因何而起呢？究其原因，《表记》的作者认为，是由主政者自身品质的缺陷造成的，即所谓的"虞夏之质，殷周之文，至矣。虞夏之文不胜其质，殷周之质不胜其文"。关于"质"与"文"的内涵，历来解说多方。一般字面的解释："质"，质朴；"文"，文采。

这里需要注意的是，从"尊尊"与"亲亲"来说，夏与周皆属"亲而不尊"，而殷则属"尊而不亲"。而就"质"与"文"而言，虞夏偏重于"质"，殷周偏重于"文"，由此可见，"尊尊"与"亲亲"不可简单地对应于"质"与"文"。这样，当如何理解这两对范畴之间的关系呢？笔者联系《表记》相关的语境加以读解，以为"尊尊"与"亲亲"，主要强调主政者与民的关系；"质"与"文"，着重要求主政者乃至所有为政者，其自身的道德品质以及执政能力都应该达到的高度。而这个主体高度的客观体现，就是"文"与"质"的最恰切的统一。

[①] 参见王文锦《礼记译解》下，中华书局，2001，第813~814页。

此统一意味着，就现实的行政措施而言，主政者凭借合理有效的治国之道，不仅构成有必要层序，又有内聚合力的社会生态，而且使其产生教化人民的功能。就主体品质而言，主政者的道德、智慧乃至能力，非依功利算计而得来，乃由内在生命自然而出，意即真诚质朴与文明施政（"质"与"文"）的统一。当然，这种统一实质上表征着一个难以企及的最高政治理想，因此，《表记》作者对三代政治做出或"质"或"文"的评价之后，即在下文以虞帝为楷模，举示了施良政者应有的人格模态："后世虽有作者，虞帝弗可及也已矣。君天下，生无私，死不厚其子，子民如父母，有憯怛之爱，有忠利之教，安而敬，威而爱，富而有礼，惠而能散。"虞帝作为主政者，有着"文质"相合的人格气象，因此，其下属的各级为政者们，上行下效，亦能有君子之德风，"其君子尊仁畏义，耻费轻实，忠而不犯，义而顺，文而静，宽而有辨"。主政者和为政者有如此之德行，政治自会有威信，呈清明。故而，《表记》的作者引《尚书》之语总结道："《甫刑》曰：'德威惟威，德明惟明'非虞帝其孰能如此乎？"

若以虞帝之德政为圭臬，则夏、商、周三代的政治都有所欠缺和偏颇，但三代作为最高的社会理想，却是所有政治应该朝向的目标。这个目标，当然要以民为本，借用前引卢梭的观点，就是要使"政府的性质"，符合"形成最有德、最开明、最睿智并且从而是最美好的民族"的历史要求。可以说，卢梭之论，与中国经典儒家的"德教"思想殊途同归。卢梭所谓"最美好的民族"，在儒家的语境中，亦是"民人"或曰"人民"乃至"庶民"之意，"最美好的民族"就是"最美好的人民"的集合体，政府不仅必须保证他们的物质"生存"，更应该引导他们，使其升华为价值性的"存在"。在此意义上可以说，儒家之"德教"是具有普遍性的理念。《表记》认为，为政者们自身应是有德之君子，而君子所要施行的"仁"道，其真正的难处在于，不仅要使人民自强自立，而且应让其安稳悦乐，用今天的话说，即有所谓的"幸福感"。原话是："君子之所谓仁者，其难乎！《诗》云：'凯弟君子，民之父母。'凯以强教之，弟以

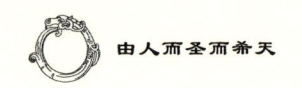

说安之。"幸福感必以价值感为基础,而有价值感的人民,一定有着很好的教养和素质,即《表记》所谓"乐而毋荒,有礼而亲,威庄而安,孝慈而敬。"据上,可以将经典儒家对主政者所提出的具有普遍性的要求概括为:"民生"是必须确保的基础,"民德"是应然朝向的目标。进言之,"民"是一切政治存在的合理性之所在。

以上,简要梳理了作为中国"人道主义黎明"之周代精神文化的形成过程。笔者之所以使用了相对较多的文字,是因为槐轩治道思想的价值核心即"民"或"亲民",实非简单的接续阳明学。其真正的渊源,既是直溯孔孟,更可能是绍继古史尤其是周代的思想文化而成。不仅如此,甚至可说,槐轩之整体学思系统的根要,皆可在古史语境中找到价值精神的源头。我们理解槐轩学,其学理背景应该定位在经典儒家;其历史源头则须溯源至上古三代,换言之,此源头是槐轩论学的历史之"本"。

第二节　天—民—元后:槐轩之超越王族本位的纯粹观念的真意

为了接续后面的讨论,这里需要对周人之"天意—民生—德政"的观念结构先做一总结。此观念结构中,有两个关键点。

其一,周人作为代殷握权的王族,通过总结夏商两朝之亡国教训,确立了敬德保民的根本治世宗旨。不过,由于周室政权仍然延续了夏商的宗族模式,故而,为了使王族与非王族(包括殷代遗民)形成彼此和睦相处的命运共同体,周人自觉超出自然性的血缘半径,由"尊祖"推衍出"爱百姓"的观念,并在政治性的分封制基础上,整合出社会性的人伦秩序。由此,我们不难看出,"保民"固然是德政的核心内容,但作为一个政治主题,其也必然包含着以周族永得江山、恒保"权命"为目的的事功性。

其二,保民之"德政",其最高的价值源头在"天"。周人的"天命"观念象征着人文精神的觉醒,在"天命惟在民命""天命显于民情"的理念中,一方面内含着周人所认知的历史法则,另一方面同样沉潜着如何使周室政权"固保天命"而得以恒远的政治考量。当然，这些理念并非周人的凭空想象，它有着历史发生的深刻原因。我们知道，殷代尤其是末期的"上帝"，不具普遍性，而是有着"宗神"的性格，或是一个族群独占的守护神。周人以远逊于商的"小邦周"之国力，战胜"大邑商"（也称"天邑商"），必然需要思考这样的问题：殷人独有的上帝何以会放弃对商的护佑，而授命于周。也就是说，周人只有从血缘以及族群关系之外来寻求缘由，方能理解"周改殷命"这一历史变化。正如许倬云先生所言："周人以蕞尔小邦，人力物力及文化水平都远逊商代，其能克商而建立新的政治权威，由于周人善于运用战略，能结合与国，一步一步地构成对商人的大包抄，终于在商人疲于外战时，一举得胜。这一意料不到的历史发展，刺激周人追寻历史性的解释，遂结合可能确曾有过的事实（如周人生活比较勤劳认真，殷人比较耽于逸乐）以及商人中知识分子已萌生的若干新观念，合而发展为一套天命靡常惟德是亲的历史观及政治观。这一套新哲学，安定了当时的政治秩序，引导了有周一代的政治行为，也开启了中国人道精神即道德主义的政治传统。"[①] 很显然，许氏所谓"天道靡常，惟德是亲"的"新哲学"是就历史层面和政治层面而言。"惟德"端在"佑民"，"佑民"则天道有常。对于握权者来说，若有失德，侮弱损民，天命即转。周人将"民"作为政权与天命之间的连接点，这的确如徐复观先生所说，使得"天命渐渐从它的幽暗神秘的气氛中摆脱出来，而成为人们可以通过自己的行为加以了解、把握，并作为人类合理行为的最后保障。并且人类的历史，也由此而投予以新的光明，人们可以通过这种光明而能对历史作合理的了解，合理地把握。因而人们渐渐在历史中取得了某程度的自主的地位"。也正是基于这样的精神自觉，徐氏又说："周之克殷，乃系一个有精神自觉的统治集团，克服了一个没有精神自觉或自觉不够的统治集团。"[②]

---

① 许倬云：《西周史》，第109页。
② 徐复观：《中国人性论史》，第17、13页。

尽管周人的思想观念，开启了中国之人道精神和理性自觉的端头，并且为中国文化精神奠定了基型。然而，我们不能不看到，以上两个关键点，即无论是"敬德保民"，还是作为政权根源和行为依据的"天命"，实际上都带着周人基于历史经验的功利目的和政治考量。就"敬德保民"而言，由"尊祖"而有"尊尊亲亲"之原则，依此原则再推出"爱百姓"；反向来说，只有"爱百姓"，周人之祖方能避免"无我殄享"（《尚书·康诰》），即前文所言的"爱百姓"则"祖有尊"。从"天命"的源头来看，周人意识中的"天"护佑万民（许倬云谓之"万民的神"），但多出于"欲至于万年，惟王子子孙孙永保民"（《尚书·梓材》），"王其德之用，祈天永命"，"欲王以小民，受天永命"（《尚书·召诰》）的政治愿景，即在"天"与"民"之间，亦有着"祈天永命"而能够"至于万年"的周族本位目标。①

关于周人的"天意民意化"，或曰"民意论的天命观"，学术界有着基本的共识，即认为政治性是其核心内涵。② 特别是徐复观先生基于深刻的历史识见，进一步指出，周人"敬"（"敬德"或"明德"）之观念，实由政

---

① 傅斯年对《尚书》之"周诰"十二篇（"大诰""康诰""酒诰""梓材""召诰""洛诰""多士""无逸""君奭""多方""立政""顾命"）做过统计，"命"字出现共一百又四次，其中七十三处指天命，或上帝之命，而殷革夏命，周改殷命，均是提到天命时最常见的语汇。另外，顾立雅指出，金文中的"天"字，大部分（七十七次）用于"天子"一词，其中三次为皇天或天君（引自许倬云《西周史》，第102、106页）。据此可见，周人之"天"或"天命"是有着很重的周族本位以及政治内涵的。

② 如陈来认为，"民意论的天命观在西周是对统治阶级讲的，并不意味着它为民众现实提供了抗拒君主暴政的合法信仰和道德力量，但周人所发明的这种民意论，使得殷商那种自居君权神授的无所规范的君主政治，开始有了一套明确的规范原则。虽然这些规范在法律上无约束力，但当其成为政治文化的传统时，便可以成为道德上的约束力量。事实上，西周以后，这种民意论确实真正地成为中国古代政治文化的传统，并为后来儒家的政治思想所继承。"从整体性的观念系统来说，如信仰观念与伦理观念的演进，都是由政治思想牵引而变的，或者说"主要是通过政治文化和政治思想的方式得以实现的。"具体以周公而论，其作为大政治家，"他的思想都是以政治思想的形式提出来的，这也决定了早期中国文化价值理性建立的特殊方式，即价值理性是通过政治思想来建立的"。（陈来：《古代宗教与伦理——儒家思想的根源》，第185、197页。）

治上的忧患意识而来。① 而这种忧患意识"实贯穿于周初人的一切生活之中",其最主要的表现则在"天"与"民"的观念之中。徐氏以周文王为例,认为文王是人文精神的象征,不过,"此种人文精神,乃来自政治上之敬畏之心,于是把作为政治对象之人民,亦抬高到与天命同等的地位。人民的意向,成为天命的代言人,要求统治者应通过人民生活去了解天命"。在政治性方面,周人与殷人最大的不同在于,殷纣以为天命是落在自己身上,所以说"我生不有命在天"(《尚书·西伯戡黎》),而不知"天命是要显于民的"。周人所理解的"上帝",已经不是为了自己得到侍奉而选择政治领导人,"乃是为了人民而选择可以为人民做主的人"(如《尚书·多方》"天惟时求民主";"乃惟成汤克以尔多方简,代夏作民主";"诞作民主")。这就意味着,"天命并不先降在王身上,而系先降在民身上",换句话说,王应该懂得,"天命乃显现于民情之中,从民情中去把握天命"②。

---

① 徐复观通过对周初文献的研究,认为,周革殷命(政权),成为新的胜利者,但并不像一般民族战胜后那样趾高气扬,反而充满了《周易》所说的忧患意识,如《易·系辞下》:"《易》之兴也,其于中古乎?作《易》者其有忧患乎";"其出入以度,外内使之惧,又明于忧患与故"。所谓"忧患意识",与原始宗教的恐怖、绝望不同。后者在巨大的外力面前,感到自己的过分渺小,"一凭外在的神为自己做决定",这意味着人放弃了"自己的意志主动、理智引导",也就无须对自己的行动负有责任,这种行动"是没有道德评价可言,因而这实际是在观念的幽暗世界中的行动"。"忧患"心理的形成,乃是从当事者对吉凶成败的深思熟虑而来的远见。就周人来说,他们在这种远见中,"发现了吉凶成败与当事者行为的密切关系,及当事者在行为上所应负的责任。忧患正是由这种责任感来的要以己力突破困难而尚未突破时的心理状态"。正是在为自己行为负责的意义上,周人的忧患意识,"乃人类精神开始直接对事物发生责任感的表现,也即是精神上开始有了人的自觉的表现";换言之,"只有自己担当起问题的责任时,才有忧患意识"。徐氏指出,周人的忧患意识,"实际是蕴蓄着一种坚强的意志和奋发的精神"。基于这样的意志和精神,周人将信心的根据,渐渐地从神"转移向自己本身行为的谨慎与努力",而这种谨慎和努力主要表现在"敬""敬德""明德"等观念里面。"尤其是一个敬字,实贯穿于周初人的一切生活之中,这是直承忧患意识的警惕性而来的精神敛抑、集中及对事的谨慎、认真的心理状态。这是人在时时反省自己的行为,规整自己的行为的心理状态"(关于周人之忧患意识的详细论述,可参阅徐复观《中国人性论史》,华东师范大学出版社,2005,第13~16页)。另外,《周官》有"居宠思危,罔不惟畏","制治于未乱,保邦于未危"之语(《史记》认为,《周官》系周公作,但今文无,古文有),其亦表现出了鲜明的危机意识和忧患意识。值得注意。

② 徐复观:《中国人性论史》,第20页。

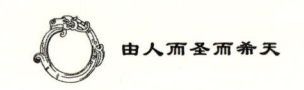

正是因为基于周族本位的政治考量，周人所开显的理性精神端头，定会有自身的"极限"。当然，这所谓"极限"也为后人留下了思想观念以及价值理念之发展的巨大空间。徐复观从"人性论"的视角指出，周人"已有道德性的人文精神的自觉"，但究其根源，当亦为天所命，意即"依然是传统宗教中的天命，而尚未达到在人的自身求得其根源与保障的程度；因此，此一历史黎明的阶段，为后来的人性论敞开了大门，但离真正人性论的出现，尚有一段很远的距离。"明确地说，周人的"敬德"或"明德"，不是从人之内心转出，而只是向上（天命）的"承当"和"实现"。①

徐氏所示周人之"极限"，即尚无有从"内心转出"的人性论，可谓切中肯綮。不过，若将"人性论"放在周人之历史性的思想范域中，则更见其深意。周人的政治主题是保民，保民即是有德，而有德则可"受天永命"。在"民"与"天"的逻辑性的连接中，如前文所言，实际上内含着周族本位之经验性的政治考量。这里，我们须从思想乃至精神的高度来理解这一问题。周人之"天命"观，虽然基于经验性的历史内容，但其之所以能成为人文理性的端头，却在于它开出了超经验（具体时空）的合目的（理想）的历史方向。最为关键的是，若要使这一理想的历史方向具有普遍适用性，而非某个王族或特殊集团的功利性目标，则需要在理性思维层面，形成新的天道观念和价值理念。明确来说，要将周人所理解的"权命之天"，擢高为博爱万民的"生命之天"，即"惟天之命，于穆不已"之天（《诗经·周颂·惟天之命》），"乾道变化，各正性命，保合太和，乃利贞"之天（《易·乾·象传》）。为此，就需剔除王族本位的中间环节，使"天"与"民"直接相连。另外，"天佑下民"也不再是掺入王室利益的冷静的政治敬畏，而是直接呈现为"天"对万民万物的暖情之爱。正是因着这种普遍之爱，"天"与"民"的关系，亦应转升为"天"与

---

① 徐复观：《中国人性论史》，第21~22页。

"人"的关系;① 就其人之为人来讲，"天"对"人"的期待，就不仅是有着物质需要的生存者，更应该是能够实现价值和意义的存在者。从这个高度，或许可说，周人之"保民""佑民"的政治性主题，而逐渐开辟为更丰厚的历史性主题，即上达形上之"天道"，又深透内中之心灵，同时也包摄形下之政治社会的大全之理想，这实是中国古典思想史或曰精神史探索的核心所在。

根据以上总结来比堪槐轩之思，则可发见，槐轩虽然以周人意识为重要的思想资源，但他依据古史而超越古史，真正擢升出自己独到的天道观念和价值理念。前文笔者名之为《上天爱民》（见《又问》第一段，下引同文，不再加注出处）的那段文字中，槐轩提出的"天—民—元后"，显然原自周人之"天意—民生—德政"的观念结构。然而，在他的"叙事"中，"天"与"民"之间，完全没有了王族本位之政治功利的因素，而是直接澄显出父母对赤子的爱。这种纯粹性，使得周人"天佑下民"之"权命"（或曰"天命"），在槐轩的语境中，就表现为如同"父母于子"般的"天道"。如果说周人之"天"有着冷静思智的特征，那么，槐轩之"天"则充盈着仁民爱物的暖暖温情（关此，后下详述）。这样的"天道"如何实现于历史社会之中？槐轩当然肯认公权力的必要性，因此他在"天"与"民"之后提出"君"之作用："上天爱民，亶聪明，作元后，使为民父母，代天养教赤子。"

槐轩虽然资取古史，但是，他深谙历史时代毕竟是变化的。这意味着，当他以父母于子之爱去比况天道于民之爱时，就必须面对周人之"尊尊亲

---

① "天"与"民"的关系，实际上有着古老的文化源头，即人由天所生。徐复观先生特别提示出这个观念产生的历史发生学的原因："中国人很早便认为人是由天所生。这一点，给中国思想史以很大的影响。但在殷周时代，恐怕是因为贵族的祖先，死后还有地位，还能管人世的事，所以贵族虽然是由天所生，但贵族与天的关系，还得由自己的祖宗神转一次手。大概因为人民的祖宗，死后也和生时一样，没有地位，不能管人世的事，所以人民只好直属于天，和天的关系，较贵族反更直接。因此，《商书·盘庚》对人民而言，则说'予迓续乃命于天'，'朕及笃敬，恭承民命'。而对贵族言，则说'乃祖乃父，乃断弃汝，不救乃死'。'乃祖乃父，丕乃告我高后曰：作丕刑于朕孙'。这或许是由于阶级观念所形成的分别。"（徐复观：《中国人性论史》，第19~20页。）

亲"之治道转向君主大一统之政制（即中国政治历史之分封制转向中央集权制）所带来的社会结构的巨大变化，即政府官僚系统与乡村宗族社会的相对分离。于此，他感慨中央集权下的社会"君与民则相去远矣"！然而，正是由于槐轩将周人之"权命"擢提为形上之"天道"，而这一"天道"消弭了周人的政治经验内容，以"爱"这一具有生命情感之理性来连接"天"与"民"，因此"爱"也就必然成为适用于任何历史阶段和社会形态的价值理念。其潜涵的意思是，无论何样历史社会，君与民或曰公权力与百姓的关系，都是中心问题；而若要处置好这个问题，主政者必须法天之爱，对万民，有着发自本心的深悯厚恤之情，这样方能为百姓提供良政美俗的社会生活。

槐轩"上天爱民"之语，虽然出自《尚书·泰誓》所载周人"天佑下民"或"保民"的思想，但却与周族本位的理智权衡不同。结合其整体语境来看，笔者做这样的理解应不失本意：槐轩所言之"天"，以"爱"为内核，爱万物，爱众民，实质上表述的是具有生命力和精神力的宇宙本体，亦可说是与周人"理智"之天不同的"理性"[①]之天。具有"爱"之内核的宇宙本体，实为儒家"仁"的理念。槐轩"上天爱民"之"天"，就是对"仁"之宇宙论和价值论具有形上高度的表达。我们可参照徐梵澄先生的观点更深入地理解槐轩。徐氏认为，"仁"表达的是"精神之爱（psychic

---

[①] 笔者区分周人"理智之天"与槐轩"理性之天"，意在说明槐轩天道观的纯粹性及其在历史社会中的普遍适用性。以"理智"喻周人，表明其有着经验性的"权命"之思。以"理性"释槐轩，意在阐明其语境中的"上天"实为可以落实于人类历史中的人文价值理想，其超经验却又最具普遍的经验性。贺麟先生在诠释王船山"天假其私以济天下之大公"时指出，船山所谓"天"，可解释为支配自然与人事的"天理天道"，换成现代名词，天就是指"宇宙法则"，而宇宙法则"就是黑格尔历史哲学中所谓理性"，整个人类历史都是理性逐渐实现的历程，"理性并不是空洞虚玄，并不仅是某一些人脑子里的幻想。理性主宰万物、作育万物、浸透万物、支配万物、利用万物，而为万物所不知"，在此意义上，"理性是理想的，它假现实以实现其理想。理性是无人格的，它假英雄豪杰的人格以实现它的目的。理性是无限圆满的，它假有限的不圆满的事物以达其圆满"（参见贺麟《文化与人生》，商务印书馆，1988，第63~64页）。笔者阐释槐轩所用"理性"一词，借鉴贺麟之意，亦多在"理想"之域，以便与"理智"区分，但不排弃"理智"且包摄并引导"理智"。

love)",不过,这爱并非仅指向个人,"这是一宇宙原则",又可称"天地之心,宇宙的大和谐以之显现和遍漫"。如果参照西方文化理念,作为"天地之心"的"仁",亦可以被看作普降"神圣恩典"的"彼"(That),以太阳和阳光做类比,"彼"即是太阳本身,"但是没有阳光的太阳,如何还是太阳呢"?立足于"宇宙原则"和"天地之心"的高度,"仁"所内含的"爱"之意,方可得到恰切的理解,即"爱(love)是直接源自'唯一者'的巨大震动"。在此意义上,"仁"又可视为"神圣之爱",也可说是"神圣圆成",意即"自存于人类之上的圆成"。[①] 这里所谓"神圣之爱"或"神圣圆成",完全可与槐轩"爱民"之"上天"互为发明,就其对万物"并包而涵育"而言,槐轩之"上天"亦是产生巨大震动(爱)的"唯一者"。

应注意,如果与槐轩相对应,"神圣之爱"与"神圣圆成"似有区别。槐轩语境中的"天",不仅是观念中的"神圣之爱",亦有着明确的实践品质,也就是说,它的理论特质虽然是"自存于人类之上的圆成",但价值目标却在于将"仁"之"爱"(爱民乃至爱万物)实现于人的社会历史之中,在观念与实践的统一性上,槐轩的"上天爱民",实内含着独到的天道观和历史理念,二者的统一或可说是"神圣圆成",表示将观念实现于历史之中的价值理想。在理想的意义上,也可视为槐轩所开豁出的合目的的历史方向。

这一方向,同样内含着独特的思想理脉。槐轩去掉了周族本位意义上的由"尊祖"而推展出的"爱百姓"之原则,同时又将自然的血缘关系(父母于子)作了理性化的擢升。这种擢升,超出比喻的层级,实质上是为"上天"赋予了精神化、人文化的理想。借用贺麟先生的话,槐轩所谓"上天爱民",是自然与人生或曰主体与客体的合一(而非混一),"自然成为精神化的自然,人生成为自然化的人生""是人类的精神将自然提高升华后所达到的境界"。[②] 槐轩"上天爱民"之"天",当达此境。如其所言:"父

[①] 徐梵澄:《孔学古微》,华东师范大学出版社,2015,第46~49页。
[②] 贺麟:《文化与人生》,商务印书馆,1988,第122~123页。

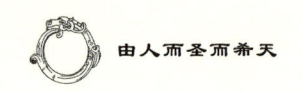

母之于子也，性情心术，起居日用，无不知者，以其瞻依膝下之故。父母于子，曲尽其爱，曲尽其教，未尝自以为功，所以恩同天地。"

我们必须注意，槐轩将自然性的"父母于子"血缘关系，升华到精神化的"恩同天地"的高度所具有的重要理论意义。何兆武先生曾这样解读康德："大概没有人比康德更深刻又更敏锐地意识到：经验的事实永远是流动不居的，所以普遍的有效性就只能求之于永恒不变的先验形式，而不能根据经验的事实。道德的准则只能是纯形式的教诫：即你必须按照能够成其为普遍准则的做法去行事。"① 以此为参照来理解槐轩，槐轩固然没有西哲那样的分析思路，但他有着同样深刻敏锐的识见，一般性的血缘亲情（包括周人之亲亲尊尊之原则）是历史中流动不居的"经验事实"，只有将这种"父母于子"之"爱"，转升为纯粹的"永恒不变的先验形式"，即"仁"或曰"天地爱民"之"爱"，方能对人类的历史社会发生"普遍的有效性"。

槐轩语境中的"爱"，实质上就是将周人"上天佑民"的思想，升华为一种"永恒不变的先验形式"，如此方能使"爱民"对秦汉以降的历史同样具有"普遍的有效性"。这就意味着，"爱民"无论在分封制的时代，还是在集权制的时代，乃至在所有的历史时代，都是本体性的价值理念，因此槐轩在感叹历史社会结构发生了重大变化，即"君与民则相去远矣"之后紧接着就说："然万物虽天所生，而去天亦甚远，天又何以并包而涵育不遗？日月星辰，风云雷雨，天光下济，生养成实，无一不在宥也。君之于民，岂外是哉？"很显然，槐轩所言"并包而涵育不遗"万物之"天"（天道），其深意，实与"普遍有效"的"先验形式"若合符契。其内中隐含着一个毋庸置疑的前提，即人类的政治社会生活原则，必须本原于大自然之"天道"，或者说，"天道"必须成为人生乃至历史的价值性摹本。根据这个前提槐轩而有比况性的推论：万物"去天亦甚远"，然而，天对于万物"涵育而不遗"；由是，君与民虽"相去远矣"，但君或曰主政者必须效法并体会"上天爱民"之深意，而不能自外于"天道"而忽略民生——"岂外是

---

① 何兆武：《苇草集》，第54页。

哉?"槐轩出自经验历史（上古历史）而又超出经验历史，并为历史确立超验的普遍原则，这一思想活动的意义，借贺麟先生的话说，实际上呈现的是，人应该"成为最能了解自然的知己，最能发挥自然义蕴的代言人"，"将自然内在化，使自然在灵魂内放光明"。①槐轩之"上天爱民"的思想，不仅表现了"自然义蕴"的代言人，更是使大自然之"道"在人的历史内（亦即灵魂内）"放光明"。

第三节 "成己成人，养教周全无憾"："上天爱民"的历史之合目的性

为"爱民"之价值原则赋予了普遍的适用性，槐轩就可依此来评判所有的历史，并且提示合理或曰合目的的历史方向。这是槐轩的内在思想理路，我们不可不察。在槐轩的视界中，古史中或周代的圣人，是在历史中落实"天道"的榜样，而后世则大有偏差。在《上天爱民》篇中，他多有这样的对比和批评。就最高决策层而言，古史中的政治形态是："圣人治礼，天子诸侯，必立三朝，燕朝宴息，治朝治事，外朝朝群臣、询万民、询众庶，其与群臣百姓相见也。当依当宁，虽天子不敢安坐，岂过谦哉？为群臣百姓之主，则必以其心为心，以其事为事。"与此相对照，后世之君的情形是："深居高拱，堂下远于千里，君门远于万里，而欲民情上达，岂可得乎？下情不通，政制又何以行？"再就关心民情来看（这实质上是公权力能否真正为"公"的决定因素），古之圣人"旧劳于外，爱暨小人，② 文王卑

---

① 贺麟：《文化与人生》，第122页。
② 槐轩此语出自《尚书·无逸》。此为周公诫成王之书。其曰："周公曰：呜呼！我闻曰，昔在殷王中宗，严恭寅畏，天命自度，治民祗惧，不敢荒宁。肆中宗之享国，七十有五年。其在高宗，时旧劳于外，爱暨小人。作其即位，乃或亮阴，三年不言。其惟不言，言乃雍。不敢荒宁，嘉靖殷邦，至于小大，无时或怨。肆高宗之享国，五十有九年。其在祖甲，不义为王，旧为小人。作其即位，爰知小人之依，能保惠于庶民，不敢侮鳏寡。肆祖甲之享国，三十有三年。自时厥后，立王生则逸。生则逸，不知稼穑之艰难，不闻小人之劳，惟耽乐之从。自时厥后，亦罔或克寿，或十年，或七八年，或五六年，或三四年。"

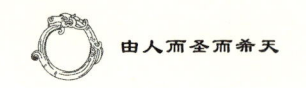

服即康功田功,兢兢惟恐不知民情。"那么,此后的各层为政者们呢?"后世九重高远,即大小官僚,亦威福自用,群黎屏息重足,惟所指挥,行一事、出一令,唯诺盈廷,而四海之内,哗然拂然,置之不问,尚能安宇内、子元元者,寡矣!"如果说,这种对比更多表达的是"养民"之义,那么,"教民"则同样是槐轩的关怀所在,或许可说,此义尤甚。"养"与"教"是作为普遍价值的"爱民"理念的两项根本内容。"爱民"源自"天道",故槐轩说,主政者是"代天养教赤子";而"天道"需要实现于历史社会,故槐轩又说"成己成人,只是养教二字周全无憾而已"。

关于"养教"问题,笔者于前文,已经从槐轩"圣人"与"民人"对举的言说结构切入,对其在特定政治关系中,阐发"民"作为价值存在者的苦心邃意,做了一定的理解。这里,我们需要根据槐轩在《上天爱民》中的"教民"之论,继续做探讨。槐轩在比照周人并对后世政治批评之后,紧接着就提出"教民"问题。他仍然以周制为后世的榜样。其曰:"周制以乡三物教民,德行道艺,天下所同服习。其父师为之于前,子弟率之于后,闾师里师、党正州正,无一非三物中人,相沿相习,则不出里闾,固已通知世务。迨道艺既成,升于国学,天子之顾问、司徒之选造,皆在于此,犹恐方隅所限,闻见不周,故以亲民为教。"槐轩此论主要出自《周礼》。

我们知道,20世纪前半叶,多有学者如胡适、郭沫若等,明确怀疑《周礼》的可信性。而晚近学者则根据考古发现认为,《周礼》的内容并非向壁杜撰,而是有着相当的可信度。如杨向奎先生指出,忽略《周礼》,是中国传统文化资源的一大损失:"《周礼》今文家视为伪书,乃不足道者,康有为出,此说大盛,疑古派出,《周礼》遂无人齿及。实则此乃冤案,冤案不解,将使中国失去一资料丰富的文化宝库。"他明确地说:"我认为,就《周礼》所载的典章制度言,不可能伪造,没有人能够凭空撰出合乎社会发展规律的政治、经济、社会各方面的著作","《周礼》的记载,主要方面是当时实录,虽然有后人的理想,有夸大而无歪曲,基本可以信赖"。[1]

---

[1] 杨向奎:《宗周社会与礼乐文明》,第285页。

还有学者在将西周金文职官资料与《周礼》对比之后提出,"正如文明研究殷周的甲骨、金文离不开汉代的《说文解字》一样,要想了解西周金文中的职官,也无法脱离《周礼》一书。这说明其书虽有为战国人主观构拟的成分,然其绝非全部向壁虚造。由于作者去西周尚不算太远,故书中为我们保存了许多宝贵的西周职官制度的史料。"[1] 笔者肯认杨向奎先生的观点,主张以《周礼》为可信之史料来理解槐轩之思想。

槐轩《上天爱民》中的"教民"之论,主要依据《周礼·地官》之《大司徒》《州长》《党正》等篇。通过比较阅读,我们可以发现,对于西周之"教民",槐轩讲到两点,一是教化内容,即"以乡三物教民";二是担负教化的职责者,如"闾师里师、党正州正"。[2] 在此述介当中,槐轩贯穿了自己的思想。《周礼》是客观性的记载,而槐轩则做出深一步的阐发:

---

[1] 张亚初、刘雨:《西周金文官制研究》,中华书局,1986,第112页。
[2] 槐轩所说两点,主要出自《周礼》。《周礼》详细地记载了西周掌管教化的职官。如《周礼·天官·太宰》载,"太宰"之职,"掌建邦之六典,以佐王治邦国"。六典之二为"教典"。据孙诒让《周礼正义》引郑司农注"教典,司徒之职"。"教典"的作用是"以安邦国,以教官府,以扰万民",注谓"扰犹驯也"。此可证教典及与此相关的司徒,主要作用即是教化。槐轩所言"乡三物",语出《周礼·地官·大司徒》。大司徒职中有"养""安""教"三个方面。所谓"养",就是"以保息六养万民:一曰慈幼,二曰养老,三月振穷,四曰恤贫,五曰宽疾,六曰安富"。所谓"安",即"以本俗六安万民:一曰嫩宫室,二曰族坟墓,三曰联兄弟,四曰联师儒,五曰联朋友,六曰同衣服。据注疏"嫩",美也。"联",谓"连",即"合"之义。所谓"教",就是"以乡三物教万民,而宾兴之:一曰六德:知、仁、圣、义、忠、和;二曰六行:孝、友、睦、姻、任、恤;三曰六艺:礼、乐、射、御、书、数。"据注疏,"宾"是宾礼之;"兴"是荐举之;"姻",亲于外亲;"任",信于友道。"六德""六行""六艺"合成"乡三物"的内容。此外,《礼记·王制》中所论司徒之职责,亦大致与此相当:"司徒修六礼以节民性,明七教以兴民德,齐八政以防淫,一道德以同风俗,养耆老以致孝,恤孤独以逮不足,尚贤以重德,简不肖以诎恶。"另外,槐轩所言"闾师里师、党正州正",是指在地方或基层担任教化的职官。如《周礼·地官·州长》:"州长各掌其州之教治政令之法,正月之吉,各属其州之民而读法,以考其德行道艺而劝之,以纠其过恶而戒之。若以岁时祭祀周社,则属其民而读法,亦如之。春秋,以礼会民而射于州序。"再如,《周礼·地官·党正》:"党正各掌其党之政令教治,及四时之孟月吉日,则属民而读邦法,以纠戒之。春秋祭禜,亦如之。国索鬼神而祭祀,则以礼属民而饮酒于序,以正齿位,一命齿于乡里,再命齿于父族,三命而不齿。凡其党之祭祀、丧纪、昏冠、饮酒,教其礼事,掌其戒禁。"(以上所引《周礼》资料,均取自孙诒让:《周礼正义》,中华书局,1987。)

教育者必须自身首先成为道德的榜样,才能使对民的教化发生效用。而这一效用的最高实现,就是为国家选送理国治世之才,即所谓的"无一非三物中人,相沿相习,则不出闾里,固已通世务。迨道艺既成,升于国学,天子之顾问、司徒之选造,皆在于此"。那么,这些治世人才,是否只要廉洁自律(即狭义的道德)即可呢?当然不可!槐轩以其经世致用的社会关怀指出,培养人才的目的,在于使其具有利民利国的整体性能力,"则所学皆为实用,而可以措诸施行"。我们应该注意,槐轩语境中的"教民",有着清晰的分层:第一,培养具有对民进行"养教"水准和能力的人,借用现代语言来说,即培养真正意义上的社会精英;第二,提升所有民人的德行水准,即《周礼·地官·大司徒》所谓的"以乡三物教万民"。就前者而言,槐轩认为,了解民情物理,是各级为政者建构良序美俗社会共同体的基本要件。因此,培养社会精英,就要使他们具有自觉的反省意识,清醒地知道自己的局限所在,以便主动勤勉地了解百姓社会的真实情状。故说:"犹恐方隅所限,闻见不周,故以亲民为教。"又说:"合天下之人,讲求天下之务,上下古今,相与研究,而又常与民众周旋,物理人情熟悉。"

前面,笔者在引录《上天爱民》时提到,发问者所关心的问题是,槐轩以"亲民"之论非朱熹"新民"之说,其依据是什么——"有所本乎?"其实,问题的实质是,槐轩"亲民"所"本",固然有着文献根据(古本《大学》),但最"根本"者,实是发自他的内心,即对政治、社会乃至历史方向的理解和价值的期盼。如果我们真诚地体会槐轩内心的忧世情思,或可读出其以"亲民"为核心的内在理路。他认为一个社会应该有的良政是,为政者(包括各类精英)对百姓担负着天经地义的社会责任:既有"养"更需"教",由"养"而"教",进而使人民成为真正意义上的人,"成己成人,只是养教二字周全无憾而已"。这是一个历史性的方向,当然不能仅悬置于良善的设想,而应该切实地"措诸施行"。那么,如何获得现实的可能性呢?这就要求为政者的各项决策,不可简括划一,而必须因时制宜——"非可执一而行"。槐轩极为强调"因时制宜"对于人民养教的重要性,认为它是善政得以长久的关键，因此我们不必一定袭前人甚至五帝三王。如言："礼乐者治世之具，而不必定袭前人也。因时制宜，本之君德，宜乎风俗人情，可大而可久，斯善。""后世法制之善，优于古者甚多，惟酌其宜而协乎中正，不必徒袭五帝三王也。"（此两条见《拾余四种》之《治道类》）在《上天爱民》中关于"养民"，槐轩谓之："养之之法，亦非可执一而行。因其俗、制其宜，适合乎人情天理，而民皆乐从，非明明德之圣人，不能随时处中也。"关于"教民"，槐轩谓之："至教之法，固不外乎五伦，五伦本乎天理，天理即德也。人人有天理，则人人皆可以明明德，然而方隅所限，教化所不及，习俗所濡染，种种不齐，有易教者，更有不易教者，亦非圣人不能立教。"

如果我们认真读解槐轩"养之之法"与"教之之法"的论说，实可见其内中的深切涵义。槐轩虽然强调"养教"目标的落地实现，但他绝非只将其视为权宜操作层面的"措诸施行"。这也就是说，他把"养"与"教"，都擢升到超验"天理"和内在"明德"（人心）的深度。就"养民之法"而言，"因其俗、制其宜"的现实目的虽然是"民皆乐从"，但它的本体性依据却是"人情天理"，即应然的原则是"适合乎人情天理"。再从"教之之法"来看，"教"的目的，在于和谐现实的人际关系，所谓"固不外乎五伦"。然而，槐轩却指出，其理论和事实上的可能性，端在于形上之"天理"和人心之"明德"，即所谓的"五伦本乎天理，天理即德也。人人有天理，则人人皆可以明明德"。

第四节 "至明至公"与"协乎中正"的统一：槐轩对良政系统如何可能的思考

依上述，槐轩在《上天爱民》这段文字中，是以"亲民"为主题而展开多向度的论说的，而这些向度之间的内在联系，是我们需要着力加以理解的地方。笔者以为，在多向度的内在联系中有两个要点，似应重视。

第一，就现实层面来看，"亲民"显然是一种行为要求，如开篇提问者

由人而圣而希天

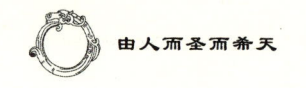

所问：学者为何"必与民相亲"？

要注意，槐轩乃至传统儒家语境中的"学者"，与今天所谓以学术为职业的"学者"的含义不同。古语中的"学者"，实为一动名词，其大意是，经过学习而成为德才兼备者，也即所谓的"德行道艺"者。这样的人，亦称为君子，并且应该以"圣人"为最高的人格楷模。很显然，槐轩视界中的君子，有两个互为关联的指向，一是期待天下所有百姓，正意修身，皆能学为德才兼具之君子。有"学"者就需要有"教"者，故另一期待指向为政者和教育者，而尤以后者为重要。

关于这类人，槐轩有一历史分疏：在古史语境中，主政者与教育者合一，即"君"与"师"合一，称为"君师"或"君长"，此所谓"圣人"者。如其言："唐虞三代皆圣人也。而随时立法，各协乎中。"此意可理解为，在教育者必先受教育，而对于何者启动了教育之开端的难题，槐轩给予了历史的解决。他认为，古史中的"圣人"，是那些领悟了人类生存智慧的先觉者，这些先觉者既顾民生，又施教化，故而称之为"君师"，如其所说："道始于君师。正其身以正天下，而仁义洽、教化行。故穷达同功。""天生物以养人而不能使之自养，予人以善性而不能使之自善，故立君长。""君子本身建极，酌人心风俗之宜，而准以天理，大贤以下，其可几乎！"唐虞三代之后，社会历史大变，君王自身的"德行道艺"水准骤跌，以力争天下遂行于世。故槐轩感叹："后世之变多矣""圣人无意于天下，而天下归之，唐虞三代其道同。后世力争乎天下，而天下屈之，秦汉以下所以陋"。

主政者自身的品质，秦汉以后历史的重要变化是，主政者与教育者的身份不再合一。这就意味着，握权者未必有资格成为人民的教育者。据此，槐轩尖锐地指出，君王或曰天子，对于人民来说，不仅不再是必然的教化者，而且与人民一样，同样是受教育者，是被教化的对象。他说："天子与庶人无异学，造士与选士无二途。道德为本，才艺为辅，治己治人，一以贯之矣。"由于君王的执政行为关乎百姓的生存与教化，故而，槐轩尤为凸显君王作为"学者"（今语之"学习者"）的重要意义。如其言："崛起之君，多半天授，而无学以陶成之，必不能如舜禹。继世之君，即选圣师而非圣人之流亚，亦不能如成康。然则师道之立，其所以系岂细故欤。"槐轩所谓"学以陶成"而"如舜禹"，实则传达出对秦汉以后中央集权体制下之君王的角色期待，即君王乃至所有的为政者，都应该是"学者"，学习而如圣人那样的养民教民者。他说："学者，学圣人而已。圣人何异于人，能尽人道而已。文王止仁止敬五者，可类推焉。""道不外于五伦，而其难易常变，百出其途，惟圣人各尽其道，悉协乎中。学者，学此而已。"（以上本小节中所引槐轩语，均出自《拾余四种》）

第二，仅就表面文字来看，槐轩所论似乎全在道德的层面。然而，如果我们从现代政治社会学的视角，即可看出，槐轩虽然没有那般的学理以及思辨性的分析（其时的历史语境，当然不可能如此），但他以敏锐的直觉，洞达历史问题的深处。从《上天爱民》中我们可以读出，槐轩依据周人思想所做的各向度以及各层级的阐发，实质上是把主政者的权力和百姓的生活视为不可分割的整体，即今语所谓将政治和社会视为一体。就后者（社会）而言，这种"一体"，意味着政治权力必须以社会公共事务的解决和公共福利的提高作为最高的价值目标，才具有存在的合理性。从前者（政治）而论，社会公共利益的实现，又必须依赖于合理有效的公共制度，而形成和管理公共制度则定然需要政治权力。明确地说，"政治权力是人类社会公共福利的重要解决之道，没有政治权力，人类就没有政治秩序，就只能是苦海无边的霍布斯的自然状态"[1]。政治学家亨廷顿说得更为肯定："没有强有力的政治制度，社会就会无力界定和实现其共同利益。"[2]

---

[1] 毛寿龙：《政治社会学》，中国社会科学出版社，2001，第23页。
[2] 为了便于对槐轩历史深意的理解，笔者将亨廷顿的完整意思录出。亨氏认为，在任何政治社会中，要保证公共利益的有效实现，就必然需要有与之相应的强有力的政治制度，从历史的事实来看，凡是缺乏公共政治权威的地方，往往会由于追逐私利而导致社会宏观环境的恶化，成为充满仇杀和战争的地方："一个政治制度衰弱的社会，无力约束个人和集团欲望的泛滥，其政治状态必然像霍布斯所描述的那样，充满社会势力之间的无情竞争，这种竞争不是以更具有综合性的政治组织为媒介的。……没有强有力的政治制度，社会就会无力界定和实现其共同利益。因此，创造政治制度的能力，也就是创造公共利益的能力。……一个拥有高度制度化的管理组织和程序的社会，更能阐明和实现其公共利益。……任何可用于强化政府制度的东西，都可称为公共利益。公共利益就是公共制度的利益。（转下页注）

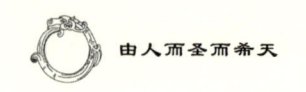

基于上述两点，无论是主政者和行政者学为君子，还是将政治权力与百姓生活视为一体，都可归结为：把社会福祉的最大实现作为最高的政治理想。

普遍的看法是，人类历史上的政治权力配置或曰政体形式有三种，即君主制、贵族制、民主制。① 然而，最大限度地实现社会性的公共福祉，是任何历史时空，任何政体形式或曰权力形态，都必须设定的最高目标。槐轩深谙这一历史之道，他以自己特定的理思，将其表述为：修齐治平，成己成人，"只是养教二字周全无憾而已"。不过，百姓之生活的富庶和人格的尊严——"养教二字周全无憾"，这只是社会理想目标的预设，它必须依靠政治性的权力运作才有可能得以实现。由于政治权力具有特殊的强制力量，②

（接上页注②）它是由于政府组织的制度化而创造和产生出来的。"（塞缪尔·亨廷顿：《变革社会中的政治秩序》，华夏出版社，1988，第24～25页。）由于历史时代的不同，槐轩不可能使用现代的学理分析，但是，他所视见到的问题，却是普遍性的，即任何历史时代、任何国家社群，都必须解决政治权力和公共利益，或曰主政者与民人之间的矛盾，以形成价值目标与必要制度之间的良性关系。笔者认为，槐轩之圣人与民人的对应结构，从现代政治社会学的角度看，实质上触涉的就是政治与社会，政治权力与公共福利的关系问题。我们应注意，要在历史乃至政治语境中理解槐轩。

① 吕思勉先生根据亚里士多德的政治学说指出："政体之分类，至今繁杂极矣。然推诸古代，故不如是。欲讲古代之政体，我谓亚里士多德之说，仍可用也。亚里士多德以治者之多少，分政体为三：曰君主政体，以一人主治者；曰贵族政体，以少数人主治者；曰民主政体，以多数人主治者也。"吕氏认为，前现代社会，民主政体的境况很少，"所谓多数少数，亦就一阶级言之耳。"具体到中国的历史，三种政体，"亦均有形迹可求"。不过，由于以往人们不知政体可以分类，"昔者习于一君专制之治，以为国不可一日无君；既集人而成国，则惟有立一君而众皆受命焉尔矣"，因此，便"由一君专制之治，行之既久，而遂忘其朔"。应该加以注意的是，中国"一人主治"的君主政体，亦是在历史过程中逐渐形成的，"其实天下事无一蹴而成者。中国后世之政体，虽若一君专制之外，更无他途可出；而推其原始，出治之法，实亦不止一途；而古代之君主，与后世之君主，名虽同，其实亦迥异也。"（吕思勉：《中国制度史》，第353页）吕思勉所提醒的"古代"与"后世"之区分，为我们理解槐轩的古史语境，提供了重要的参考背景，应予注意。

② 一般认为，权力是根据自己的目的去影响他人行为的能力，换言之，权力也可以理解为一种力量，依靠这种力量可以使他人的行为符合自己的目的，即造成某种特定的后果。就政治权力来说，它是某一政治主体（最核心的主体是国家或者说政府）依靠一定的政治强制力，为实现某种利益或原则而在实际政治过程中体现出的对一定政治客体的制约能力（参见李景鹏《试论政治权力的特征和结构》，《政治学研究》1987年第4期）。有学者从人类群体生活的角度指出，权力的强制性，因其有着解决冲突的重要功能，因此，（转下页注）

因此，如何使其得以善用，成为创造"最高的政治善境"以实现社会公共利益的必要途径，就成为关键的问题。通晓地说，就是如何使掌权者只行善不作恶的问题。

按照现代政治学的思路，西方宪政主要通过利益博弈、社会契约、公权力产生的程序等方式来解决，此可称为"法理政治"的模式。而中国经典儒家，则属"道德政治"或曰"伦理政治"的模式。这个差异，不仅源于古今两个历史时空，最主要的是它们对社会公共福祉如何得以实现之途径的理解不同。槐轩的思考资源，虽然本之于古史，但他却理性地直面历史之变化，对于秦汉以后的中央集权政体，他冷静而深透地提出，培养治世之才、选用贤臣、主政者以圣人为准的。此三者，是实现社会公共福祉，即"养教周全无憾"的主要途径。

第一，关于治世之才，槐轩认为，根要在于培养能够通经致用的君子，故其言："古大学之教，天子之元子，诸侯之适，国之俊选，皆同其学，所

（接上页注②）对于社会的稳定来说，是必不可少的。较为广义的来看，"政治权力、道德权力、社会权力以及经济权力都具有政治性，都是人类集体生活的凝合剂，因而凡是权力都可以称为'政治权力'。而权力之所以存在，是因为人类集体生活中总是存在着种种威胁集体生活的冲突。为了消除这种威胁，使合作成为可能，人类就需要权力，这种权力不管是来自知识、年龄、力量、宗教，还是其他种种神秘的东西，都具有政治性，是一种解决冲突的强制力量。"在这个意义上，政治权力实际上包括所有权力现象，"它的功能是解决威胁集体生活的冲突，或者解决冲突，塑造共同的政治生活。也就是说，正是政治权力使政治生活得以可能，他是政治生活的凝合剂。"（参见毛寿龙《政治社会学》，中国社会科学出版社，2001，第26~27页）。所谓"权力现象"，应源自亚里士多德之思想。亚氏在《政治学》中，把社会、政治、国家视为"一体"。他认为，人类因其群居之需要，由个人而家庭，由家庭而村落，由村落而国家；国家是这个过程的最高点，也是人类群居或曰共同体的完美形式；在这个意义上，可说"人天生是政治的动物"。人类所应享有的幸福生活，以及思考正义与非正义的能力，都只有在国家这一"共同体"中才可能得以实现。人需要社会合作，而良好的合作又须依仗有力的政治组织（政府）方有可能，因此，如何保证政府权力的良性运用，就成为关键问题。为此，雅氏从社会分层与社会基础等角度探讨了政治效应和政治稳定的问题（参阅亚里士多德《政治学》，商务印书馆，1983）。虽然雅氏是以西方历史为背景的，但他所提供的解决问题的思路，即将社会与政治结合在一起进行研究，却可作为我们理解儒家乃至槐轩问题的重要参照。在槐轩的视界中，民之公共福祉（"养教周全无憾"）的实现，在秦以后的中央集权政府的制度下，变得颇为艰难；或许出于这样的人生焦虑，即政治权力对于民众社会生活有着相对高强度的干预，槐轩才沿着经典儒家的思路，更为强调为政者的君子之德，以此保证良政系统之可能。

以人情物理无贵贱咸知，而不能从政者，鲜矣。"（《拾余四种》之《人道类》）又于《上天爱民》中说："王畿，首善之地。大学，天子之学，天子元子，诸侯嫡子，卿大夫、元士之子，皆在焉，至九州俊秀，由乡而升此者，尤众。①合天下之人，讲求天下之务，上下古今，相与研究，而又常与

---

① 从"王畿"至"尤众"一段，乃言古史之士学教育制度。"父师""圣师""明师""师儒"等教化者或今语之教育者，是槐轩论述的一个重点；此重点源自周人之士学教育制度，故而我们应对此有所了解。士学制度以培养"君子"为目的，故又称"君子之学"或"为己之学"。但是，古典语境中的"君子"，非似今语之拘囿于个人道德品格，而指那些以治世理国为己任者。因此，"士学"实为君子教育与为政者选拔相统合的一种制度。吕思勉将其称为"教育选举合冶一炉"的"廓然大公"的制度。（吕思勉：《中国制度史》，第564页）应该注意，"君子之学"本是包含多重意思的复合问题。如有学者研究后指出：其一，"君子"是"君子之学"中的德能楷模；其二，"君子之学"要求受教育者学习成为"君子"（有德能的为官者）；其三，"君子之学"应由"君子"教学；其四，"君子之学"中的教材编修者、事语体教材中"语"部分的评论者，也称之为"君子"，即"君子曰"（参见张岩《从部落文明到礼乐制度》，上海三联书店，2004，第299页）。除最后一点外，其他几点集中说明，教育者与被教育者皆须以"君子"为准的。前者以君子人格去教学，后者以学为君子为目标。"君子之学"具体化为士学教育制度，内中潜涵着古人重要的政治伦理方面的认知：人类良好的社会生活，必以卓优的个人为前提；换言之，由君子进行组织管理，方有可能为人群提供最大化的安全和福祉。这一认知，使得君子教育成为与人类社会生活有着密切关联的严重问题。如此，士学制度也就相应地以培训官吏为主要功能。但是，受教育者并非一定能够成为君子。为了保证官职由真正的君子担任，古人在制定严格的君子培养标准的同时，还有一套"论德使能"的选举标准来与之配套。《逸周书·官人》和《大戴礼记·文王官人》中记载的选论人才的标准——"六征"（观诚、考志、视声、观色、观隐、揆德）者是。正如有学者说："'六征'是商周之际文王推行的制度，是夏商两代'论德使能'制度的继承。这里存在两个匹配的制度，士学是造就'君子'的制度，'六征'是选士也就是选论'君子'的考察制度。二者之间存在对应关系——'君子'是一个人格塑造的'模子'，士学按照'模子'教，'六征'按照'模子'选。"（张岩：《从部落文明到礼乐制度》，第20页）在"上古圣神"乃至三代的语境中，"君子"有着互为关联的两重意义：一则，作为所有人"是则是效"的"德能楷模"；二则，君子进入管理系统，其治功功效，取决于自身的德性修养和才能水准的高低。用现代语言来说，"君子"的真正价值在其社会性，即在治世系统中的德能效应。"在政权体系中，'君子'的身份是贵族，是为政者，包括天子、诸侯等主政者以及大夫、命士等从政者。在礼乐制度的德能规范中，'君子'是德能楷模。"（张岩：《从部落文明到礼乐制度》，第21页）其实，从另一个角度，即前面正文中所举王国维论周制所言，周代的制度典礼，用以"治天子、诸侯、卿、大夫、士，使有恩以相治，有义以相分，而'国家'之基定，争夺之祸泯焉。民之所求者，莫先于此矣。且古之所谓'国家'者，非徒政治之枢机，亦道德之枢机也"；"制度典礼者，道德之器也。周人为政之精髓，实存于此。"（王国维《殷周制度论》）所谓"道德之枢机"，意出《易·系辞传上》"君子之枢机"，原文是："言出乎（转下页注）

· 108 ·

民众周旋，物理人情熟悉，则所学皆为实用，而可以措诸施行。"钱穆先生曾指出，中国儒家学术之主要出发点，乃是一种人本主义或曰人文主义，其主要精神，"乃以社会人群之人事问题的实际措诸为其主要对象"，即所谓"言顾行，行顾言，而无宁尤贵行在言前"。因此，这个精神的另一表现，"厥为不尚空言，一切都会纳在实际措施上。所谓坐而言，起而行。若徒言不行，著书立说，只是纸上加纸，无补实际，向为中国人所轻视"[1]。槐轩正是基于儒家之人文主义，以"亲民"作为培养治国理政人才的根本，并且批评那些"徒言不行"的读书人，"坐拥缥缃，高谈性命，偏执自封，而遂欲修齐治平乎？"这里，我们可以进一步说，槐轩"以为学者必与民相亲"，其"所本"就是治国平天下的治世实践。此恰合钱穆所说"亲民是治平之学"之意。

第二，如果说培养治世之才，槐轩尚延续古史所蕴含的士学教育精神，那么，"必任贤臣"则是他完全面对秦汉历史的重大变化，为实现百姓的公共利益而给出的合理性方案。众所周知，秦人废封建而行统一之政体，而此一集权政体对整个社会可能造成的最大损害，就在于君权日渐专擅且独断独行上。

关于秦以后君位世袭的弊端，吕思勉先生指出："君主之制，其弊全在于世袭。以遗传论，一姓合法继承的人，本无代代皆贤之理。以教育论，继

（接上页注①）身加乎民，行乎迩见乎远，言行，君子之枢机也。枢机之发，荣辱之主也。""枢机"有原始或原本之意。王国维反复阐发，周代制度典礼之所以为"道德之枢机"，根要在于首先"治"天子等主政者以及从政者，以使其"自纳于德"成为德能之楷模，进而"使民则之"，并得以实现"民风化于下"的社会效果——"此之谓治"。据此来看，士学教育制度应是周制之所以为"道德之器"的核心部分。值得注意的是，春秋时期，孔子在士学教育制度遭受破坏之际，将"君子精神"保存在"为己之学"的思想中，从而使得中国传统政治的历史，无论经历怎样的盛衰沉伏，从未失去道德理念的提领。在这个意义上，可以说"士学造就了孔子，孔子开创了儒学，儒学是三代士学的延续和士学基础上的发展、变迁"。（张岩：《从部落文明到礼乐制度》，第23页）槐轩不仅继承了古典儒学中"人君即君师""主政者与君子品质之统一"，以及政治的本质即"以正其心教化天下"等应然之理，而且更为凸显"圣学之传"与"师道之立"的实践思想。这是我们在研读槐轩时，应该着力之处。关此，后下之本文中有述。

[1] 钱穆：《中国历史研究法》，第76~77页。

嗣之君，生来就居于优越的地位，志得意满；又和外间隔绝了；尤其易于不贤。此本显明之理，昔人断非不知，然既无可如何，则亦只好置诸不论不议之列了。君主的昏愚、淫乱、暴虐，无过于明朝之多。"尤应注意的是，吕氏虽然认为，"以大体言之，君权之在中国，极为发达"，但这是秦汉以后的势况。"古代君权，盖甚微薄"。在古代，即殷、西周、春秋时期的贵族政体内，保存有许多民主政治的痕迹，甚至可以说，"古代是确有这种制度，而后来才破坏掉的"。如《周官》载"大询于众庶"之法，乡大夫"各帅其乡之众寡而致于朝"，小司寇"摈以序进而问焉"。国家有危难，国都要迁移，国君要改立，都必须召集国人征询意见。此在《尚书》和《左传》中多有记载。如《尚书·洪范》："汝则有大疑，谋及乃心，谋及卿士，谋及庶人，谋及卜筮。汝则从，龟从，筮从，卿士从，庶民从，是之谓大同。身其康强，子孙其逢，吉。汝则从，龟从，筮从，卿士逆，庶民逆，吉。卿士从，龟从，筮从，汝则逆，庶民逆，吉。庶民从，龟从，筮从，汝则逆，卿士逆，吉。汝则从，龟从，筮逆，卿士逆，庶民逆，作内吉，作外凶。龟筮共违于人，用静吉，用作凶。"吕氏认为，君主、卿士、庶人、龟、筮，各占一权，"而以其多少数定吉凶，亦必系一种会议之法。并非随意询问。"这实际上意味着，人民"必能影响行政，使当局者不能不从，又理有可信了。"吕氏分析了带有民主性质的"原始的制度"之所以演变为"少数人专断"的原因："到后来，各方面的利害、冲突既深；政治的性质，亦益复杂；才变而由少数人专断。这是普遍的现象，无足怀疑的。有人说，中国自古就是专制，国人的政治能力，实在不及西人，固然抹杀史实。有人举此等民权遗迹以自豪，也是可以不必的。"① 另外，对于秦以后君权"渐重"的历史原因，吕氏又做了具体分析："其故有三：一，君脱离亲族之关系，而成其为君；二，臣子之权渐削；三，君与教务渐疏，政务日亲。"② 很显然，吕思勉先生是以民主原理作为政体理念的，因此他说："民主的制

---

① 参见吕思勉《吕著中国通史》第三章《政体》，华东师范大学出版社，2009。
② 吕思勉：《中国制度史》，第360页。

度，可以废赘，民主的原理，则终无灭绝之理。"① 不过，如果跃出政体的分判，可见吕氏思想对民主肯认的背后，实是对理想之良政的追求。在这个核心点上，我们可将槐轩与之对比，以见槐轩治道之立意和标指。

关于第一点，即"君脱离亲族之关系，而成其为君"，吕氏从历史发生学的角度做了论述，于此可参阅吕思勉《中国制度史》第十章《政体》，兹不赘述。关键在第二"臣子之权渐削"和第三"君与教务渐疏，政务日亲"。就第二点来说，吕氏认为，君与臣之关系的本质，为共同治理社会公共事务而结合在一起，不仅在理论上而且现实中都应如此，"君与臣本共治一事之人，其职虽有尊卑大小，其地位实非绝殊，理至易见，而亦事势之自然也。"君臣共治一事，意味着二者非私人关系，因此面对公共事务，"臣与其君，亦可以论曲直"，并且君与臣各自有着相应的权力。吕氏指出，权力容易滥用："人之情，每易滥用其权力。君权大则下侵其臣，臣权大则上陵其君。求其各守分职，不相侵犯者，盖不易得。"权力相侵的情况，在上古之时，"臣上陵其君者多，君下侵其臣者少"；秦以后，由于权力集中于君主手中，君主"又居总摄之地者，侵削其下究较易。故君权日张，臣权日削也"。再就第三点来看，吕氏认为："邃古之世，政教不分，其或分殊，教务亦重于政务。故为人君者，往往躬揽神教之大权，而政务则不屑措意。世殊时异，主教者仅存虚号，秉政者实有大权。"② 此近似上文所论主政者与教育者合一之意。

与吕氏论点相参照，槐轩显然对秦之前后的历史有着自己的理解。对于上古君臣"共治一事"，槐轩超出君权与臣权，即政治权力配置的囿限，将思路深入到良政系统如何可能的高度之上。他认为，臣权的实质性意义，端在于擢选出真正的治世"大才"，使"君子在位，小人在野"，三代之世就是如此。其言："《洪范》五福不言贵，古无贵而不富之人也。大才受大禄，君子在位，小人在野，三代盛时，所以朝无滥爵

---

① 吕思勉：《吕著中国通史》，第58页。
② 吕思勉：《中国制度史》，第360~363页。

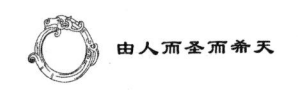

而野无遗贤。"①"培育贤才,所以储长治久安之器也。"(《拾余四种》之

---

① 槐轩此意据《礼记·坊记》而出。《坊记》曰:"事君大言人则望大利,小言人则望小利。故君子不以小言受大禄,不以大言受小禄。"吕思勉依据古典文献,从历史发生学的角度,说明了君与臣在政治系统中,各有权属以及各有责任;臣不是君主的私人仆从,而是共同治理国家的要员;这是历史的必然选择。故而,他肯定地说:"君与臣本共治一事之人,其职虽有尊卑大小,其地位实非绝殊,理亦易见,而亦事势之自然也。"所谓"事势之自然",即历史发展之自然,其要义是说"臣"的地位和作用,是历史社会的自然需要,而非君主私人所赐。吕氏根据历史文献做出的举证,有助于我们理解槐轩的思想,故选录如下。吕氏指出,"君臣系共治一事,而臣非其君之私人,在古代义本明白。"兹举《墨子》曰:"天子立,以其力为未足,又选择天下之贤可者,置之以为三公。天子三公既已立,以天下为博大,远国异土之民,是非利害之辨,不可一二而明知,故画分万国,立诸侯国君。诸侯国君既已立,以其力为未足,又选择其国之贤可者,置立之以为正长。"又举《晏子》曰:"君民者,岂以陵民?社稷是主。臣君者,岂为其口实?社稷是养。故君位社稷死则死之,为社稷亡则亡之,若为己死而为己亡,非其私暱,谁敢任之?"吕思勉认为:《墨子》与《晏子》所言,"是其义矣";君臣之义,惟在君为出命者,臣为受命者,所谓"君能制命为义,臣能受命为信"也;又君当督责其臣,臣当受督责于其君。故曰:"事君者,先资其言,拜自献其身,以成其信。故君有责于臣,臣有死于其言。"君臣之义,不过如此。君与臣之各自的分职,实又包含着相互约束的道义律则,故吕氏又指出,臣不旷其职守,君即不容滥用威权,所谓"君使臣以礼,臣事君以忠"也。同时,君臣之间的这种分职关系,又须通过酬报来体现,即槐轩所谓"大才受大禄"。吕氏举《燕义》:"君下竭力尽能,以立功于国,君必报之以爵禄。""礼无不答,言上之不虚取于下也,上必明正道以道民,民道之而有功,然后取其什一。故上用足而下不匮也,是以上下和亲而不怨也"。"此君臣上下之大义也。"其报施之道,及彼此各有分职之义,可谓昭然明白矣。此外,吕思勉对于古礼中之"臣为君之私人者"的内容,也做了解释。这值得我们注意。其言,古礼亦有臣一似其君之私人者。举例:"君有疾饮药,臣先尝之。""君适其臣,升自阼阶。""君于臣,有取无假"等是。吕氏解释道:"此由古代父至尊亲,资于事父以事君,故有此礼。"然而,"子之于亲也,三谏而不听,则号泣而随之,为人臣之礼,三谏而不听,则逃之"。可见,事父与事君,终究有本质的区别,"其可绝与不可绝,究有不同。且尝药等本非大臣之事也。臣之以身殉君者,非为其私暱,则由意气相得。此犹朋友之相许以死耳。古朋友本有以死相许者也。《假乐》之诗曰:'之纲之纪,燕及朋友。'《毛传》曰:'朋友,君臣也。'君臣以职守论,则犹同僚;以交谊论,则由朋友矣。秦穆公与三良饮酒而乐曰:'生共此乐,死共此哀。'三人者皆许诺。穆公死,三人皆自杀以殉之。此君臣之以意气相死者也。"(以上参阅吕思勉《中国制度史》,第361~362页)吕思勉先生为古史中的君臣关系提供了丰富的资料。参照于此,槐轩虽然亦讲"大才受大禄",但却滤去了君臣关系中的个人性和物化性的内容,而籀绎出公天下的理念,从而使得中国儒家传统中的"贤相政治"具有了普遍性的价值。如其言:"仿六德六行以求贤,而又严为制度,贵贱毋得侵越。匪才者虽多财,无所用之,则迁善者众矣。"又举例说:"王安石、宇文氏,曾彷周官矣,未尝闻圣人之道,而以私智变法,安能协中。君子本身建极,酌人心风俗之宜,而准以天理,大贤以下,其可几乎!"(《拾余四种》之《治道类》)

《人道类》《治道类》）对于秦以后的政治状况，槐轩深晓君王虽独揽大权，但却无教化之德，"仅存虚号"的历史常态。因此，面对历史给定的中央集权的现实，他指出，"必任贤臣"之所以重要，就在于不仅能够弥补"世不皆圣君"的政体缺陷，而且是形成"适合乎人情天理，而民皆乐从"之良政系统的制度保证。他说，"世不皆圣君，而必不可无圣臣。尊贤则不惑，敬大臣则不眩，九经所以贵之也。""君亦不能一人理也，则必任贤臣。君臣有盛德，而礼乐制度精焉，人伦明焉，贤父师众焉，天下之不由乎道者，鲜矣！""五臣、十乱皆圣贤而后成其至治，君岂必皆圣，任贤不惑亦可也。"（《拾余四种》之《人道类》《治道类》）

槐轩认为，治国是关乎天下百姓之极复杂的大事业，仅凭君王一人之耳目，无法遍观全局，兼顾所有，因此，选贤任能便是最为重要的治道举措。他指出，"六合岂无圣贤，不遇于时，则抱璞终焉。非破格以求，虚己而听，安得共成至治。""得天之道，即心天之心，非有所勉而然。上不及知，皆窃位之臣，阶之为厉。尧不得舜为己忧，舜不得禹皋陶为己忧，拔茅连茹，① 非恃一人之耳目也。"在君主集权的政体之下，公权力运用的主体，虽然是君与臣，但臣由君擢，因此，君能否具有为天下民生的公心以及知人善用的智慧，就成为关键。槐轩将此视为最大的"君德"。他说："君德莫大于知人，非正心修身，贤否灼然，何以克知。"（《拾余四种》之《治道

---

① "拔茅连茹"，语出《周易·泰》："初九，拔茅茹，以其汇征，吉。"三国王弼注："茅之为物，拔其根而相牵引者也；茹，相牵引之貌。"今人金景芳注："拔茅茹，说的是物。用物比喻初九之爻象。茹，连茹，此茅之根与彼之根在地中相牵连。拔了这根茅，必然连带拔出那根茅。初九便是这根茅，九二、九三便是那根茅。初九阳刚居下，正遇天地交泰之盛时，它必然要上进。不但自己上进，还要连带九二、九三一起上进。汇，类；征，动。君子就如同拔茅一样，自己上进，还要引导自己的同类即同志，一道上进。这当然是吉的了。"（金景芳：《周易全解》，吉林大学出版社，1989，第110~111页）朱高正："茅，茅草也。茹，相连之草根也。汇，类也。初九以刚居阳，上有正应，志在上往。'拔茅茹，以其汇'，谓拔茅草时，连根而起，以喻同类相牵引。故初九君子处泰之初，其上往必与其同道相牵引，其进则吉。"（朱高正：《周易六十四卦通解》，华东师范大学出版社，2000，第38~39页）槐轩引《周易·泰》之卦辞，将"拔茅茹"具体运用于政治公权力之生态，以强调"君臣共治天下"之意，在某种意义上，"圣臣"甚至比"明君"更重要。于此可见槐轩之中国儒家"贤相政治"的主张。

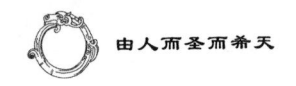

类》）

关于选贤任能之要意，我们可参照王船山之语，以便与槐轩互为发明。船山在评论唐朝制度时指出，郡县集权之制，如果仅凭君主"一人之耳目心思"，必不能保全"宗社生民之命"；若是"国多才臣"，则"虽危不亡"。唐之所以能立国二百余年，端在依仗"才臣"，是而才能使"有失国之君，而国终存"。这里将船山之语录出，以体会槐轩之意。船山曰：

> 夫郡县之天下，其治九州也，天子者一人也，出纳无讽议之广，折中无论道之司，以一人之耳目心思，临六典分司之烦冗，即有为之代理者，一二相臣而止，几何不以拘文塞责、养天下之痿痹，而大奸巨猾之胥史，得以其文亡害者、制宗社生民之命乎？国家之事，如指臂之无分体也；夫人之才，如两目之互用，交相映而合为一见也。……刑与礼争而教衰，抚字与催科异而政乱，事无以成，民无以靖，是犹鼻不择味，口不择香，背拥重纩而不恤胸之寒，虽有长才，徒为太息，固将翱翔于文酒琴弈之中，而不肖者持禄容身，不復知有清议，贤愚无别，谁復戮力以勤王事哉？是故三公六省无专职，而尽闻国政以佐天子之不逮，国多才臣，而虽危不亡，唐之所以立国二百余年，有失国之君，而国终存，高祖之立法持之也。①

"高祖之立法"的中心原则，是选拔能够成事靖民的"才臣"以共治天下。不过，船山显然是针对秦汉以后的郡县政体（即君王"以一人之耳目心思"而尽闻国政，必有力所不逮的现实困难）来思考的。而槐轩则认为，拔擢贤臣，与君"共成至治"实是上古尧舜以来就有的传统，"拔茅连茹，非恃一人之耳目也"。又指出，君王选用贤臣当有"破格以求，虚己而听"的胸怀，"六合岂无圣贤，不遇于时，则抱璞终焉。非破格以求，虚己而听，安得共成至治"。换言之，"君德莫大于知人"（《拾余四种》之《治道

---

① 王夫之：《读通鉴论》中册，中华书局，1996，第580~581页。

类》)。关于"才臣"或"贤相"的标准,槐轩和船山所见亦同然。如船山云:"宰相者,外统六官,内匡君德,而持可久可大之衡,以贞常而驭变者也。君心之所自正,国体之所自立,国本之所自固,民生之所自安,非弘通于四海万民数百年之规而不役于一时之利病者,不足以胜其任。"在船山语境中,宰相自应是"贤相"。而贤相之"贤",并非今语之狭义道德上的好官。他既有把控常变,统筹全局,兼顾上下的智慧——"持可久可大之衡,以贞常而驭权变"又明通历史、深谙民情而具有克时弊于一役之能力。就其特定的政治社会角色而言,贤相是系君心、国体、国本、民生于一身的核心人物。依今语,真可谓国家之主脑,航船之舵手了。在这个意义上,船山明言"治惟其人,不惟其法"。① 这里的"人",当指"贤相"。

船山对贤相的多重描述,在槐轩的语义中,则被凝练成"中"的概念,此"中"系"中庸"之境。换言之,贤相的标准实为一个"中"字。但此"中",非囿于善权轻重,谙练世故,掌控全面等谋略治术,而是被槐轩升华为主体明德与致用实践相统一的"理念",即从政者尤其是身居国家要政之位的宰辅,必先有君子之"德能"而为百姓之楷模(所谓"人极"),然后方可能在治世理政中获得"协中"或曰"协乎中正"之效,故说"明德为修齐治平之本","酌其宜而协乎中正"。他列举古史曰:"唐虞三代皆圣人也。而随时立法,各协乎中。"所谓"中"为明德与实践统一的理念,此意味着主体愿景能够最大化地得到客观实现,而这就要求从政者自身的品格应该全面卓优而无有私匿,槐轩谓之"至明至公"。他举例说"修身者尤必甚其好恶。好而知其恶,恶而知其美,至明也,而后施诸斯世无不宜。""好恶起于一念,而推诸刑赏,至公至明,非仁者能之乎!未有仁熟而义不精,亦未有义精而仁不熟者也。"所谓"至明至公"是指主体精神品质,"协乎中正"则为实践效用,如此主客统一,体明事济,槐轩称之为"不枉道"。他认为,三代以后的政治历史,不枉道之贤相,唯有诸葛孔明,"不枉道,三代下惟孔明而已。"在槐轩看来,任何甘禄私身者都有害于政事民

---

① 王夫之:《读通鉴论》中册,第591页。

生。他举例说:"伊尹、孔明,其初皆无心禄仕,及感三聘之勤,则以死继之。是故不枉道者,非徒爱其身,实欲与君成其治也。苟于进者难于退,甘于禄者私其身,朝廷曷贵焉!"当然,历史中亦不乏志大正色之重臣,但因失于"私智",而未能达到"协中"的客观效果。如王安石的改革,槐轩认为:"王安石、宇文氏,曾彷周官矣,未尝闻圣人之道,而以私智变法,安能协中。①君子本身建极,酌人心风俗之宜,而准以天理,大贤以下,其可几

---

① 槐轩评价王安石变法,虽寥寥数语,然直接把捉到历史事件之理实。关此,可藉船山之论,证解之。王船山认为,王安石问题的要害,在于"言有大而无实,无实者,不祥之言也"。举其入对之形景:"王安石之入对,首以大言震神宗。帝曰:'唐太宗如何?'则对曰:'陛下当法尧、舜,何以太宗为哉?'又曰:'陛下诚能为尧舜,则必有皋、夔、稷、契,彼魏征、诸葛亮者,何足道哉?'"船山指出,安石轻出大言,而无视尧、舜与汉、唐之具体历史情境之不同;假设尧、舜生于汉、唐之后,也定会称赞孔明治蜀、贞观开唐之政的业绩。何以言此?尧舜时代处在"耕稼陶渔之日",社会境况相对简单。后世的政治和社会状态则要复杂得多。尧舜之道的根本,在于"得一善,则沛然从之","大其心以函天下者,不见天下之小;藏于密以察天下者,不见天下之疏"。后世多有学者不知"尧舜之道"为何者,然竞相"奉尧、舜以为镇压人心之标",如韩愈之言曰:"尧以是传之舜,舜以是传之禹",相续不断以至于孟子。船山质疑:"愈果灼见其所传者何道乎?抑僅高举之以夸其所从来邪?"船山认为,安石与韩愈相类,"愈以俗儒之词章,安石以申、商之名法,无不可曰尧、舜在是,吾甚为言尧言舜者危也";韩愈和安石,"我察其情,与缁黄之流推高其祖以树宗风者无以异。"就"治法"而言,历史发展了,社会变化了,境况不同,其治理方式自当有所殊异。那么,当效法者为何?船山曰"尧舜之德"。"德"是"根本",贯穿于学与治:"夫尧、舜之学,与尧、舜之治,同条而共贯者也。安石亦知之乎?尧、舜之治,尧、舜之道为之;尧、舜之道,尧、舜之德为之。""德"者为何?船山言:"唯以允恭克让之心,致其精一以行之,遂与天同其巍荡。故尧曰'无名'。舜曰'无为'。非无可名,而不为其为也。求一名以为独至之美,求一为以为一成之例,不可得也。今夫唐太宗之于尧、舜,其相去之远,夫人而信之矣。而非出号令、颁科条之大有异也。藉令尧、舜而举唐太宗所行之善政,允矣其为尧、舜。抑令唐太宗而仿尧、舜所行之成迹,允矣其仅为唐太宗而止。则法尧、舜者之不以法法,明矣。"尧、舜之"德",端在"允恭克让之心"与"致其精一以行"的统一。只有在这种统一的意义上,才可说人皆可为尧、舜:"德协于一,载于王心,人皆可为尧、舜者,此也。"治世之"道",要适宜历史社会之现状,而非刻板地执行先贤之"法",这是源于大自然之"天纲",即有着终极性的依据,用今语言之,实为"自然法"的依据。能领悟并践行此"天纲",即为有"德"。如汤、武虽然不仿效尧、舜的具体做法,但他们仍与尧、舜"先后一揆"也。船山说:"道贞乎胜,有其天纲,汤、武不师尧、舜之已迹,无所传而先后一揆者,此也。法依乎道之所宜,宜之与不宜,因乎德之所慎。"(按:槐轩与船山所见同然。如槐轩多有言:"君子本身建极,酌人心风俗之宜,而准以天理,大贤以下,其可几乎!""后世法制之善,优于古者甚多,惟酌其宜而协乎中正,不必徒袭五帝三王也。""唐虞三代皆圣人也。而随时立法,(转下页注)

第三章 "圣人知天心，立人道，以持气化无穷"（上）

乎！"（以上所引槐轩诸语，参见《拾余四种》之《人道类》《治道类》）

（接上页注①）各协乎中。后世之变多矣。然人性同，则所以尽性而适于中正者无弗同。泥古而不达于道，以至礼乐不兴，民风不淳，则岂在于常流哉！"见《拾余四种》之《治道类》《人道类》）"道"和"德"是"法"的依据，进一步说，主政者们在制定和推行各项国策与法条时，必须怀有"允恭克让之心"即以百姓之心为心，并且在践行操作时，须慎之又慎以保证整体社会在稳定有序中发展，即所谓"致其精一以行"，"因乎德之所慎"。以此来看王安石，"舍道与德而言法，韩愈之所云'传'，王安石之所云'至简、至易、至要'者，此也。皋、夔、稷、契以其恭让之心事尧、舜，上畏天命，下畏民嵒。匹夫匹妇有一善，而不敢骄以所不屑，唐、虞之所以雍也。顾乃取前人经营图度之苦心以拨乱扶危者，而淩躐之，枵然曰：'尧、舜之道至易，而无难旦夕致也。'"在船山看来，不言"道"与"德"，而徒言"尧舜之道至易"者，用今语来说，在堂皇的大言之下，小人可以无所忌惮地贩卖各种私己货色，他说"商鞅之以胁秦孝公者，亦尝用此术矣。小人而无忌惮，夫亦何所不可哉？扬尧、舜以震其君，而诱之以易；揭尧、舜以震廷臣，而示之以不可攻。言愈高者志愈下，情愈虚者气愈骄。言及此，而韩、富、司马诸公亦且末如之何矣！曹丕曰：'吾舜、禹也'，则舜、禹矣。源休曰'吾萧何也'，则萧何矣。奸人非妄不足以利其奸，妄人非奸无因而生其妄。妄人兴而不祥之祸延于天下，一言而已蔽其生平矣。奚待其溃堤决岸，而始知其不可遏哉？"治国重臣必当君子。在三代以后的历史景观中，"尧舜之德"转义为可以普遍适用的"君子之道"。船山曰："君子之道，有必不为，无必为。小人之道，有必为，无必不为。执此以察其所守，观其所行，而君子小人之大辨昭矣。"那么，何为"必不为"？"必不为者，断之自我，求诸己者也。虽或诱之，而为之者，必其不能自固而躬冒其为焉。不然，荧我者虽众，弗能驱我于丛棘之中也。"何为"必为"呢？"必为者，强物从我，求诸人者也。为之虽我，而天下无独成之事，必物之从而后所为以成，非假权势以迫人之应，则锐于欲为，势沮而中止，未有必于成也。以此思之，居心之邪正，制行之得失，及物之利害，其枢机在求人求己之间，而君子小人相背以驰，明矣。"据此标准来看王安石，船山认为，"故王安石之允为小人，无可辞也。"就其"必为"而言，"安石之所必为者，以桑弘羊、刘晏自任，而文之曰《周官》之法，尧、舜之道；则固自以为是，斥之为非而不服。"（按：槐轩亦谓王安石"曾仿行周官矣，未尝闻圣人之道"。见《拾余四种》之《治道类》）再就"必不为"来看，"若夫必不可为者，即令其反己自攻，固莫之能道也。夫君子有其必不可为者，以去就要君也，起大狱以报睚眦之怨也，辱老成而奖游士也，喜诣谀而委腹心也，置逻卒以察诽谤也，毁先圣之遗书而崇佛、老也，怨及同产兄弟而授人之排也，子死魄丧而舍宅为寺以丐福于浮屠也。若此者，皆君子所固穷濒死而必不为者也。乃安石则皆为之矣。抑岂不知其为恶而冥行以蹈污涂哉？有所必为，骨强肉愤，气溢神驰，而人不能遂其所欲，则荆棘生于腹心，怨毒兴于骨肉；迨及一蹶，而萎缩以沉沦，其必然者矣。"在船山看来，君子治世立身"有必不为而无必为"的原则，其根据源自形上之"天道"，因此，他说"夫君子相天之化，而不能违者天之时；任民之忧，而不能拂者民之气。思而得之，学而知其未可也；学而得之，试而行之未可也；行而得之，久而持之未可也。皆可矣，而人犹以为疑；则且从容权度以待人之皆顺。如是而犹不足以行，反己自责，而尽其诚之至。诚至矣，然且不见获于上，不见信于友，不见德于民；则奉身而退，而自乐其天。唯是学而趋入于异端，行而沉没于好利，兴罗织以陷正人，畏死亡而媚妖妄，则弗待迟回，而必不以自丧其名节。无他，求之己者严，（转下页注）

· 117 ·

如果借用现代学术语言，或可将槐轩"至明至公"与"协乎中正"的统一，称为"中庸理想主义"。这种统一意味着主体明德与致用实践集合于人之个体，因此，槐轩之"中"或"中庸"实为一理念。也就是说，槐轩语境中的"中"或"中庸"，它不仅是表达"至明至公"之要素的概念，而且是必须加以"措诸施行"的实践准则。就其作为历史发展之朝向的目标来说，"中"之理念是可以被所有族群践履的普遍价值理想。需要注意的是，笔者用现代语，将槐轩之明德与致用相统一的思想，称为"中庸理想主义"①。这是为了明示其语境中所内含的二重要义，一者，就普适性而言，"中"是所有个体（或曰所有人，即无论何种阶层、族群、职业等）作为意

（接上页注①）而因乎人者不求其必胜也。唯然，则决安石之为小人，非苛责之矣。"（按：船山之论高矣！深矣！槐轩识见不异。治道之要，船山谓之"相天之化"而"不违天时，不拂民气""从容权度以待人之皆顺"。槐轩谓之"因其俗，制其宜，适合乎人情天理，而民皆乐从""人情物理通达至于精微处耳""仁熟自然义精，故以天理折衷，人情物理能曲尽其道，悉契乎人心之所同"。见《又问》）关于王安石变法失败的自身根由，船山谓之"唯智小而图大，志陋而欲饰其短者，乐取取之，以箝天下之口，而遂其非。"（上引王船山之语，均出自《宋论》卷六，中华书局，1964）槐轩论之则更简约切意，"以私智变法，安能协中。"（《拾余四种》之《治道类》）一言以蔽之，失之于自心："智小"或曰"私智"；"智小"则妄，"私智"非公。

① "中庸理想主义"是笔者参照德国古典哲学并反复斟酌后提出的。总观槐轩学术，可见主要论点皆关乎人之主体品质的擢升，而尤以"中"（或"中庸"）为根要。就俗常而言，人们多把"中"理解为对待事物的思维和处置之方式。然而，在槐轩语境中，"中"既有着明晰要素的概念或曰观念，又有着现实呈现的实践目标；换言之，"中"是观念的"至明至公"与实践的"协乎中正"的统一，而"人"是承载此统一的主体。这是基于历史发展朝向的理想性的价值预设：只有良好的主体个人，方能结合为良好的客体社会。槐轩将这个价值预设的源头上溯于先验性的"天道"（此主要集中在他的易学之说中。关此，将在后面的正文中加以论述），是而，他的"至公中正"理念（即概念与实践的统一），不仅具有鲜明的主体性，更是一个不断接近能够澄明"人性"的社会理想。槐轩对"中"的诠释，与德国古典哲学，尤其是康德哲学颇为相近。这是我们需要给予注意的。槐轩之"中"，既是主体，又是理想。就其"主体"而言，实与康德"唯心"之意若合符契。康德把自己的哲学称为批判的、先验的"唯心主义"，然而，"唯心主义"也可以迻译为"理想主义"，因为在德文中，"唯心主义"和"理想主义"均出自同一个词"Idealismus"，因此，有学者认为，将"Idealismus"译为"理想主义"，将"ideal"译为"理想的"，对康德哲学来说，更为适切，在这个意义上，"与其说康德哲学是一部唯心主义哲学，不如说它是一部理想主义的文化哲学"（参阅范进《康德文化哲学》，第61、54页）。与康德哲学相比照，槐轩"中"或"中庸"之理念，实为一系由人之精神主体而朝向历史社会的理想主义文化学说。

义存在而定位自身的人格要求和践行目标；二者，就进入历史的具体境况来说，"至公中正"的理想，作为社会的合理样态如何实现，作为个人的应有修养如何普及。也就是说，关于"如何可能"的问题，槐轩既直面历史给定的现实（秦汉以后的中央集权的政治体制），又接续经典儒家的治道理路，明确地提出，这种可能性的实现，首先在于建构一个良政系统。由于历史的根本性变革，槐轩看到，上古三代那种"君亲而兼师道"的主政者——"圣人"不复存在，因此，不能再将良政的希望寄于君王"一人之耳目"，而必须依靠贤相良臣来治世康民。

槐轩的深度在于，没有限于一般性的泛泛之论，而是为贤相政治提出了体用兼达、知行合一的"中"之标准。同时，他更看到"良政系统之可能"深处的"不可能的障碍"，即在中央集权的整体权力系统中，君王处于"权源"（ultimate power）之位，因此，君王若怀私昏昧而无知人善任之"君德"，那么，良政系统固不能立。为了最大限度地降低来自"权源"处的障碍，槐轩在"圣臣"之外，更以"圣师"为良政建构的要素。应该注意的是，在槐轩语义中，"圣臣"是针对具体的行政系统而言，而"圣师"的意义，则大大超出现实的政治操作。就其功能职责来说，"圣师"是以"中和之道"来范导政治、教化天下的践行者；就其恪守信念而论，"圣师"又可以被视为人类整体社会（包括家、国、天下）不断趋向中正合理的价值符号。

笔者在研读中发现，"圣师"或曰"师"（亦谓之"君师""师儒""明师""贤师""贤父师"等）是槐轩思想中的一个极重要的概念。这绝不仅仅表现为使用频率之高（如槐轩于85岁所集《子问》，内中所涉"圣师"之处，有三分之一强），更是凭借践行者和价值符号的双重性，使得"圣师"成为不脱历史方向之正轨的引领者。从良政系统建构的角度，"圣师"固是一要素；然而，由于他们是具有高等知觉性（依今语，可谓之整全的理性能力）的学者，而所学所用全在"中和之道"，因此，"圣师"在历史中存在的意义，就具有了超具体政治时空维度的，成为永远坚执普遍价值的精神象征。这象征的深刻性，则在于他们毕生所忠诚的"道"。恰如徐梵澄先生所言："学者最终为谁效力呢？当然不是诸侯或天子，甚至不是人民或国家——学者永远忠

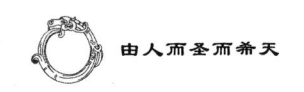

于并为之奉献的应该是'道（或真理）'。"孔子、孟子就是这样的学者。故徐氏接着说："孟子达至自己信仰的道路，是神圣的天命或上帝之命，先于孟子的圣人开辟并践行在这宽广的大道之上，他坚信后世的圣人也会追随在同样的道路上。孔子不仅为自己的故土效力，而且周游列国，孟子亦如此。对于他们所掌握的真理，我们确信不疑，后世从未有人质疑过他们不忠或不爱国。相反，世人几乎将孔子和孟子的所有言行都视为准则。"①

或许人们会说，学者忠诚于"道"，这在理论上成立，在现实中很难兑现。而槐轩坚执和追求的，恰恰就是在政治场域和社会现实中，必须以"圣师"为主导。如前所述，槐轩对上古以来的历史有着客观而理性的判断：唐虞三代"道在君相"，周衰俗弊"道在师儒"（参阅刘沅《大学古本质言》之《叙》）。在槐轩看来，有"道"的社会，必然呈现出良序美俗的人伦环境。三代之时，有"君亲而兼师道者"即"圣人"。三代以降，历史所遭遇的最大问题，便是君与师的分离，得君位者未必得"道"，这就意味着社会时时面临失"道"的危险。因此，孔子、孟子这样以"道"为鹄的"圣师"，就成为弥补君师分离缺陷，从而使历史不偏正途的关键。

槐轩对秦汉以后的历史，有一颇具意味的观察，他认为三纲中不列"师"，其深刻之意，就在于肯认"师"是范引人伦正道的导师。他说："师不列于三纲，三纲非师不正。道之不明，无圣师也。圣必有师，君亲而兼师者，圣人也。三纲坠而孔孟兴，所以补君亲之缺。"（《拾余四种》之《人道类》）圣师之所以能够教化引领包括君王在内的天下人，是因为他们深谙并亲身践行着人间正道。正如徐梵澄先生说真正的儒师，"皆是先有所得于心，见道真切，有一种独立自主的精神，不依傍他人门户""换言之，圣言量已不是这宗学术的权威，要从自己心上考验过。真是龙腾虎跃"②。正是在"有得于心，见道真切"的意义上，槐轩自信地指出，"天下可化，归于明师"。其原话是："道莫大于五伦，持五伦者，三纲也。正其纲者修其身，

---

① 徐梵澄：《孔学古微》，华东师范大学出版社，2015，第180页。
② 徐梵澄：《陆王学术》，远东出版社，1994，第214~215页。

第三章 "圣人知天心，立人道，以持气化无穷"（上）

身修而天下可化，其原则归于明师。"（《拾余四种》之《人道类》）

很显然，槐轩语境中的"明师"，不能狭义地理解成今人所谓的教职。"师"作为人类精神的价值符号和历史社会的范领者，槐轩说他们实则是"独能全天理，故为人伦之极"的圣人。其在《恒言》中说："圣人之言，非得已也。天理全在于人而人弗体备，遂贼性而远于天。圣人亦人耳，而独能全天理，故为人伦之极。其德既配乎天，其心即如乎天，惟恐人之陷溺其性，而即其所得以示人。在上则为训诰典谟，在下则为六经四子。君相师儒，无二道，故无二说也。"这里的"圣人"即为"人伦之极"的"圣师"，三代之时，指尧、舜、禹等"君亲而兼师道者"，三代以后，则指孔子、孟子这般以"六经四子"之"圣学"载道传道的"师儒"。所谓"君相师儒，无二道"，是说身处权位的"君相"，其治世之道，就应该是儒家圣学之道。换言之，"道"是一（"无二道"），但掌握圣学的"师儒"，在价值理念的层级上，则高于"君相"，因为他们是以"承天心奠民生"的治世原则，来教导权力的引领者。

儒道之所以能够引领政治，槐轩的应然逻辑是：君王作为政府之首脑，必须修身以达"明明德"之水准，方有可能为百姓建立一个有"治道"的生活善境，而修身非有"明师"教导不可。槐轩将其概括为："修身则道立，而身何以修，非明师不可也。"更为简要的善政原则是"修己治人"。槐轩说："圣人非甚难为，诚得其传，则修己治人，自衾影而推诸天下无不宜。一以贯之，岂在远求乎。"又总结三代以下历史，认为其乏善可陈的原因，主要在于"圣学无传"。对此，孔孟之后的儒者难辞其咎："唐虞以前，邈矣。三代之兴，皆由盛德。误解汤武征诛，而使后世借口，儒者不得不任其咎。"槐轩反复申言，"三代下之治道不立，岂非圣学无人乎！""圣学无传，即天地亦穷于功化。凡首出者，其材质非不过人也，而修身之道弗讲，则所以承天心而奠民生者皆非。""圣人虽往，而其言行俱存，学之不已，德奚弗纯。以圣人为不可及而日趋下流，治术所以日敝。修之于身而措诸天下无不宜，仁义而已矣！"

槐轩所阐发的儒学精神，今人易轻浅地将其作狭义之道德解释。如果我

· 121 ·

们认真诚意地去读解槐轩，是可以认知并体会到他之思理及其内中的现世关怀的。"修身"虽可推及人人（如槐轩说"人人皆有天理，人人可为圣贤，故以仁、以敬、以诚，无弗格者"），但若要形成"至明至公"的现实社会，那些掌握决策或曰"治术"的主政者们，是必须首先要自觉修身的。因为他们的情感好恶乃至践行仁义的水平，关乎着"施诸斯世"或"推诸刑罚"的现实后果。是而，槐轩多言，"家之难齐甚于国，而修身者尤必甚其好恶。好而知其恶，恶而知其美，至明也，而后施诸斯世无不宜"。"好恶起于一念，而推诸刑罚，至公至明，非仁者能之乎！未有仁熟而义不精，亦未有义精而仁不熟者也。""本有情之世界也，而己无以修，人无以治，非情之不孚，而理多舛也。故尽性而后心正，心正而后身修，身修而后可以天下一家，中国一人。"

如此孜孜不倦，反复申言，其内中是天下"致治"的拳拳之心。"明师"以"圣学"教化为政者们，这是槐轩构思的政治前提："大学之道，'壹是皆以修身为本'，身修必由诚正，诚正必由克复。克复之功，非旦夕也，非师可以传，非有恒何以深造！""辅造化者，君师也。道惟尽性，性，天心也。故圣学不传则无以辅造化而致治。"（上引槐轩诸语，见《拾余四种》之《治道类》《人道类》《剩言》）

很明确，"道"是实现"致治"的原则。那么，何谓"圣学"所载之"道"呢？槐轩既不悬置空泛的原则，亦不汲汲于琐屑细事，而是对掌握公权力者的主体境界，提出最高要求。"致治之道"的关键在于主政者之"修身"或曰"尽性"，故曰"道惟尽性"。所谓"性"，是从"人"之所以为"人"的本质来讲，即孟子"君子所性"之意。牟宗三先生说，"所性"便是"作为本性的东西"。[①] 而人之"性"源自"天心"，借鉴现代学术语言，

---

① 《孟子·尽心》有言："君子所性，虽大行不加焉，虽穷居不损焉。分定故也。"牟宗三解读："所性"便是"作为本性的东西"，"大行"与"穷居"对言，"是飞黄腾达，富贵荣华之意。君子自有其志气与操守，当然外在的职务与其本质无关。君子纵使做了大总统，于他的本质亦并无增益。那么，就是穷居陋巷，也于他的本质并无减损了。""分定"之"分"，是从"所性"规定的。（牟宗三：《宋明儒学的问题与发展》，华东师范大学出版社，2004，第12页）

可说人的理性能力是大自然所赋予的，即人有天赋的理性或曰精神能力。通俗地说，"理性能力"就是使事物合乎道理的精神和实践能力。具体到社会政治景况，为政者们管理公共事物，若要达到"致治"，即"至公至明"的状态，就必须将自身源于"天心"的能力发挥出来，此"尽性"者是。槐轩更深一步指出，"尽性"就是"诚其性"，即修其身而尽除内心之"私伪"，用今语言之，必须抛弃所有为个人或小集团利益算计的"小九九"，才可能实现真正的"致治"理想。他说："人事无常，君子有常，行一不义，杀一无辜，而得天下不为，诚其性故也。欲尽人道而弗尽性，私伪奚以除焉。"（《拾余四种》之《剩言》）藉唐君毅先生之语：扫除内心的一切污秽，"从根上消化非理性的东西"。牟宗三先生谓之，这是从"道德的真诚"去规定生命，"具有此真诚，生命才可得到纯化或净化（purification）"。[①] 为何在槐轩的视界中，主政者们的个体品质如此重要呢？因为他们对于公共生活所做出的言行决策，关乎着现实中的国家天下的大命运，"尽性而后心正，心正而后身修，身修而后可以天下一家，中国一人"。槐轩此意，正如牟宗三在解读孟子"生于其心，害于其政"时所说，"根源处一念之差，是与现实大有关系的。许多误解思想问题的人，认为谈思想义理是多余而无谓，这是大错。人间的灾殃祸患大都根源于思想的、观念的灾祸"[②]。

[①] 牟宗三：《宋明儒学的问题与发展》，华东师范大学出版社，2004，第13页。
[②] 牟宗三：《宋明儒学的问题与发展》，第18页。

第四章
"圣人知天心，立人道，以持气化无穷"
——为权力设准最高的道义原则（下）

槐轩在由君师而圣学而致治的构思中，有一极重要的观念，应加以重视。"君师"以"圣学"教化主政者而达"致治"之理想，此既非明师个人之功，亦非君王独家之力；"致治"的实现，实质上是大自然（天道）假儒师和君王之手来达到民生福祉，即所谓"承天心而奠民生"的目的，换言之，是"辅造化而致治"。

第一节　"天假"与"天意"：船山与槐轩的
历史理性之同趋

"造化"者，天地也！以今语言之，为百姓造福不过是顺应了大自然之合目的性而已。因此，槐轩说，"君师"只是"辅造化者"，君王亦是"辅造化而致治"焉。所谓"君相师儒无二道"，即他们都是践行大自然之"天道"或曰"隐秘计划"，完成"天心"使命而后已者。槐轩之深意，恰如徐梵澄先生所言，治世者的成绩，"必求其所自来，而宇宙有其'主'者，此必出自浩大而秘密之'主'。"[①] 又如其在解读《老子》时所言，"且

---

① 徐梵澄：《玄理参同》，印度室利阿罗频多学院，1973，第57页。

将使百姓安乐,圣人咳然而笑也。"①——取得些许成就或政绩,何需自我扬栩和他人鼓捧?——也如贺麟先生在诠解王船山"天假其私以济天下之大公"时所说,"假私济公是天道,但亦未始不可加以人为努力。超私归公是修养达到的境界,但亦未始不可以说是理性的法则,宇宙的大道"②。

贺麟在解读王船山论秦始皇时,从正极与负极提出了两个向度的历史观。关于历史上的"封建制"与"郡县制",孰为正确的问题,船山认为,此实为无益之争,用今语说,是个"假问题"。因为它是历史的"势之所趋"。原话是:"两端争胜,而徒为无益之论者,辨封建者是也。郡县之制,垂二千年而弗能改矣,合古今上下皆安之,势之所趋,岂非理而能然哉?"在分析了各种社会势力此消彼长的过程之后,船山指出,郡县制取代封建制,自有其历史的合理性,而这种合理性体现的正是大自然之天道,"势相激而理随以易,意者其天乎!"然而,制度政体可以变,但治世的"仁义"之道(槐轩所谓"人事无常,君子有常","常"即"常

---

① 槐轩的"辅造化"的思想,是他的具有形而上之高度的历史观,亦可说是他的宇宙观和人生观的系论,三者实为统一体。徐梵澄解《老子》有一段重要话语,可助我们理解槐轩。《老子》有言:"圣人恒无心,以百姓之心为心。善者善之,不善者亦善之,德善也。信者信之,不信者亦信之,德信也。圣人之在天下也,歙歙焉。为天下,浑浑焉。百姓皆注其耳目焉,圣人皆咳之。"这里的"圣人",不是就狭义的道德品行而言,徐氏指出,"圣人",谓治国者。所谓"无心",岂无心于治国哉?无为也。"以百姓之心为心"者也。则大公而无私者也。则百姓而治百姓者也。则百姓之自治也。乐民之乐,忧民之忧,进贤去不肖,皆征之于国人,此孟子之说齐宣王也。此本义之大同者也。关于"德善"与"德信",梵澄诠解:"是且昭大善大信于天下,将大而化成之也。百姓诚不能皆信皆善,生有不齐,品质殊异,才器个别,均之皆中等,视为上者之倡导而转移。孔子对季康子问政,曰:'子欲善而民善矣。君子之德风,小人之德草,草上之风必偃。'小人,非恶人,平民而已。君子,为政者也。且曰'不信者''不善者',是君子已知其为不信不善。君子可逝,不可陷;可欺,不可罔。是信之善之亦无损于君子。"圣人(治国者)化成天下,安乐百姓,无自诩之功,咳然而笑已矣。故梵澄说:"为政者,平民皆注其耳目。得善矣,得信矣,则其安天下也,'歙歙焉',翕翕然如敛翼而振起也。'浑浑焉',浩浩乎若无所止。混混然皆与道合。且将使百姓安乐,圣人咳然而笑也。"(参见徐梵澄《老子臆解》,崇文书局,2018,第138~141页)所谓"混混然皆与道合",正与槐轩"辅造化而致治"相契无间。

② 参见贺麟《文化与人生》之《论假私济公》,商务印书馆,1988。

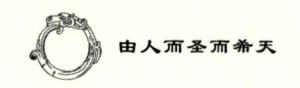

道")是任何人都不可违背的,"阴阳不能偏用,而仁义相资以为亨利,虽圣人其能违哉!"就治道而言,三代之世,推举有德有功,即能持"仁义"之道者为君主,此乃合天之意,船山认为,这是真正意义上的"天子",他说,"天之使人必有君也,莫之为而为之。故其始也,各推其德之长人、功之及人者而奉之,因而尤有所推以为天子。人非不欲自贵,而必有奉以为尊,人之公也。"秦、汉以降,君王虽然未以"仁义"之道治世,但较之于东周诸侯乱纪,残害民生,郡县之制在客观上带来的社会相对稳定,"生民之祸亦轻矣"。船山说:"秦、汉以降,天子孤立无辅,祚不永于商、周;而若东迁以后,交兵毒民,异政殊俗,横敛繁刑,艾削其民,迄之数百年而不息者亦革焉,则后世生民之祸亦轻矣。郡县者,非天子之利也,国祚所以不长也;而为天下计,则害不如封建之滋也多矣。"正是在减少"生民之祸"的层面上,船山感慨:"呜呼!秦以私天下之心而罢侯置守,而天假其私以行其大公,存乎神者之不测,有如是夫!"虽如此,船山仍然坚执社会历史发展的正极之道。无论现实多么复杂变幻,时势多么跌宕起伏,居权位者(君王)必须践行仁义恒常之道,而有大德利民者亦应任事居位。其曰:"世其位者习其道,法所便也;习其道者任其事,理所宜也。法备于三王,道著于孔子,人得而习之。贤而秀者,皆可以奖之以君子之位而长民。圣人之心,于今为烈。"无论何样政体,"仁义"都是源于"天"而行于世间的大公之道。在这个意义上,封建与郡县之制皆无有对错,若错,错在人心之"私己"。船山曰:"选举不慎,而贼民之吏代作,天地不能任咎,而况圣人!未可为郡县咎也。若夫国祚之不长,为一姓言也,非公义也。所以获罪于万世者,私己而已矣。"对于那些一面斥责秦之私天下,另一面又阴算暗谋着使自家人永握权柄的人,船山诘问道:"斥秦之私,而欲私其子孙以常存,又岂天下之大公哉!"① 无论"私己"还是"大公",皆属"精神"范域。此正合鲁迅所说,精神不行,"无论是专制,是共和,是什么什么,招牌虽换,货色照旧,全

---

① 参阅王夫之《读通鉴论》卷一《秦始皇》。

不行的"。①

很显然,船山的历史观有着双重意涵。用贺麟先生的意思来表述:既有"天假其私以行其大公"的"机巧",又有"阴阳兼用,仁义相资"的"法则",二者相反相成,"给我们一个很健全的宇宙观",将其延展到历史,可说是完整的历史观。于前者,好似负极,然却可见"小己的私心敌不住天道的公正;个人的小智,比不上宇宙的大智;独夫的武力,胜不过历史的命运"。如同歌德《浮士德》中的魔鬼,"目的虽在作恶,而不禁创造了善。"这种思想,被西哲黑格尔称作"理性的机巧"(中文也有译作"理性的狡狯"或"理性的狡猾")。贺氏论述道:"王船山在他的《读通鉴论》中评论秦始皇的生涯,恰好悟到了黑格尔所谓'理性的机巧'的道理,他不啻揭穿了秦始皇逞其私智,恰好上了'理性的机巧'的大当的秘密。岂止秦始皇?古今中外的历史人物继续上着同样的大当的人,何可胜数!"关于王船山批评秦始皇"天假其私以济天下之大公",贺氏的解读是:船山之意"是说秦始皇统一中国,废封建,立郡县筑万里长城,种种伟绩,无非是出于私心为子孙打算。但是从全部历史过程来看,他却做了些为全中国全民族的公益有利的业绩,而他主观上所怀抱的私心,却成了未能满足的幻梦,所以在王船山的眼里,那一世之雄、叱咤风云的秦始皇,也不过成了天道的工

---

① 此语引自鲁迅写给许广平之信(1925年3月31日)。其原话是"此后最要紧的是改造国民性,否则,无论是专制,是共和,是什么什么,招牌虽换,货色照旧,全不行的"。据郜元宝先生研究,鲁迅语境中的"国民性",是源自中国传统的"心性"之学。他认为,"日本学者将 national characteristic 翻成'国民性',原本就非直译,而是借了中国心性之学语词背景的意译;characteristic 主要指事物相互区别的特征,并地'性'的意思。national characteristic 在新译名中,含义已经起了变化,即在现象和特征的描述背后,进而指向心性的深处,只是后来的中日学者在使用新译名时,并没有意识到这个变化罢了。值得注意的是,鲁迅谈国民性,有时要前缀'所谓'二字,如'难道所谓国民性者,真是这样地难于改变的吗?'《华盖集·忽然想到(四)》这就明白表示了'国民性'云云,只是暂时借用别人的说法而已。在相同的语法位置上,鲁迅更爱用的,倒是'国民的劣根性''民族根性'之类稍稍变化的形式,而'根'与'性',又回到了心性之学的传统。"郜氏指出,根据鲁迅整个语言使用的情况来看,"在他的用语中,'国民性'随时都可以换成'精神'的。……在鲁迅的词典里,'精神'='灵魂'='心'。"(参见郜元宝《鲁迅六讲》,上海三联书店,2000,第13~17页。)

具，命运的玩物"。"秦始皇的一切私心、私智、私力，皆被那无声无息、施无言之教的'天'，利用来作为'济天下之大公'的手段与工具"。关于"天"的概念，贺麟先生认为，宋儒"天者，理也"的说法，较合船山本意；"天"实为"支配自然与人事的天理天道"。若换成现代名词，"天"就是指"宇宙法则"。"宇宙法则就是黑格尔历史哲学中所谓理性。黑格尔认为理性是世界的主宰，整个历史都是理性逐渐实现的过程。理性并不是空洞虚玄，并不仅是某一些人脑子里的幻想。理性主宰万物、化育万物、浸透万物、支配万物、利用万物，而为万物所不知。万物只是在那里不识不知，顺着理性的法则而生活。理性是理想的，它假现实以实现其理想。理性是无人格的，它假英雄豪杰的人格以实现它的目的。理性是无限圆满的，它假有限的不圆满的事物以达到其圆满。理性是大公无私的，但是它假个体之私以济天下之大公。换言之，假私济公是天道，也即是理性的法则，理性这种假私济公的'伎俩'好像是有意捉弄人，有意与那自私自利的人开玩笑，有意蒙骗那自私自利的'历史人物'，使他们怀着自私自利的目的，而去完成大公的事业。"的确，现实中的"假公济私"损害着人类的健康社会生活，甚至削弱人们对历史未来的信心。关此，贺先生说，"我们承认假公济私是最大的罪恶，但是我们要对之治以'假私济公'的宇宙大法"。自"天"而"天理"而"理性"，贺先生之诠言，不仅贯通中西之哲思，更给出人类历史朝着不断改善之信念的思辨性理由，以及实践"天理"的行动力量。"我们须要识透理性的假私济公的机巧与法则，学习圣贤的假私济公的德量与权变"。大公无私"是一完美邈远的理想"，而假私济公则"是切实有效的方法"。①

然而，如果将"假私济公"的负面史观看作全部，那么，在现实景况

---

① 贺麟举示："就浅近的事例来看：保寿险不是为自己的儿女打算吗？却可促进公共利益。储蓄不是为自己的经济打算吗？却可促进社会事业的发展。可以说一切重大的现代化公共事业的发展，不是建筑在纯公无私的道德理想上，而是建筑在假私济公的理性机巧上。无论在平时，在战时，无论治私事或治公事，不从调整公私的利益和假私济公方面用功夫，要想人绝对不自私，不仅失之'责人重以周'，甚至有一些违反本心，不近人情。"（贺麟：《文化与人生》，商务印书馆，1988，第 65 页。）

第四章 "圣人知天心，立人道，以持气化无穷"（下）

中，就容易把利己行为视为绝对的正义，从而使公私观念的对立合理化，"假如一个社会里公私的观念如此对立，公私的冲突如此严重，为私如此易，为公如此难，则这个社会安得不乱？"因此，我们的宇宙观及其所支持的历史观还必须有另一正极的向度，而这正极的向度不仅高于负极，而且必须处在引领历史的终极位置。"凡人皆自私"的命题，无论从理论理由，还是就"普遍的心理事实"，都是站不住脚的。因为"自私"或"利己"，必须先假定有自我或自我意识，而"自我意识"必须是精神生活上达到了相当高的人才能所至。故而，"人是否真正能够自私？"就成为关键问题。贺先生诘问："世界上无目的、无个性、不自知、不自为的人太多了。他们终日鬼混、飘浮，为他人做奴隶，丧失净尽他的精神上物质上的一切权利。他们既不得谓自己有'自己'，更如何说得上自私和利己呢？""一般人一与外物接触，一与他人接触，便动辄丧失其自我，忘掉其自我意识。己之不存，利焉何有？"接下来的问题是，"人是自私"既然不是普遍的心理事实，那么，"人应自私"当然也不是普遍的道德律令。贺麟先生依据普遍的心理事实，阐发了"人不应自私"的"高尚的价值"。下面这段文字较长，但对于契会槐轩之心极有助益，故照录如下：

  人一有了自我意识，同时也就有了"他人"的意识。自己与他人老是处于对立竞争的地位。损人者人恒损之，害人者人恒害之。循环报复，无有穷期。人我之间有了界限、隔阂，彼此时存提防戒备之心，精神上总觉扰攘不安。假如一个人每做一件事，皆纯全以自己的利益为前提，而不能照顾他人或邻居，这并不足表示他自己善于打算（因为纯为自己打算的人，亦有弄巧成拙，损人而不利己，甚或损己利人的时候），但的确可以表示他本人人格的藐小，胸襟狭窄。老实说，无论人类如何坏，民胞物与的仁心，多少总是具有一些种子。谁愿意自安于人格藐小，胸襟狭窄？所以持狭义的个人主义，作纯全利己的事，都是戕贼自己的本性，自己精神终归要感受一种痛苦的。我们羡慕小孩子的天真淳朴。当我们与大自然接近时，我们精神上感觉到潇洒超脱。当我们回到老家时，我们心理上感觉到一种安顿归宿。这是什么道理呢？因为小孩子是无人我之见的。一有了人我之见，小孩式的天真淳朴便斫丧了。凭对大自然，回到家乡，也就忘怀了人我的界限与对立。此时用不着利己，也无须乎提防他人。可以说这是人我的竞争暂时停战的时候，也可以说是自私的工作暂时放假的时候。所以精神上会有超脱潇洒，安顿归宿之感。由此足见在某种意义下，人是不愿意自私的，人之作利己的事，是势之不得已的。他最后的归宿，他内心深处的要求，是想打破人我的隔阂，泯除人我的界限的。所以站在道德理论的立场，我们无法可以承认"人应利己"的学说。人生精神上最大的快乐，事业上最大的成就，学艺上最大的创造，往往都是忘怀人我，超出小己的境界所产生出来的。这些高尚的价值，绝不是利己主义所能满足的。

利己主义者所谓"自己"，意义欠清楚，来源不明白。一方面好似甚尊严，一方面又似很藐小。自己与他人老是陷于对立、竞争、冲突之中。终会感觉到冲突的痛苦，隔阂的悲哀，换言之，利己主义者终会感受到利己主义之于己不利，而有忘怀物我，超出人己的要求。他愿从事于合内外、超人我的工作，而不愿拘屈于作利己的琐事了。国家、社会、理性、大我，就是合内外、超人我的公共事业。假如他努力遵循理性，实现真我，服务社会，忠爱国家，那么，他就在从事于合内外、超人我的公共事业。假如他能达到合内外、超人我的精神境界，因而能创出合内外、超人我、有永久价值的学术文化，那就是发展理性、实现真我的伟业了。

（以上参阅贺麟《文化与人生》之《论假私济公》）

很显然，贺麟先生是以"人不应自私"作为"道德律令"的；这一律令是引领人类历史趋于正极方向的"高尚的价值"；而践行此一高尚价值者，须是那种修养达到合内外、超人我之境界的"真我"。于此，我们或许可以这样理解："假私济公"是"天道"借自私者之举而成就天下大公，其要在间接；"超私归公"是"理性的法则"或"宇宙的大道"在"真我"者身上的直接朗现,换言之,是"真我"对"天道"所赋予大公使命的自觉担当,直接践履;而使命的完成同时亦是"真我"自我实现的"伟业"。此乃天人合一的真正意涵,也是人之为人的根本之义。"间接"者,大自然之工具耳;"直接"者,端是大自然之目的也!

贺麟先生是成都金唐人。或许他不曾有知,近一个半世纪前,有位川蜀同乡,采用另一套语系,表达了同样的真知灼见。槐轩曰:"天者,理而已,理纯则天定。心,天心;气,天气;故曰真人。真人成为人焉耳。""人道,仁而已,行而宜曰义,实有于身曰诚,曰德。心之良纯乎天之性,至诚也,真人也,言殊而理一也。"(《拾余四种》之《剩言》)贺麟之"真我",槐轩之"真人",皆为直接承担大自然之目的者。

与上述王船山和贺麟所论相参照,槐轩虽然使用的话语不同,但他以自己独特的内在思路,建构了以"健全的宇宙观"作为支撑的完整的历史观。船山的"天假"思想,在槐轩的语境中,表现为对历史的客观认知。如秦之商鞅变法对周朝制度的更革,以及统一的郡县制取代分封制,槐轩认为,皆有现实性的合理性:"商鞅之罪,在于刻薄寡恩,若废封建、开井田,未可全非也。天下统于一尊,在上者诚能身修道立,本成己以成人,较各君其国、各子其民者易安。井田之制,圣人欲人人安养,其意固美。而饱暖生淫欲,饥寒起盗心,谚云原自不错。春秋豪强兼并,由于世禄、世官之故,民多饱暖,易生怠荒,久而礼义亦废。虽法久必敝,然即委穷源,事有由致,则封建亦何必定然?《易》曰:天尊地卑,乾坤定矣。卑高以陈,贵贱位矣。气化不齐,则贵贱贤否不能不分。商鞅废井田,亦似有天意焉!民生固不能人人使之安乐也。孟子言,降大任,必受诸艰。生于忧患,死于安乐,天理固然,人世安能外此?且贫贱未必无成,富贵尤多荡佚,果能因贫贱而自修,则栽培倾覆,亦未必遂终于饿莩,是废井田,不必为商鞅咎也。"(《子问》卷上)槐轩认为,不能把后世"贫富不均,兴养难矣"归咎于商鞅的"废封建,开阡陌"之举。圣人作井田之制,意在"人人安养",但法久必敝——"民多饱暖,易生怠荒,久而礼义亦废";而"统于一尊"的中央集权,则具有抑制豪强兼并的作用,在客观上使得百姓安居乐业——

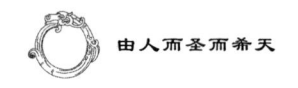

"民者易安"。

槐轩的这种历史理性的识见，是以"上天爱民"为形上依据的，因此他明确告知"商鞅废井田，亦似有天意焉！"与船山"秦以私天下之心而罢侯置守，而天假其私以行大公"的视角稍有不同，槐轩从社会稳定的实际效果着眼，认为"民者易安"就是"天意"使然。船山之"天假"与槐轩之"天意"，此中之奥义，我们可反复体会。槐轩的视角颇与钱穆先生相契。不过，钱氏更为肯认秦汉所最终确立的中央郡县政体的历史重要作用："这由中国民族的传统观念以及学者理论的指导下所产生的政府，虽不能全部符合当时的理想，但已是象征着中国文化史上一种极大的成绩了。"[①]

第二节 "善世宜民，变通协一，必俟圣流"：槐轩之普遍价值的历史理性

槐轩在以允恰的历史理性理解秦汉统一政体的同时，更把超出具体经验的历史精神，作为实现民生安乐的最大可能性。当然，槐轩之意，不似黑格尔之抽象的"历史精神"，而是寄希望于所有社会成员自我之人格品质和精神修养的渐生渐成，而尤以"在上者"（君王）为首要之重心。基于此，槐轩之客观的历史理性与主体的精神品级，便构成现实性的因果关系，而这种因果关系又有着普遍的适用性。如"统于一尊"的郡县制，只有"在上者诚能身修道立，本成己以成人"，方可能有"民者易安"的社会效果。在船山看来，这种历史精神谓之"三王之法，孔子之道"，主政者被要求必须遵"法"循"道"："世其位者习其道，法所便也；习其道者任其事，理所宜也。"槐轩则将所宜之"理"，所便之"法"，径直上升到"天理"："生于忧患，死于安乐，天理固然，人世安能外此？"可见，"生于忧患，死于安乐"，在槐轩的语境中，不是一般性的俗语谚云，而是对"天理"或曰"天道"的自觉体悟和笃实践行。

---

① 钱穆：《中国文化史导论》，第110页。

第四章 "圣人知天心，立人道，以持气化无穷"（下）

　　槐轩所谓"法久必敝"的社会政治境况，牟宗三先生将其称为"淤滞、沉闷、平庸"的"既成局面"。而"打散既成局面"的人物，有"英雄式的生命"和"圣贤式的生命"。之所以要打散既成局面，是因为打散者怀抱着一种"理想性"的期待。秦始皇、汉武帝等创造"新局面"的人，属于"英雄式的生命"，他们虽然觉识到了"既成局面"的不合理处，并奋起打散它，但如果不是出于"自觉的德性生命"的力量，那么，也只属消极性理想。原话是："假若只是立体生命的强度力量之爆发，而在存心方面，不是自觉地有德性以润之，只是生命之冲动，对于现实局面之不安不满而发作，则它的理想性，便只是消极地由于现实局面之不安不满而显，而积极地在存心方面说，其理想便不见得能全是湛然莹澈的。这便是英雄式的生命强度之理想性。"那么，何为"圣贤式的生命"呢？牟氏曰："假若在存心方面，复有自觉的德性以润之，则便是圣贤式的生命强度之理想性。"显然，牟氏主张的是"圣贤式的生命"，但他与槐轩有着同样清醒的历史理性："当然，在政治上，大体是英雄式的居多，圣贤式的百不得一。所以，人间历史上政治上打撒既成局面，创造新局面的生命强度之理想性，常是由消极的而显。此所以在当时虽足以浃洽人心，而其所创之新局面亦不能全合理之故。"[①]

　　与牟宗三所论相比照，牟氏所谓"存心"，实为槐轩反复申言的"身修道立，成己以成人"。需注意，"身修"与"道立"，不是并列关系，而是前文所言之因果关系，用牟氏的话说，以"自觉的有德性"的"圣贤式的生命"来"润之"新局面，便可能实现"全合理"的积极性的理想。整体来看，我们或可说，槐轩期待的是那种既能"打撒"旧局面，更能"身修"而"道立"的"在上者"（主政者），即英雄与圣贤的合体。藉印度圣哲室利·阿罗频多之说，是"别体"与"通体"的合一。[②] 打散旧既成，创造

[①] 牟宗三：《政道与治道》，台湾学生书局，2003，第67~68页。
[②] 阿罗频多从精神道的视角来解释历史社会时指出：国王，圣人，最优者，皆应是"毗搜纽"（即"天神"）本身，他们是"神圣者"，是"通体"（samasti），又是"别体"（vyasti），他们的合一性在于"显示于集体中亦如于个人中"，"要求二者皆当有其功效和价值；二者诚然相互依倚，资藉，以发抒其优越性"。（参见徐梵澄《玄理参同》，印度室利阿罗频多学院，1973，第257~258页。）

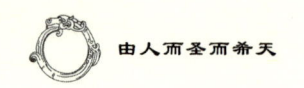

新局面，需要英雄个体即"别体"的大动作。建设"全合理"的社会，则需要秉持"天理"而"致治"（即"道立"，此主谓语式可转换成动宾语式"立道"，意"立有道社会"）之圣贤的建设性作为。"建设"是任何世代都适用的"通体"。一般认为，英雄与圣贤，别体与通体，各有历史社会的作用和价值，所谓"打天下"靠英雄，而"治天下"则必须由践行儒家理念的圣贤或君子进行，典型的历史文献是汉初儒生陆贾所做的《新语》。①

然而，历史的现实常常陷入这样的窘境："打天下"之英雄，似乎自然具有"治天下"的合法性。因此，如何形成"治天下"的建设性局面，就成为极为关键的问题。笔者之所以说槐轩似乎期待"英雄"与"圣贤"的合体，是因为在槐轩语境中，二者的划线较为模糊，而这种模糊恰好表达了一种深刻：社会应该避免大更大革、大起大落的撕裂与冲突；一部健康的历史应是一个能够不断自我调整和修复的渐进发展过程。因此，槐轩一方面清醒地认为，"法久而必敝"，甚至指出"后世法制之善，优于古者甚多"，"不必徒袭五帝三王也"；另一方面，则提出，人类必须保有完善的"随时补救"或曰纠正"敝法"的理性能力。这种能力，在槐轩看来，是坚执"时中之道"的价值原则，以及获得"协乎中正"的现实效果的合一。我们或许可以说，这种"合一"，是对有形的英雄与圣贤的"合体"所做出的无形的历史理性的深度表述。槐轩反复表达了这方面的思想，如"法久而必敝，随时补救。""礼乐者治世之具，而不必定袭前人也。因时制宜，本之君德，宜乎风俗人情，可大而可久，斯善。""孔子生乎今，岂尚泥乎周制，正其伦纪，善其教化，选举合乎人心风俗之宜而已。儒者谈理而难以施行，盖未闻时中之道乎！""法积久而必敝，圣人因时势而变通之。周公兼三王

---

① 汉政权是在秦亡战乱后建立的。在重建统一的中央集权政体的同时，如何恢复稳定的社会秩序以保证百姓的安足生活，是一个极为迫切的问题。解决这个问题的关键，是要找到正确的思想资源，对全体政治社会进行有效的整合。陆贾从治世的角度，告知汉高祖刘邦：马上可以得天下，未必能够治天下；治理国家必须"行仁义，法先圣"，以儒家《诗》《书》为治世资源；秦不懂这个道理，"卒灭赵氏"。刘邦大为震动，遂请陆贾"著秦所以失天下，吾所以得者何，及古成败之国。"陆生乃粗述存亡之征，凡著十二篇。每奏一篇，高帝未尝不称善，左右呼万岁，号其书曰《新语》（见《史记·郦生陆贾列传》）。

第四章 "圣人知天心，立人道，以持气化无穷"（下）

以施四事，礼乐明备矣，又使杞宋守夏殷，鲁国存周制，盖以为后贤损益之资。""后世治法，岂能越圣人之范围，而善世宜民，变通协一，必俟圣流，故必储其材以救弊。"（以上诸引语，见《拾余四种》之《人道类》《治道类》《辨伪》）如果我们借助《老子》思想，那么，会更加体会到槐轩"因时制宜""合乎人心风俗之宜""因时势而变通之""善世宜民"诸语中，所深潜的天道智慧，实与《老子》"执今之道，以御今之有"的高境若合符契。①

需要注意，槐轩之历史理性精神，相对于现实而言，是一应然原则，它以完全的客观化（或曰实现于社会生活之中）来证明自身的合理性，用牟宗三先生的话说，其目标是要建设"湛然莹澈"和"全合理"的社会生活。问题的关键是，这种理论上的设计，如何实现于经验世界？换言之，它的可能性何在？

至此，我们需返回并接续到前文所述。将"时中之道"的价值原则转

---

① 关于通行本《老子》"执古之道，以御今之有"，徐梵澄先生在《老子臆解》之《道十四》中，根据帛书做出考证，认为"执古之道"应为"执今之道"。其言："执今之道"，帛书两本皆同。通行本作"执古之道"——此帛书之殊胜处。据此，徐氏对"随而不见其后，迎而不见其首。执今之道，以御今之有。以知古始，是谓道纪。"做出"臆解"。其曰："此义亦通于《易系》：'见乃谓之象。'老氏未尝否定存在。谓恍惚中有象有物。不见其首尾后先，第谓'不见'之耳。由是亦与绝对之'虚无主义'（nihilism）不同，亦与'心有境无'之说异撰。仍可以王辅嗣之语解之曰：'老子是（言）有者也。'进而论之，为首尾后先皆不可得，是综合观于空间、时间，空无际，时亦无穷也。若谓因生缘起，则因无限，缘亦无尽也。是于究极皆不可知，于人生有尽之时空内，得其个之少分而已矣。故曰'执今之道，以御今之有'，意即以今世之理，治今世之事。——此处一字之异，可观儒家与道家之处世不同。'祖述尧、舜，宪章文、武'，此所谓'执古之道以御今之有'者也。儒家之法先王，举不外此。然时不返古，世必日进，执古御今，有必不可能者。执今御今，斯可矣。由今而反推之古，古可知也。'是谓道纪'，纪，理也。"（徐梵澄：《老子臆解》之《道十四》，崇文书局，2018。）徐梵澄先生之"考证"和"臆解"，对理解槐轩之历史理性有大助益，然有一处当稍做辩解。徐氏认为"执古之道"与"执今之道"，一字之异，"可观儒家与道家之处世不同。"在槐轩语境之中，经典儒家之"法先王"，其"先王"之道，就是"时中之道"，即"因时制宜"或曰"因时势而变通"之道；所谓"祖述尧、舜，宪章文、武"的本质，实为"善世宜民"的精神，如其言"唐虞三代皆圣人也。而随时立法，各协乎中"（《拾余四种》之《人道类》）。在这个视界中，"执古之道"即"执今之道"。徐氏是分析说，槐轩是综合说。分析说，儒道不同；综合说，古今非异。要而言之，儒、道在"善生"境界上是"一"；过去、现在、未来，原则一体也。

· 135 ·

化为"各协乎中"的公正合理的社会现实,槐轩认为根本点或曰可能性,就是"在上者诚能身修道立,本成己以成人",即主政者自身的人格品质和理性水准。明确来说,"因时制宜,宜乎风俗人情,可大而可久,斯善"的民生环境,是"本之君德"。槐轩的要求不止于此。所谓"君德",非就一般意义而言,乃须效法"圣贤",此一准则,槐轩可谓"咬定青山不放松":"后世治法,岂能越圣人之范围,而善世宜民,变通协一,必俟圣流"!前文,笔者曾说,槐轩多言"圣人"或"圣贤",且将其视为要语,其苦心端的在于,如何将秦汉以后的集权政体,构建成一个"善世宜民"的良政系统。为此,槐轩要求"在上者"(君王)必须以圣人(圣贤)为准。

若从秦汉以后的历史境况来看,他实质上是在政治权力之上,预设了一个最高的道义存在,以期使"秉箓御天,握枢临极"的皇帝,成为一个善政的"权源",即"明明德"之圣人。可以说,槐轩对最高权力的要求达到了近乎完美(消极地说,是苛刻)的程度。如在前章所引《上天爱民》中,他总结道:"修齐治平,不外天理,天理具于心而散着于万事万物,万事万物岂可胜穷?成己成人,只是养教二字周全无憾而已。万国九州、风土人情,及日用事为、智愚清浊,情事百出其途,养之之法,亦非可执一而行。因其俗、制其宜,适合乎人情天理,而民皆乐从,非明明德之圣人,不能随时处中也。至教之之法,固不外乎五伦,五伦本乎天理,天理即德也。人人有天理,则人人可以明明德,然而方隅所限,教化所不及,习俗所濡染,种种不齐,有易教者,更有不易教者,亦非圣人不能立教。圣人者,人情物理通达至于精微处耳。人情物理,多不合乎中正,圣人明明德者,天理浑全矣,仁熟自然义精,故以天理折衷,人情物理能曲尽其道,悉契乎人心之所同,然此岂为学之人不与民相亲而能臆想施行乎?"

槐轩一方面举示"因其俗、制其宜,适合乎人情天理,而民皆乐从"的良好民生环境,另一方面又以"非明明德之圣人,不能随时处中""非圣人不能立教"对应之。二者之间似乎有着某种紧张关系,而这种紧张关系所内含的深意,恰在以"圣人"为价值符号,为主政者们设定了一个有着

第四章 "圣人知天心，立人道，以持气化无穷"（下）

"天理"依据的行政标准。"圣人"与"民"相对应，在历史的过程中，实则折射的是"君"与"民"的社会政治关系，依今语，可表述为公权力与民众之关系。进一步说，槐轩语境中的"圣贤"，对于身居权位者的意义，实质上是预设了一个道义立法，而这个立法，既有着形而上之天道根据，又有着历史社会的"全合理"的要求。用相对感性的说法，意即使百姓的生活达到"周全无憾"的状态，就是完成天道之使命。用槐轩在《史存》中的《自叙》之语，即"惟天惠民，惟辟奉天"。"辟"，君王也，百官也。① 换言之，君王百官之所以应当存在，或曰他们存在的必要性、合理性，就体现在对百姓的"养"和"教"，而且必须做到"周全无憾"。换言之，百姓过活不好，要君王百官何用哉？藉康德的思想，人是大自然（天道）的目的，置于历史之中，百姓就是目的，而治世者不过是手段或工具，如果他们为百姓做得好，"周全无憾"或曰"全合理"，那么，他们就可以是大自然的"神圣工具"。反之，就如何兆武先生所说，"任何统治者如若把自己的同胞当作是工具，那就'违反造化本身的终极目的了'。'你不能以别人为工具'这一准则落实到政治层面上便是：'凡是人民所不会加之于其自身的东西，立法者就不得加之于人民'"；又说，"更可悲的事实是：'一旦掌握了权力，谁都不肯让人民去替他制定立法。'权力把仆人转化为主人，也就把主人转化为仆人。"② 当然，康德和槐轩，身处中外的不同历史境遇，其言说路径也大有异撰，但他们珍视人、疼爱百姓的天地情怀却是一样的。

笔者之所以多次申说，不能用狭义或抽象的道德去理解槐轩，就是因为只有将其"圣贤"思想，置于生动的历史关系之中，方能对他深切的人道关怀有所领会和体悟。在槐轩胸襟中，君王百官必须以圣人为圭臬来"敞

---

① 《吕氏春秋·仲夏》："乃命百县，雩祭祀百辟卿士有益于民者，以祈谷实。"《后汉书·张衡传》："仲尼不遇，故论《六经》以俟来辟。"张衡《西京赋》："正殿路寝，用朝群辟。"沈德符《万历野获编·貂帽腰舆》："宰相为百辟师表。"

② 何兆武：《苇草集》，第 71~72 页。

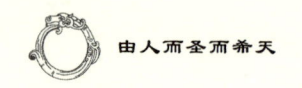

莅天下"，保护每一无辜百姓的生命，所谓"行一不义，杀一无辜，弗为也"，① 乃是对主政者之绝对的道德律令，故而，他反复强调，"圣人皆能敝莅天下，伯夷、柳下惠行一不义，杀一不辜，弗为也，何疑于汤武！""孔子曰：'唐虞禅，夏后殷周继，其义一也'。自世误解征诛而乱臣贼子皆借口于汤武。孟子之言乎，行一不义，杀一不辜，而得天下，夷惠不为，况汤武也。""人事无常，君子有常，行一不义，杀一不辜，而得天下不为，诚其性故也。欲尽人道而弗尽性，私伪奚以除焉。""行一不义，杀一不辜，而得天下不为，无欲之至也。得百里而君之，皆能以朝诸侯，有天下，道大之至也。不思其实，第尊孔子而薄夷、惠，奚由学圣乎？"（《拾余四种》之《时宜类》《治道类》《剩言类》《辨伪类》）"从来圣贤行一不义，杀一不辜，虽得天下不为，夷、惠且然，何况汤武？自世误解征诛齿殷周，于莽、操之辈，遂使恶习相循，伦常决裂，安可不明辨而亟正之哉？"（《史存》之《自叙》）

  在某种意义上，槐轩所坚执的道德原则，是与现代伦理精神相通的。用薛华先生的话说，"是一条伟大的政治哲学戒律，一个伟大的政治数学不等式。"我们有必要阅读薛氏的原话。他说："人间没有任何一种进步可以使那些非自然死亡的生命复活，他们的生命和任何人的生命一样，没有、也不可能有其他等价物和替代者。在这点上，现代伦理观持一种比康德还要严格的理解。从中国传统来理解这一观念也不会构成困难，中国传统中存在一个说法，'行一不义，杀一无辜，而得天下，皆不为也。'这可以说是一条伟大的政治哲学戒律，一个伟大的政治数学不等式。"（薛华《简读共同精神》，手稿）槐轩的道德律则是绝对性的，不能以任何借口加以破坏。甚至如西哲洛克所言，"你不能用一种坏手段达到一个好目的"。在生命至上语义中的道德，恰如何兆武所说，以目的来论证手段的正当性，容易否定道德

---

① 《孟子·尽心上》："问：何谓尚志？曰：仁义而已矣。杀一无罪，非仁也。非其有而取之，非义也。居恶在？仁是也。路恶在？义是也。居仁由义，大人之事备也。"《孟子·公孙丑上》："行一不义，杀一无辜，而得天下，皆不为也。"

至高无上的地位；而"道德在任何情况下都绝对是第一位的"。①

我们知道，在中国传统儒家思想史中，道德与事功，二者关系为何？是一争讼不休的"公案"，尤以南宋朱熹和陈亮之辩为典型。学者多将二者关系平行对举，或谓之"道德判断与历史判断"，或谓之"义利德功二相性"。② 当我们说槐轩之道德律则有着绝对性时，特别需要注意，不能将其放在这样的平行对举格局中去诠解。因为槐轩是在具体历史情境以及生命至上语义中来阐发他的道德之思的。藉现代学理喻之，槐轩道德思想之要义，端在实践理性高于理论理性（康德），但又摄于知觉心思（阿罗频多）。这一理思在对宋儒尤其是朱熹的批评中有充分的表达（后下另述）。

我们说，历史社会中的君王百官以圣贤为圭臬，意味着政治必须依道义立法；而立法的依据在天道。当然，槐轩不可能使用现代学术语言，他是以圣人"与天合德"来表达这个最高立法依据的。如其言，"天道大矣，而七政运行不差锱黍。圣人之广大心亦然，所以与天合德也。""帝谓文王，予怀明德，不大声以色，圣人之配天以此。""圣人知天心，立人道，以持气化于无穷。""理气之纯乎天者圣，见天者贤，昧天者贼。"（《拾余四种》之《时宜类》《辨伪类》《剩言类》）正是以"天道"或曰"天心"为最高价值

---

① 何兆武：《苇草集》，第71页。
② 如牟宗三认为，"陈同甫与朱子往复争汉唐，是中国学术史上一郁而不发，暗而不明之大问题，此问题之中心意义是历史哲学中道德判断与历史判断如何能综合之问题。朱子是理性主义，对于历史只停留在道德判断上，而不能引进历史判断以真实化历史，其理性本体只停在知性之抽象阶段中。而陈同甫力争汉唐，谓天地并非架漏过时，人心并非牵补度日，汉唐英雄之主亦有价值。此俨若能引进历史判断以真实化历史。然考其实，彼只是英雄主义，知觉主义，只能了解自然生命之原始价值，而非真能引进历史判断以真实化历史"（牟宗三：《政道与治道》，台湾学生书局，2003，第223页）。再如束景南认为，"朱熹和陈亮都采取了一种单纯的文化批判观念：朱熹的文化批判是道德主义的，他视人的一切社会行为都纯粹依赖于内在的价值观；陈亮的文化批判却是功利主义的，他把人的一切社会行为都归源于实际功利的外在追求。然而，这种单元一维的批判观念其实又在传统文化内部构成了一种对立互补的关系：朱熹是动机的，陈亮是效果的……这就是儒家文化的一种奇妙的义利功德二相性"（束景南：《朱子大传》下册，商务印书馆，2003，第615页）。牟氏与束氏虽然用语有不同，但皆为平行对举，此思考范式在思想史极具代表性。因此，我们诠释槐轩思想时，需要注意避免此局限，方能从超出而又包摄的视界更贴切地理解之。

依据，槐轩的道德之思或曰"中庸理想"，才超出"道德判断与历史判断""义利德功二相性"之平行对举的局限，呈现出由天道而人道，依中道而安百姓的十字打开的大气象。由天道而人道是纵向，表示人类健康的社会生活，有着终极性的价值源头；依中道而安百姓为横向，重在"治世之法备"（《拾余四种》之《辨伪》），"养教二字周全无憾"，使人民的生活时时处处皆得安足。在十字打开的大气象中，槐轩语境中的"圣贤"，则成为朝向大自然和人类历史之合目的性的价值符号，故而他用"圣人如黄金"（同上）之语来寓意其深邃而密致的思考和探索。在《上天爱民》中，槐轩要求为政者，对民的"养之之法"，要像圣人那样，"随时处中"，以能够"适合乎人情天理，而民皆乐从"；对民的"教之之法"，亦当"合乎中正"，能够"契乎人心之所同"，使人民不仅衣食住行得以安足，更逐步成长为"人人有天理，则人人皆可以明明德"的价值存在者。若如此，必得学圣人而后可。所谓圣人"仁熟义精"，具体表现是"人情物理通达至于精微处耳"；而如此高境的前提则是"与民相亲"以"知民情"。这或许就是槐轩坚执"亲民"而批评朱子"新民"的内在理路和价值依据所在。

至此，我们围绕《上天爱民》所做的拓展性讨论，需加以概括归纳，以为后面的继续探研提供方便。槐轩的"圣人"与"民人"相对应的言说方式，源自古史语境中的"天—民—元后"的关系结构。将"圣人"与"民人"对举，实质上沉潜着槐轩对秦汉以后集权政体的历史性焦虑，而这一焦虑基于如下思考理路：古史中的"圣人"与"民人"的关系，自此转换为君王与民人（广义的说是为政者与百姓）的关系；而现实中的君王或曰主政者，少有古史圣人之天德修养和治世能力；据此，如何建构一个"善世宜民"的良政系统，就成为关键问题。面对秦汉以后之历史与现实的困局，槐轩从可能性的角度给出三个解困思路：一者，培养治世之才，所谓"天子与庶人无异学，造士与选士无二途。道德为本，才艺为辅，治己治人，一以贯之矣"；二者，选用贤臣良相，所谓"世不皆圣君，而必不可无圣臣。尊贤则不惑，敬大臣则不眩，九经所以贵之也"；三者，为政者（君王百官）必以圣贤为楷模而"敝蓰天下"，所谓"行一不义，杀一不辜，弗为也"。

　　三个思路中，尤以"学至圣人"为关捩。"圣人"虽然是人格性的价值符号，但其内在的人道资源，则有着普遍恒久的意义。圣人"与天合德"而朗现于社会生活，由此，槐轩用健全的宇宙观支撑起了完整的历史观。当以"圣贤"来期待所有社会成员时（所谓"人皆得天理而生，则人皆可圣贤"，"士农工商，皆可为圣人。"见《拾余四种》之《辨伪》《家言》），他是为人之向上品质的提升，设计了一个可能性的愿景；当以"圣贤"来要求君王百官（所有为政者）时，他又预设了政治权力必须依道义立法的最高原则，而这是大自然之"天道"为主政者们规定的宇宙法则，所谓"承天心奠民生"也。君王百官治世，必使百姓生活"周全无憾"，故必以圣人为准的。养民，"非明明德之圣人，不能随时处中"；教民，"亦非圣人不能立教"。在某种意义上，可说"圣人"既是一价值符号，又代表一社会理想，它标示着人类历史非趋于此不可的方向。秦汉之后的中国历史，使这一方向常常晦暗于权力或私伪的势力较量之中。或许正是基于这样的社会忧患，明末清初的船山，方呼唤"圣人之心，于今为烈"！而清中后期的槐轩，则更强烈地警告世人，"圣人知天心，立人道，以持气化于无穷。不然人皆物，则物且食人，而人类将尽"！（《拾余四种》之《剩言》）以上概括，或可目为槐轩之基本思想理脉；接下来，我们需探究一个基础性的问题，即作为价值符号和社会理想的"圣人"精神，若期待它实现于秦汉以后的历史，那么，其可能性的依据是什么？

第五章
"学为圣人"与"无愧为人,即无愧于天"
——历史之"主体"与天道之"本体"的合一(上)

关于"圣人"精神的可能性依据,槐轩以为有二:一者,端在"人性同",或曰"事不同而心理则一"。如其曰:"唐虞三代皆圣人也。而随时立法,各协乎中。后世之变多矣。然人性同,则所以尽性而适于中正者无弗同。泥古而不达于道,以至礼乐不兴,民风不淳,责岂在于常流哉!""所以为圣人者,随其所值之时,所居之位,而皆尽其道,可以为法当时,传于后世。自尧舜至于孔孟,事不同而心理则一。"① 二者,"人性"与"心理"源自形上之"天道",被大自然所赋予;人在历史中实现圣人之理想,实质上是在自我完善的同时,也是完成"天道"之使命,进而达到"与天合德"之高境。

我们可以借何兆武先生解读康德之语来体会槐轩。何氏指出,康德晚年的历史著作,是畅论"天人之际"的著作,他"仿佛把人带到更高一层的境界,使读者如饮醇醪,不绝自醉。理论凡是达不到这一步的,大概就不能真正使人崇高或净化(catharsis)。那种境界,逻辑分析是无所用其伎俩的,但又绝不违反理性思维的原则。《浮士德》所谓'那不美满的,在这里完成;不可言喻的,在这里实行',庶几近之。这种境界虽非很多人都能到达到,但却是一切哲人都在祈求的;因为每个哲学家最后都是要'论证

---

① 刘沅:《拾余四种》之《人道类》《辨伪》。

第五章 "学为圣人"与"无愧为人,即无愧于天"

（justify）上帝对人之道',并且要论证这个'道'是公正的（just）而且是可论证的（justifiable）"①。

借此语观槐轩,其内在精神路向,直透"天人之际"之理思而深达人世之道,正所谓"知天心,立人道";而"人道"于历史中的展开过程,在槐轩的视界中,不仅是"时中之道"的价值理念,亦是"酌其宜而协乎中正"的合规律实践;"人道"源自"天道",作为"人"的人类,在自我不断完善的努力中,接近着大自然所赋予的最终目标,依槐轩之语,即"取坎填离,返还乾坤本体,所谓复性、复礼也"（《拾余四种》之《杂问》）。"复性"者,复"天道"所赋人之"性",乃"乾坤本体"即"浩然之气"也；"复礼"者,建良序美俗,"善世宜民"之社会也。槐轩开出了使人"崇高或净化"的境界,并且在"复性和复礼"的二者互动俱进中,给人以信心和希望,正所谓"那不美满的"和"不可言喻的",在历史趋善的朝向中得以"完成"和"实行"。无论现实与众人的形景如何,作为"哲人"的槐轩,却从未放弃他的价值"祈求";他不仅凭借学问论证了"天心对人之道"与"上帝对人之道"境界同,更用自己的苦心邃意和实践作为,证明（而非"论证"justify）了"道"的公正性和可能性。凭此,我们可以适当地说,历史理性中所蕴含的"人道"关怀,以及"取坎填离"所支持的"人性"期待（即前文贺麟先生所言,以健全的宇宙论支撑完整的历史观）,明确地证实着槐轩是那种"把人带到更高一层境界"的伟大思想家。

从经验生活的层级来说,"人道"在历史中展开的过程,其可能性依据在于"人性同",这当然意味着"人"是历史的"主体";而"人性"源于大自然所赋予,因此"天道"固是人之超验的"本体"。据此可见,槐轩以圣人精神之实现为社会理想的可能性依据,实质上有着元哲学意义上的根源性的深度;正是凭借此一根源性,槐轩的"尽人合天"之学,实则是历史之"主体"与天道之"本体"的合一,而这种

---

① 何兆武：《康德也懂历史吗?——一个世界公民的历史哲学》,《读书》1992 年第 8 期。

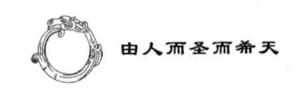

"合一",不仅"把人带到更高一层境界",更重要的意义在于,把"人"的历史朝着不断改善的可能性,深深地植根在大自然之"善生"的根源性之中。

笔者在研读中有一体会,槐轩的尽人合天思想,其内在张力是很大的。进一步说,其论"人性",论"天道"(或曰"天理"),尽管有着元哲学的深度,但无不蕴含在对历史社会和政治生态的思考当中。这就与近现代的学术形态(即以基础理论开端,然后逐层推进到历史、社会、政治领域)颇为不同。我们理解槐轩的根源性或曰元哲学的思想,几乎不能脱离历史的语境,否则,那些思想就会成为没有生命力量和价值意义的空洞概念。基于此,笔者在下文,虽然探讨的是"根源性依据"的问题,但仍然不离槐轩之"善世宜民"良政系统的理思主脉,只是根据必要的重点,从不同的思路和角度进行讨论,以便能够多向度地理解槐轩学的深意和厚度。

就槐轩的历史关怀和社会理想而言,他承继着经典儒家的价值统绪。而在这前后相续的统绪当中,槐轩多有臧否的宋儒尤其是朱子,实则与他在历史主体与天道本体的根本主旨等方面,皆为志同道合之鸿儒。以往我们多关注槐轩对宋儒尤其是朱子的批评,而忽略他们在价值理念和精神本体上的一致性;然而,只有理解了这种"内在的一致性",我们才能更深度地理解槐轩何以要回到孔孟源头的深思邃意。因为槐轩对朱子的评骘,涉及思想史中的重大问题,故笔者首先就此作一讨论。

第一节 "学术正而治术隆"与"探渊源而出治道":槐轩与朱子的"内在一致性"

在秦汉以后的历史如何重回三代之善境这一问题上,我们完全可说,孔孟、汉儒、宋儒、明儒,乃至槐轩,他们尽管在学术或思路上有着某些分歧异见,但却无不透视到历史境况的深处,用自身的实践去悯爱惜护天下众民,又以各自的思想理脉给出良政善生的可能方案。进一步说,

第五章 "学为圣人"与"无愧为人,即无愧于天"

在将中央集权之"政统"纳入经典儒家之"道统"的治道方向上,[①] 槐轩

[①] 余英时先生在《朱熹的历史世界——宋代士大夫政治文化的研究》一书中,特别指出朱子于《中庸章句序》中首次区分"道统"与"道学"的重要意义所在:上古三代,有德者在其位,圣君贤相,"圣圣相承",自然而然地"接夫道统之传";三代而下,有德者与有位者,时常错置(有德者未必在位,在位者未必有德),故孔子"继往圣,开来学",以文字经典的方式,记载"上古圣神继天立极"所创之"道体"(此实为中华民族的文化精神的原旨),即以"道学"传"道统"。余氏认为,这个区分"具有深刻的政治含义""这是朱熹的微言大义,旨在提高'道学'的精神权威,逼使君权就范"(参见余英时《朱熹的历史世界——宋代士大夫政治文化的研究》之《绪说》,生活·读书·新知三联书店,2004,第23页)。对于"道统"的理解,历史上乃至当代学界,其说多义。陈荣捷认为"道统观念溯自孟子"。他说:"孟子谓圣人之道由尧、舜、禹、汤、文、武、至于孔子。千年以后,韩愈重申其绪,并于文、武之外增列周公,且谓其道统之传,轲之死,不得其传。并删除荀子与扬雄,以此二子或'择焉而不精',或'语焉而不明',不足以继道统之任。李翱继韩愈,亦谓孔子以其道统传于颜子、子思,再传至于孟轲。数百年后,程颐谓程颢于圣人之传,中绝于千四百年之后,不得于之学于遗经。又谓孟子没,而圣学不传,其兄颢以兴起斯文为己任。朱子踵武前贤,有谓道统之传,溯自伏羲、黄帝、而孟子、而周敦颐,以至二程兄弟。"(陈荣捷:《朱学论集》,华东师范大学出版社,2007,第12页)朱熹将道统具体溯至伏羲,语见《沧州精舍告先帝文》。其曰:"恭维道统,远自伏羲。集厥大成,允属元圣。述古垂训,万世作程。三千其徒,化若时雨。维颜曾氏,传的其宗。逮思及舆,益以光大。自时厥后,口耳失真。千有余年,乃曰有继。周程授受,万里一原。"(《文集》卷八十九)牟宗三认为,所谓"道统",是说中华民族有一线相承而不间断的文化命脉。明确对道统自觉进行表述的,始自孟子。不过,这种文化自觉,实际上,应始自孔子。子曰:"殷因于夏礼,所损益可知也。周因于殷礼,所损益可知也。其或继周者,虽百世可知也。"(《论语·为政》)"因"与"损益",即三代王者相承之意。"此虽就礼言,然亦可洞悟其相承之立国之道也。"再如孔子向往周公制礼作乐之业绩:"甚矣,吾衰也!久矣,吾不复梦见周公!"(《论语·述而》)又盛赞尧、舜、禹之至德。"由此即可见孔子实已洞悟到尧舜三代一线相承之立国之道也。"孔子所曰:"文王即殁,文不在兹乎?"则表示"孔子亦欲以此道为己任也。"此种文化自觉,又表现为个体生命的承当。在这个意义上,道统意识还可以溯至上古,"至于尧舜三代之当事人,尤其易意识到其世代之相承,故当汤武革命之际,必历举前代为借鉴也"。牟氏特别指出,道统的自觉,被孔子确定了根本内容,即精神领域的"仁教"。"仁"与尧舜三代之政规业绩合而观之,就使道统的内容充实为"内圣外王之道"。此内圣外王之道是"孔子对于尧舜三代王者相承之'道之本统'之再建立"。内圣外王的重点与中点,"是落在内圣之本之挺立处"。当然,"内圣"之学,足以笼罩外王,亦从未忽视于外王,"此即《大学》所谓治国平天下者是"。孔子"仁"的思想,是一个"创辟之突进",因此儒家的道统,亦可说是孔子之传统,"自孔子立仁教后,此一系之发展是其最顺适而又最本质之发展,此可曰孔子之传统"。(参阅牟宗三《心体与性体》上册,上海古籍出版社,1999,第163~165页)笔者认同"文化自觉"说。所谓"道之本统",实为"道"之"根本"与"统绪",前者可理解为本旨精神,属本体哲学问题;后者期冀在经验世界得到承传和落实,是历史社会的问题。当然,大原则仍是"内圣外王之道"。此"道"在历史发展过程中,只有被不断赋予明确的内涵,(转下页)

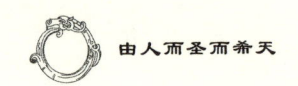

与历代真儒，包括宋儒乃至朱子，归趋不二。在经典儒家的价值道统中，

（接上页注①）方能避免大原则落入实践时的笼统而无适。而这内涵确实如牟氏所言，其重点和中点端在"内圣之本之挺立处"，进一步说，就在人之精神的本根处，简言之，决定于人"心"之端正与高上。关此，有一思想史上的现象应注意。朱熹将道统的内容述之为"人心惟危，道心惟微，惟精惟一，允执厥中"，即所谓"十六字心传"，又谓之"中庸之道"或"中和之道"。陈荣捷说"朱子实为新儒学创用道统一词之第一人"。（陈荣捷：《朱学论集》第13页）又说"《中庸章句序》不特首用'道统'之词，又于道统内容，以哲学思想充实之。从此以后，道统乃成为一哲学范畴。此诚是破天荒之举。纵是武断，不害其为新观念也。"（陈荣捷：《朱子新探索》，华东师范大学出版社，2007，第288页）由是可说，朱子对孔子"仁"的精神，是做了新的理解和阐发的。与之对照，槐轩不多使用"道统"一词，在知觉性等问题上对朱子多有评骘，然而，他对"人心道心"内容，并不作文本真伪的考据。我们知道，"人心惟危，道心惟微。惟精惟一，允执厥中"乃古文《尚书·大禹谟》舜命禹之语。朱子从特定的视角，认为《大禹谟》是伪书，然仍取"心传"之意为道统内容。考据家多认为所谓"十六字心传"出自《荀子·解蔽》所引《道经》之语，故认为《大禹谟》是伪古文，不足信。但是，如果跃出实证考据的范限，从文化自觉和形上境界来理解，则确如陈荣捷先生所说，"纵是武断，不害其为新观念也"。又如牟宗三先生所言，"人心道心"之语，"推之于二帝三王，固是过早，然确是儒家义则无疑。古文《尚书》虽可谓伪造，然其辑录之语固有据，于义理亦不乖也。宋儒重视此语，不在古文《尚书》之伪不伪，而在其道德自觉上义理之精当。"（牟宗三：《心体与性体》上册，第196页）据此看槐轩，其论"人心道心"，亦是超出考据之拘囿，不仅将学思落在"道德自觉"上，更将其擢升至哲学境界，而这一高境的鲜明特质，则在其以"先天后天"的理论阐发"人心道心"的内涵。兹举《子问》句以证之。《子问》载："问：虚无清净，存养既必由此，而《书》言人心道心，必谨危微，持精一乃可执中，此非虚无清净可了也。曰：《书》言不错，解者错，圣人之道遂隐矣。今为尔剖析之：一心也，而何以分人心道心？人心，知觉运动之灵；道心，天命之性。性不离心，而心非尽性。必知先天、后天之义，始能知心性分合之原、危微不一之故，先儒盖未知也。伏羲八卦，乾南坤北，定阴阳之位；而文王八卦，乃以坎离代乾坤，此天地先天、后天之分，即人身心性不同之义也。乾纯阳，坤纯阴，人身受气于天，成形于地，乾性也，坤命也。先天性命，混于太极，受生之始，得天地之理者无不全，及胎元满足，出离母腹，自上下下，阴阳互易，遂自天而之人，七情开、九窍泄，先天纯一之理，莫葆其初，后天气质之累，乃分其气。是以心浮动而难存，性渺冥而罔识。人心危，道心微，由乎此耳。圣人尽性践形，则心即性，性即心，纯乎天理，又何虑人心之胜道心？然气质者，人所以生，即嗜欲所以出。尧舜禹，皆圣人也，而戒以常存精一，所为圣不自圣也。允执厥中，只是浑然穆然，至诚无息，非勉强操存之谓也。"（《子问》上篇）文中所言《书》，即指古文《尚书·大禹谟》。按照牟宗三的说法，《大禹谟》之"人心道心"之说，可能根据《荀子》所引《道经》语，将《论语》"允执其中"一语扩充为四句。而这个扩充的意义在于，它分出"行事"与"心体"之别，即尧命舜"允执其中"是指"行事"言。《中庸》引子曰："舜其大知也与！舜好问而好察迩言，隐恶而扬善。执其两端，用其中于民。其斯以为舜乎？"亦是就"行事"言，而《道经》之语，则直就"心"上做工夫，此非有真实而严肃之道德自觉者，以及真作道德修养工夫者，定不能也。（参见牟宗三《心体与性体》上册，第196页）（转下页注）

· 146 ·

第五章 "学为圣人"与"无愧为人，即无愧于天"

槐轩既是承传者，更是阐扬者。亦可谓，他不仅"照着说"，更是"接着说"。

平心而论，无论朱子还是槐轩，他们都有着自己固执不渝的人生信念。然而，真诚的儒者，身在复杂的现实事境中，都会有明知不可为而必须为的执拗和无奈。于此，牟宗三先生有感怆之言：

> 儒家向以内圣外王并举，对于政治具有积极性的。然而，他的内圣之学，似有其独立的问题与独立的发展；即在外王方面，中国二千年来的政治形态仍然是儒家所痛心疾首、焦思苦虑的问题。虽未能得其畅通之道，然并非停滞浑噩，无所用心。即在这方面，中国的文化生命也总是在跳动与酝酿的。哪里是如一般人所想象：两千年来完全是停滞无生气？
>
> 在君主专制形态下，儒者理想是受委屈的，是不得已而求其次的，是就家天下之曲而求伸的。关此，徐复观先生多有切感。又熊先生"原儒"，虽有迁就，亦多驳杂，然大处亦慨乎言之。为争孔子，虽历贬群儒而不惜，吾知其心甚痛，吾书至此，不禁泪下。②

依牟宗三先生之论来观朱子和槐轩，可以看出，他们实质上面对着共同的历史社会问题：在"以力争乎天下，而天下屈之，秦汉以下所以陋"的君主集权体制下，如何坚持文化高于政治，道统高于政统的理念，并使之客观化为"协乎中正""至明至公"的合理社会。身处"不得已而求其次，就家天下之曲而求伸"的情境，如果我们能有"同情之理解"的能

（接上页注①）槐轩以"先天后天"说诠释"人心道心"，不仅使"允执其中"之"行事"深落在"心"上做工夫，更将"心"上溯至"天道"，使其具有了"天理"之本体性的源头。这个形而上的学理建构，当其应用于经验性的"行事"之时，就使得"至公至明"的良政系统具有了最高的价值依据。进言之，槐轩虽不多用"道统"一词，但是在治道方向上，使政治权力永远遵循有着"天理"支持的"协乎中正"原则，实质上与历史上的经典儒家精神是一脉相承的。关此，我们应予足够的注意。

② 牟宗三：《牟宗三学术文化随笔》，中国青年出版社，1996，第195、158页。

· 147 ·

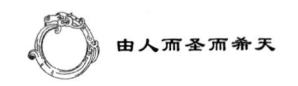

力，那么，定然会体贴到那些真诚儒者特有的"治道焦虑"，就是他们"痛心疾首、焦思苦虑的问题"。槐轩汲汲于学圣人，甚至不惜辗转反侧不已地"絮叨"，实则映现出他内心的深切期待；朱子一生执着于"格物穷理"，亦是给出"致中和"之社会理想的基兆。而在如何形成良政体系的设计层面，槐轩和朱子的思路颇为相同，即人君修德，贤相治理，明师传道。关此，上文已作论述，这里从槐轩与朱子比较的视角，再做些必要的补充。

关于人君之修德。如前所述，秦汉以后的帝王，虽不必然具有圣人之德，却必然居于"权源"之位。这两个不对称的"必然"，集合于帝王一身，就使得整个政治乃至社会生态充满了复杂的变数。换言之，君主能否保证以"德能兼备"而配居"权源"之位，就成为能否构成良政系统的关键。而现实状况，距理想远矣。关此，余英时先生深刻但不无悲观地说，"任何带有根本性质的变法或改制都必须从这个权力的源头处发动"，因此，"理想一落到权力的世界，很快便会发生种种难以预测的变化。唯一可以断定的是权力的比重必将压倒理想。"[1] 韦政通先生指出，历史的现实是，儒家士大夫要使自己的理想和抱负变为实践成果，就必须借助君权的推动（即所谓"得君行道"或曰"借君行道"）才能得以实现。然而，现实世界是极为复杂的，权力的较量及其背后各种利益的相互纠缠，使得"儒家真精神早已陷入七折八扣的局面"。[2] 又如牟宗三先生所说，"继体之君不能常有德有能而合乎君之理。人之生命随时可以坠落，人之心灵随时可以昏迷。及其堕落昏迷而不能自持，则以君为中心之大机构即不能推动得好"[3]。

或许可说，秦汉以后之历史所给定的政治景况，是逼儒家执着于人君修德的重要现实原因。不过，应该注意朱子和槐轩，其各自所处时代以及个

---

[1] 余英时：《朱熹的历史世界——宋代士大夫政治文化的研究》，第232、239页。
[2] 韦政通：《中国思想史》上册，上海书店出版社，2003，第315页。
[3] 牟宗三：《政道与治道》，台湾学生书局，2003，第7页。

第五章 "学为圣人"与"无愧为人,即无愧于天"

人经历是不同的,① 具体的时空位差使得他们虽然秉持共同的儒家道统观

---

① 注意了解朱熹和槐轩各自身处的历史阶段和社会境遇,是理解二人,尤其是槐轩思想学问的重要参照。从历史社会学的视角看秦汉以后的中国古代史,其间有过两次整体社会或曰统一社会的重建。一是魏晋南北朝分裂割据之后,隋唐统一局面的形成;二是经过五代十国的荡析动乱,赵宋王朝集权国家的再建。两宋为中国古代后期历史奠定的社会基本结构和文化形貌,延续了近千年,直至辛亥革命,中国进入现代性国家的建设。正如胡如雷先生所言,宋代的社会变革及文化演进"为整个中国封建社会的后期开了先河"(参见胡如雷《隋唐五代社会经济史论稿》,中国社会科学出版社,1996)。赵宋统一政权是在消除五代十国藩镇割据之后建立的,因此,重构稳定的政治社会秩序,并克服内忧外患的矛盾危机,就成为政治权力集团和儒家知识群体共同的治世方向。正是基于这样的秩序认同,"君主与士大夫共治天下"(李焘《续资治通鉴长编》卷二二一,熙宁四年三月戊子条)便成为宋代政治文化的一个重要特征。这个重要特征的形成,实质上是以防止藩镇割据的危机再现为背景的。为了"矫惩唐末五代之失",因此强化中央集权,便成为权力集团的根本原则(参阅《水心别集》卷一二《法度总论》二)。君王由于把主要注意力置于防范朝政大权旁落、消除潜在对抗势力、避免文武重臣篡权等集权措施之上,因此,对于士大夫的思想言论则给予了相对的自由。陈寅恪先生在《论〈再生缘〉》一文中指出,宋代文人言论是最自由的。当时的著名学者,如程颐说,本朝"超越古今者"之一,即为"百年未尝诛杀大臣"(《河南程氏遗书》卷十五,载《二程集》)。苏轼亦说,"历观秦、汉以及五代,谏诤而死,盖数百人,而自建隆以来,未尝罪一言者,纵有薄责,旋即超升"(《苏轼文集》卷二五)。如此一来,便在客观上形成了相对宽松的文化氛围,这就为儒家士大夫群体力量的加强提供了适宜的外部条件。如邓广铭先生说:"种种错综复杂的问题,使得北宋最高统治者们实在没有余力再去对文化事业的各方面去实行其专制主义。因此,他们对于儒释道三家无所轻重于其间,对于思想、学术、文学、艺术领域的各个流派,也一概采取宽松态度。"(转引自陈植锷《北宋文化史述论·序引》,中国社会科学出版社,1992)除客观上相对宽松的文化环境外,在 11 世纪前后的北宋时代,儒家知识分子不仅继续以"学统"守护"道统",而且第一次以群体的力量在政事活动中起到重要作用。他们具有明确的政治主体意识,在治国的最高国策或路线方针上,坚决反对"绝对化的君权",要求以儒家的"三代"理念去治理天下,这就是以传承"道统"为己任的儒家士大夫与君主"共定国是"。尽管在政治权力结构上,君主是"最后的权源",掌握着国策的确定和实施,"但至少在理论上,治权的方向("国是")已由皇帝与士大夫共同决定,治权的行使更完全划归以宰相为首的士大夫执政集团了。"(余英时:《朱熹的历史世界——宋代士大夫政治文化的研究》自序二)就历史过程来看,宋以前,儒家知识分子虽然始终坚守着自己的社会理想,但进入权力决策层时,却多以"助君"者自居,如汉初贾谊,在社会价值取向上强调民本和尊士,但是对于君、臣、民的关系,却主张:"人臣之道,思善则献之于上,闻善则献之于上,知善则献之于上。夫民者,唯君有之;为人臣者,助君理之。""故为人君者,其出令也,其如声;士民学之,其如响;曲折而从君,其如景(影)矣。"(《新书》卷九《大政上》)很显然,在贾谊这里,君与臣处于上下相属的位置,进入决策层的儒家士大夫,不过是君的"助理"而已,当然谈不上与皇帝"共治天下"。再如唐代韩愈,虽然被誉为宋代道学的先驱,但是尚不具有宋代儒者的政治主体意识。《原道》中的一段话,很能说明他的观点:"是故君者,出令者也;臣者,行君之令而致之民者也。"(转下页注)

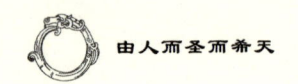

念——居其位者必须有其德能，但致思的重点和言说的风格却实有差异。

（接上页注①）（《昌黎先生集》卷十一）贾谊和韩愈的观点大致可以反映汉、唐儒家士大夫对权利结构的看法。与前代相比，宋代儒家知识群体以"天下为己任"而要求与君主"共治天下"，这在中国传统政治思想史上，是具有划时代意义的。正如余英时先生所说，宋代的"君臣共治"与汉、唐的"君为臣纲"，其间"存在着一道不可跨越的鸿沟，这是宋代理学家对于传统儒家政治思想的重大修改"（余英时：《朱熹的历史世界——宋代士大夫政治文化的研究》，第161页）。依凭北宋儒家所形成的政治主体意识，我们或许能够找到朱子大胆率言"格君心之非"，以"道统"为标准，对帝王心术"痛加绳削"的历史根据所在。槐轩生于乾隆三十二年（1767），生活于清代中后期，其重要的思想学术活动以及地方上的事功，主要集中在嘉庆元年（1796，29岁）至咸丰五年（1855，88岁）吕思勉先生的一段概括可作为背景参考。其言："清朝的衰机，可说是起于乾隆之世的。高宗性本奢侈，在位时六次南巡，耗费无艺。中岁后又任用和珅，贪渎为古今所无。官吏都不得不剥民以奉之，上司诛求于下属，下属虐取于人民，于是吏治大坏。清朝历代的皇帝，都是颇能自握魁柄，不肯授权于臣下。它以异族入主中原，汉族真有大志的人，本来未必帮它的忙。加以其予智自雄，折辱大臣，摧挫言路，抑压士气，自然愈形孤立了。所以到乾、嘉之间，而局面遂一变。"（吕思勉：《吕著中国通史》，华东师范大学出版社，2005，第478页）所谓"自握魁柄，不肯授权于臣下"，"予智自雄，折辱大臣，摧挫言路，抑压士气"，皆与有宋一代"君臣共治天下"形成鲜明对照。吕氏所言"乾、嘉之间，局面遂一变"，笔者以为，此不仅是指清代本身从前中期向中后期的改变，更可以从中国秦汉以后整体的政治思想历史来看，意即宋代"君臣共治"是对汉、唐"君为臣纲"的"重大修改"，而清代皇帝的"自握魁柄"又是对宋代"君臣共治"的自动反拨。这就是说，槐轩与朱子绝非简单的历史时期不同，而儒家士大夫在宋与清的不同政治社会境遇，更是构成深层次理解他们的重要背景条件。青年时代的槐轩，曾于乾隆五十九年（1794，27岁）、乾隆六十年（1795，28岁）、嘉庆元年（1796，29岁）三次赴京会试，"三试春官，荐而不售"。道光六年（1826），槐轩59岁，因其于地方之卓异表现，列贤书之荐，赴京候选。据《刘氏族谱·刘沅》载："截取正选知县，赴京呈请，愿就京职。"又据《自叙示子》言"在京数月，当得天门县知县，念捧檄愿违，改授京职而归。"（《槐轩杂著》卷四）另据《国史馆本传》曰："道光六年，选授湖北天门县知县。安贫乐道，不愿外任，改国子监典簿。寻乞假归，遂隐居教授。"根据这几段资料，有一问题应该提出：槐轩以近花甲之年，"赴京承请，愿就京职"，但结果是"选授天门县知县"，此故然"念捧檄愿违"，不过，为何在"改授京职"以后，仍要"寻乞假归"呢？或许，我们不能简单地将其归结为：虽然都是"京职"，但所授职务不能满足槐轩本人的原有期望。有学人提供了一条资料，即槐轩"尝自谓：'人生切不可做官，做官最易坏人品，尤碍圣修。'"赵均强认为，"此说虽来自传闻，却也未尝不可作为刘沅辞官不做的注脚。盖嘉道间士风益坏，官场腐败，乃有此激愤之言。"（参见赵均强《性与天道以中贯之——刘沅与清代新理学的发展》第二章《知人》）此言甚是！韦庆远先生的研究，可以为这个判断提供背景资料。韦氏指出，"陋规问题，是清代吏治一大纰政，因其深入渗透于京内外各级衙门官够和吏、役之间，可以说，无所不在，故亦为当时官场的一大突出的现象。从陋规此一侧面，可以窥视到各级官僚吏胥之间、公私之间的人际关系和对政务处理的关系，可以看到当时公开的典章制度与实际运行的异同，官场门面与内幕的差距。陋规的普遍使用和影响，必然波及各层（转下页注）

· 150 ·

第五章 "学为圣人"与"无愧为人,即无愧于天"

朱子一生率言"格君心之非";对南宋皇帝,无论文字上书,还是当庭

(接上页注①)次的绅民人等。庶民百姓是陋规的最后承担者和最大的受害者"。可以说,陋规问题与有清一代相始终,且于中后期愈演愈烈,甚至在一定程度内得到朝廷的默许,取得了半合法地位。经过对正续各卷《经世文编》,诸家奏议和笔记,甚至历届皇帝的谕旨朱批,颁行的会典则例的研究,韦氏这样概括整个清朝的官场状况:"大体说来,顺治朝执法严酷,康熙朝倾向宽松,雍正朝曾大力加以整顿裁革,并曾取得一时性的效果,乾隆摇摆于宽严之间,而晚期则流于放纵。高宗本人多欲,导致全国陋风又起。嘉道以后,由于国力渐衰,实际的统治权威下降,已无能力再对陋规进行认真的禁革,处于日益严重的失控状况之中。陋规在社会政治生活中已起到不可或缺的作用,事实上取得了半合法的地位。"(参见韦庆远《明清史新析》之《论清代官场的陋规》,中国社会科学出版社,1995)借此背景来看槐轩,他的主要活动时期,大致就在嘉道以后,也就是"国力渐衰",官场腐败"日益严重的失控状况"的大环境中。槐轩一生所坚执的强烈经世志向,恰在这样的历史情势下,更显示出了一种与世风有着鲜明反差的孤高挺立的人格气象。青年时代,面对衰颓之世,他颇有力挽狂澜、济世拯民的悲悯情怀。尝有诗曰:"丈夫重晚节,文章争上游。谁支将覆厦,力挽下滩舟。银缸万点酒千瓯,岁将去兮复勾留。劳亦不得息,醉亦不得休,夕阳昨日今东头。"(《除夕》)"曾登岱华巅,俯瞰中原地。神州一掌收,百丈何足记。键关二十年,颇与征尘弃。偶来此停骖,山灵欲相避。谓我傲羲皇,何以风尘寄。岂知造化心,静躁无殊致。常怀山水音,不改风云志。群峰若鞠然,雅有相知意。倏忽开林岙,遥空滴苍翠。泰山与培塿,风光良不异。高卑孰低昂,前言聊以戏。"(《百丈山》)"群山伴我来,献巧争奇状。拱揖并趋跄,旦夕同依傍。如人久交欢,惜别增惆怅。回首多余情,屹然复相向。大哉造物心,甘苦丰劳饷。极目望中原,情形忽奔放。长安帝王都,瑰奇恢局量。东制扼黄流,西环列青嶂。强弱说周秦,雌雄分霸王。如何宝鸡祠,欲与鸣凤抗。乾坤自清夷,人心争跌宕。千古此关河,英雄几兴丧。我欲挽东流,注之青天上。"(《宿宝鸡县》)青年时期的槐轩,在"三试春官"下第归里之后,除赴京候选和重赴鹿鸣外,一直身居四川,过着教书、著述、修身、正俗的乡居生活。然而,虽偏居一隅,槐轩之情系生民,心怀天下的胸襟却从未弱化泯消。其著述,目的在治道;其教学,目的在人伦。这些,我们都可以从他的文字中读解出来。槐轩之兄刘泽有言:"吾弟有志为全人,而侍养久淹公车,此跋颇为所见不凡,拭目以俟将来,不能不有厚望也。"(见刘沅:《槐轩杂著》卷一《跋东坡留侯论》刘泽附记)所谓"全人",就是"全体大用"之人,"通经致用"之人。槐轩八十二岁所做《元旦》诗,道出了他一生的抱负。其曰:"一年只有今朝好,千家万家金尊倒。普天何地非闲人,无怀葛天同熙皞。等闲共说贺新年,年去年来亦偶然。那知元气弥纶处,无人不共欢喜ართ。世人旧事喜翻新,相逢揖让殊恂恂。可将此日祥和意,转移末俗归同仁。我生颇觉看春早,春来懒逐闲花草。惟有斯日同斯民,醉酒探春忘其老。彩旗飘处朝阳红,扶藜迤逦随东风。无是无非无烦恼,春台意象真鸿濛。归来又对梅花笑,父老携壶重相召,为言入夜有笙歌,室内明灯华四照。"(以上诸诗皆引自刘泽、刘沅:《壎篪集》)在这首有感于节日气氛的诗作中,我们仍然能够读出,晚年槐轩不变的历史社会的担当。不过,由于远离政治中心,乡居西陲,槐轩选择了相应的经国济世的方式,即教化民众以成良序美俗,所谓"未有斯日同斯民""转移末俗归同仁",正是此意。根据槐轩一生的价值关切,我们或许可以做这样的推测,槐轩花甲之年赴京候选,(转下页注)

· 151 ·

侍讲,皆直抒胸臆,直达问题。从政治思想史的角度来说,"正君"观念是孟子明确提出的。他说:"人不足与适也,政不足与间也。唯大人为能格君心之非。君仁,莫不仁;君义,莫不义;君正,莫不正。一正君而国定矣。"(《孟子·离娄上》)自此,历史上真正的儒家莫不秉持这样的政治批判精神,如北宋二程。程颢说:"君志定而天下之治成矣!"(《程氏文集》卷一《上殿札子》)"治天下者,必先立其志,正志先立,则邪说不能移,异端不能惑,故力进于道而莫之御也。"(《程氏文集》卷一《论王霸札子》)程颐认为,"君志立"是本中之本,若非此,则"虽纳嘉谋,陈善算,非君志先立,其能听而用之乎?"(《程氏文集》卷五《为家君应诏上英宗皇帝书》)程颐还从正面论说这个观点:"所谓立志者,至诚一心,以道自任,以

(接上页注①)其初"愿就京职",以期在政治中心施展济世宏愿;然身处京师,亲见陋规纸政同样"处于日益严重的失控状况之中",故而遂有即便"改授京职",却仍"寻乞假归"之举。在三科下第之后,槐轩逐渐形成自己独到的以"心性与天道"为核心的思想学说。若联系他恪守终生的经世取向,那么,我们或可见到,槐轩之学术思想的形成过程,实质上沉潜着一条对历史社会问题不断追问并探索的内在理路。当然,他不可能像那些出将入仕的儒者,身居其位直接行政;而是以丰厚卓优的学术建树,阐发他的所思所想,以"裁成后进循循善诱",培养治国之才。槐轩子孙皆能继武接轨,《国史馆本传》曰:"八男皆能传其学,长子崧云,咸丰二年举人。沅是科重宴鹿鸣,儒者荣之。棆文拔贡,小京官,同治庚午举人。桂文,光绪丁丑进士,历官编修、御史、梧州府知府。栋文,顺庆府训导。棋文、橞文生员。孙咸荣拔贡,咸焌举人,咸耀、咸燡俱生员。"据上,可以肯定地说,槐轩之"隐居教授",固然有着家人劝说的原因(据《刘氏族谱》之《向太宜人墓志铭按语》:"沅不第归里,欲再举,母曰:程伊川不云乎?以禄养何如以善养?尔兄幸备员于朝,尔其束身励行,善训诱后进,吾亦得有膝下之依,何必一第始荣乎?"另据《彭孺人墓志铭》记载:"止唐厄于春官,其兄芳皋成进士,入翰林,……孺人谓止唐曰:显扬之事,兄任之,犬马之劳,予夫妇勉为之可也。"),但更重要的是,学术和教授,实为槐轩自觉选定的社会担当之途。这段文字恰可道出槐轩对"经世济民"的更高上更宽广的理解:"沅本无知识,缘南宫铩羽,母老家贫,守拙江乡,课徒鸟养。日尝与及门讲习,思《四子》《六经》岂第临文之资,固将以求经世也。穷究有年,又得野云老人为陈大义,乃知天人一气,圣固可为,家修乃能廷献也。"(刘沅:《槐轩杂著》卷三《复王雪峤书》)所谓"天人一气",正是槐轩终生所治"天人性命"之学。槐轩深窥历史社会现象背后的决定因,知其大端在人,即首先是那些掌握"治术"的人,他们必须体悟天道并躬行实践,故其言"学术正而后治术隆,天人性命由此而贯。"(刘沅:《拾余四种》之《恒言》)"事功者,性命之发皇,反是则非道。"(刘沅:《约言》之《述道》)身在仕途外,心在天下中。槐轩正是以其特有的学术进路来构建他的精神理想的。这是我们理解槐轩和宋代士大夫,应该注意的关键,即各自的经验背景不同,但方向是一致的。

圣人之训为可必信，先王之治为可必行，不狃滞于近规，不迁惑于众口，必期致天下如三代之世，此之谓也。"（同上）正、定"君志"背后的道义支撑则是"君德"，故程颐又说："今日至大至急，为宗社生灵久长之计，惟是辅养上德而已。"（《程氏文集》卷六《上太皇太后书》）对于皇帝处于"权源"位置的利害得失，二程有着深刻的认知。从历史上看，"完德有道之君至少"，原因就在于"皆辅养不得其道，而位势使之然也"。（《程氏文集》卷六《上太皇太后书》）为了避免君主失德而误国家天下，必须坚持"道大于势"的原则，在权力之上，设定最高的道义原则，使皇帝"知道畏义"，以消除权位对君主的异化。程颐言："人主居崇高之位，持威福之柄，百官畏惧，莫敢仰视，万民承奉，所欲随得。苟非知道畏义，所养如此，其惑可知。中常之君，无不骄肆；英明之主，自然满假，此自古同患，治乱所系也。"（《程氏文集》卷六《论经筵札子第三》）

朱子是二程洛学的重要传人，更是宋代道学或曰理学的集大成者。他直承孟子的批判精神，将二程的"辅养上德"更直接地表述为"正君心"。他认为，对处于"权源"之位的君王，自然应该依据"尧、舜相传之心法"，"以为准则，痛加绳削"（《朱子文集》卷三六《答陈同甫》第八书）。这是因为在中央集权的政体之下，君王自身的德性、认知、决策等主体水准（即所谓"君心"），对整体社会生活有着巨大甚至决定性的影响力，所以设法使君王之"心术"归于正道，才能最大限度地防止君心不正带来的危害。他说："天下事有大根本，有小根本，正君心是大根本，其余万事各有一根本。"（《朱子语类》卷一零八）在《答张敬夫三》中，朱子说得更明确："熹常谓天下万事，有大根本，而每事之中又各有切要处。所谓大根本者，固无出于人主之心术，而所谓切要处者，则必大本即立，然后可推而见也。……此古之欲平天下者，所以汲汲于正心诚意以立其本也。"（《朱子文集》卷二五）这实则是将人君"修身"视为不容迁就或无可商量的"必须"准则。朱子说："即居天下之至中，则必有天下之纯德，而后可以立至极之标准。"（《朱子文集》卷七二《皇极辨》）又说："人君修身，使貌恭，言从，视明，听聪，思睿，则身自正。"（《朱子语类》卷七九）

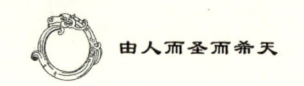

朱子一生写下诸多政论文字,而其中的《壬午封事》《庚子封事》《戊申封事》分别作于青年、中年和晚年,是最有代表性的文献。在青年时代的《壬午应诏封事》中,朱子第一次把自己的学问观点与治国的政治实践联系起来,加以申说。与槐轩也同,朱子基于深刻的历史理性,真知帝王身处权力核心,这是历史给定的无法选择的政治生态。皇帝作为决策的根本决定力量,在进行治国实践时,会出现"仁政爱民"或"昏君害国"两种可能。为保证前一种可能的最大实现,儒家必须将自己的社会理想和文化理念转变为"圣帝明王之学",用儒家的价值真实去引导无可回避的历史真实,使皇帝成为道德修养和思想见识皆优的国家首脑。如此,政府做出的治国大政方针,才可能收到治国平天下的实践效果。从儒家来说,这是为了实现自己的社会理想,所采取的"借君行道"的迂回方式;就历史的进行来看,这实质上是用价值的真实去引导无可回避的现实的真实。朱子一生,把"格君心之非"作为重点思考和努力实践的主题,既是为了"借君行道",更是因为历史朝着价值真实的方向去发展的文化担待。

尤需注意的是,朱子所谓"正君心",亦非从今语狭义的层面去讲个人道德。他要求作为国家首脑的"人君",必须德性与才能俱全。用现代语言来说,应是集德高品重、远见卓识、恰当决策、行动有效于一身的人。换言之,他应是整全的精神能力与有效的实践能力皆具备者,用朱子话说,即"全体大用"之人。为此,朱子认为,"人君"为使自己达到这样的人格品位,必须自觉地以"格物致知"为致思原则,即今语所谓的"理性的自觉",方会有益于"天下国家"之治理。故而,他在《壬午应诏封事》中,不仅批评宋孝宗在治国理念的选择上模糊不清,更将儒家"古者圣帝明王之学"的精神,阐发为"格物致知"与"正心诚意"的原则,而尤以"格致"为要。他写道:"比年以来,圣心独诣,欲求大道之要,又颇留意于老子、释氏之书。疏远传闻,未知信否?然私独以为若果如此,则非所以奉承天锡神圣之资而跻之尧、舜之盛者也。盖记诵华藻,非所以探渊源而出治道;虚无寂灭,非所以贯本末而立大中。是以古者圣帝明王之学,必将格物致知以极夫事物之变,使事物之过乎前者,义理所存,纤微毕照,了解乎心目之间,不容毫发之隐,则自然意诚心正,而所以应天下

第五章 "学为圣人"与"无愧为人，即无愧于天"

之物，若数一二、辨黑白矣。苟惟不学，与学焉而不主乎此，则内外本末颠倒缪戾，虽有聪明睿知之资、孝友恭俭之德，而智不足以明善，识不足以穷理，终亦无补乎天下之治乱矣。然则人君之学与不学、所学之正与不正，在乎方寸之间，而天下国家之治不治，见乎彼者如此其大，所系岂浅浅哉！《易》所谓'差之毫厘，谬以千里'，此类之谓也。"（《文集》卷十一《壬午应招封事》）这段文字极为重要，但常被误解为书生意气之辞。其实，在中国传统中央集权的政治生态里，君王的品质几乎决定着社会存在的状态。因此，在某种意义上说，"正君心"是儒家推进合理社会生活的唯一选择。由于选择途径的单一和狭窄，才会有宋儒"一正君而国定也"的政治共识。

朱子于此看得极透："正君心是大根本""天下事，须是人主晓得通透了，自要去做，方得。"（《语类》卷十八）在《壬午应诏封事》中，朱子深一步说明了君心如何是"正"？作为国家首脑的"人君"，决不能满足于一般人众也应有的"孝友恭俭之德"，也不可局限于个人修养层面的"意诚心正"。由于其精神格局和思想视野（即所谓"方寸之间"）关乎着"天下国家之治不治"的"如此其大"之业，因此必须具有见微知著（《韩非子·说林上》："圣人见微以知萌，见端以知末。"班固《白虎通义》卷三下《情性》："智者知也，独见前闻，不惑于事，见微而知著也。"的视见和深思远虑的计酬。国家首脑绝非一般意义上的好百姓，其身处"差之毫厘，谬以千里"的球心位置。故而，朱子与槐轩的"至明至公"和"仁熟义精"的主张一样，在治世的"大道之要"上，要求"人君"必须"探渊源而出治道，贯本末而立大中"，并且对其治国履政的标准，同样到了近乎苛刻的程度，即于国事民生"不容毫发之隐"——这就是朱子一生坚执"格物致知"学问的第一大义所在。他极言道："必将格物致知以极夫事物之变，使事物之过乎前者，义理所存，纤微毕照，了解乎心目之间，不容毫发之隐"。这当然不能理解为现代语义中的"思智"或"理智"的高明，也非俗语所谓"头脑够数"之意，而应在康德意义上的"理性"去做诠释。正是基于"理性"之层级，朱子将"格物致知"与"意诚心正"相关联，指出只有达到"应天下之务，若数一二、辨黑白"那样极高或曰"健全"的理性能力（包括有效的实践能力），方

· 155 ·

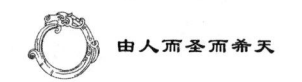

可谓之"意诚心正"。这是对那些处在"国是"地位的政治家们的根本要求。此恰与槐轩"明明德者,天理浑全,仁熟义精,人情物理曲尽其道,悉契乎人心之所同"(《又问》)的圣人之论,意向相同。

需要注意的是,"格物致知"是朱子对主政者(乃至所有为政者)们提出的根本性的原则要求;朱子意在通过它而建立起"明善"和"穷理"的中正公平的社会,所以他才以讽喻的方式对宋孝宗说,"虽有聪明睿知之资、孝友恭俭之德,而智不足以明善,识不足以穷理,终亦无补乎天下之治乱矣。"所谓"智足以明善,识足以穷理",深意是求得"真知"。在"真知"的意义上,我们又可以把"健全的理性能力"称之为"真理性的精神","完好的精神能力",亦如徐梵澄先生所谓"人的全部知觉性",以及清人王引之解"弥纶天地之道"所谓"遍知"。[①] 笔者之所以提供多个称

---

① 《易·系辞》有言:"易与天地准,故能弥纶天地之道。"清人王引之解"弥纶",以为"纶"为"论"之通假,训"知",故而"弥纶"者即"遍知"也。宋儒所持宇宙人生的根本看法,或曰以这种看法为内核的"精神""心体";槐轩所言"全天理而后为人",(《大学古本质言》之释"学")"得天地之正气者惟人","必复性而后全人","宰气者理,理气之全者惟人,知人则知天地也";(《拾余四种》之《心性类》《杂问》)都可以视为普适性的价值理念和恒久性的思考方式,又都是对"弥纶天地之道"的"大易"精神的现时代(即他们所身处的当下时代)的阐释,而"遍知"亦能较恰近地表达宋儒"心体"或曰"性体",以及槐轩"心性"的意涵。徐梵澄先生参合印度韦檀多哲学,对宋儒"性理之知"所做的诠释,可帮助我们理解朱子以及槐轩的本意。徐氏认为,宋儒所言"性理之知",非现代知识学意义上的"知",亦非寻常意义上的理性之"知",此"知"大于且摄于后者,谓之"知觉性"。此亦韦檀多哲学的基本概念,如室利阿罗频多所说的"独一遍在的知觉性",也可译为"独一遍在的精神"。因为"邃古之奥义认为:宇宙是一神圣生命的充满与润泽。这一神圣生命,昭示人(类)憧憬最高者,并践履一上升的系统,从而超出自己,与至上者合契。这是一切生存问题之'和谐'意义的终解。"(转引自孙波《徐梵澄精神哲学入蹊》之《序》,华东师范大学出版社,2013)徐梵澄还指出,宋儒所言"性理",其范畴大于现代知识理性或曰理论理性,它指"统摄整个人性之理,则其间非事事皆合理性,统之曰'心',所以此'心学'又称'性理之学'。"宋儒所说之"心",颇为笼统,可理解为"人的全部知觉性"。借助现代心理学,此知觉性通常说为"意识",即双涵上意识与下意识,或潜意识。在儒家的语境中,"高、上者称为'道心',中、下者称之为'人心',统是一心,只是一知觉性。"宋儒讲"心",价值方向在"性之上焉者"——"道心",即孟子所说之性本善之流衍,"恻隐、辞让、羞恶、是非之心,皆上知觉性之德。属下层的食、色,则入乎本能之内,没有什么应当特殊加以存、养、扩充的道理。本能即是不学而能之能"(参见徐梵澄《陆王学述》,上海远东出版社,1994,第90~92页)。

第五章 "学为圣人"与"无愧为人，即无愧于天"

谓，是为方便读者理解朱子和槐轩之"心"和"心性"等概念。

其实，对为政者们个人主体品位的要求，有着很重的政治社会学含义。历史中的那些重要的儒学思想家，大都是在这一社会历史深度上立论的。我们理解中国古代思想史，不可忽略这个根质性的维度。如汉代大儒董仲舒，同样有着"人主之道"关乎国家之或治或乱的著名论说。①

---

① 董仲舒在"天人类合"的思想中，将经国治世之"道"溯源于大自然，以"天道"作为最高价值依据，阐述主政者即"人主"，不能以偏私的个人情感去处理政事。他说："天亦有喜怒之气，哀乐之心。以类合之，天人一也。春，喜也，故生；秋，怒气也，故杀；夏，乐气也，故养；冬，哀气也，故藏。四者天人同有之。有其理而一用之。与天同者大治，与天异者大乱。故为人主之道，莫明于在身之与天同者而用之，使喜怒必当义而出，如寒暑之必当时乃发也。"（董仲舒：《春秋繁露·阴阳》）董子所言"使喜怒必当义而出"，实与朱子"只是合当喜，合当怒"（《语类》卷六十二），槐轩"心心协理，事事合道，天地即在吾身"之意，相通相契。董子为自然之天赋予了人道意义的内涵，其苦心在于：自然之"天道"成为"人道"的价值源头和终极依据；如此，也就使治道理念有了根本性的原则，即人类社会历史的治与乱，实与主政者能否"与天同"或"与天异"密切地关联着。所谓"与天同"，具体到社会生活，是要求"人主"必须以"神明尊仁"这样完好的精神水准和施政能力，为天下群生的福祉去有效地作为。他说："天高其位而下其施，藏其形而见其光。高其位，所以为尊也；下其施，所以为人也；藏其行，所以为神也；见其光，所以为明也。故位尊而施仁，藏神而见光者，天之行也。故为人主者，法天之行，是故内深藏，所以为神；外博观，所以为明也。任群贤，所以为受成；乃不自劳于事，所以为尊也。泛爱群生，不以喜怒为赏罚，所以为仁也。"（《春秋繁露·离合根》）人主"内深藏"，"外博观""任群贤""泛爱群生"，皆是"法天之行"，也即"与天同"。那么，"与天异"又如何？董子对于历史给定的政治境遇同样有着清醒和深刻的认知。皇帝处于权力中心——这是历史自然选择的结果（用现代语言来说，即有着历史发生学的依据），儒家能够做的，就是从"德位相符"的传统文化资源中获取智慧，使人主在德性、智性、行政等诸多方面达到与权位相应的水准。这不是一种权宜性的政治对策。其实，只要深入到儒家的精神内部，就可以理解：他们所言之"天道"，是出于真诚信仰的价值预设，而"人道"亦是发自本心的民生关怀。基于此，董子把主政者的作用提到"与天共持变化"的位置，警告皇帝，若"与天异"，则历史社会"必为乱世"。他说："春气爱，秋气严，夏气乐，冬气哀。爱气以生物，严气以成功，乐气以养生，哀气以丧终，天之志也。……春之为言，犹偆偆（"偆"通"蠢"。《风俗通·祀典篇》：偆者，蠢也，蠢蠢摇动）也。秋之为言，犹湫湫也。偆偆者，喜乐之貌也；湫湫者，忧悲之状也。是故，春喜夏乐，秋忧冬悲，悲死而乐生。以夏养春生，以冬藏秋成，大人之志也。……人主立于生杀之位，与天共持变化之势，物莫不应天而化。……当暑而寒，当寒而暑，必为恶岁矣。人主当喜而怒，当怒而喜，必为乱世矣。"（《春秋繁露·王道通三》）依今天的眼光，董仲舒的理论逻辑或许比较疏阔，然而，他的致思方向——把握人类存在之关键问题；根据历史境况来建构思想学说，并使之成为制约和范导现实政治的文化力量——实质上延续的就是经典儒家历史观念的主脉。其所言"人主立于生杀之位，与天共持变化之道"，绝非以往我们误读的那样，（转下页注）

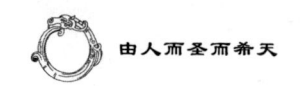

以"格物致知"要求君王自正其心，使"人君修德"获得了具体内容。然而，有一个关键点不能回避。"人君修德"，固然是秦汉以后，儒家对于良政系统的形成，所能做出的现实对策，但它只是应然之义的原则，尚不能说明君王何以必须如此。为此，朱子将《大学》之要语（"格物致知"与"正心诚意"）与被他视为"道统"的"心传"（即古文《尚书·大禹谟》之"人心惟危，道心惟微，惟精惟一，允执厥中"，史称"十六字心传"）之说相关联，由此阐明主政者具有"真知"或曰"真理性的精神"这一应然原则，根本上是自然就有的历史法则。意即君王"心正"或曰"明德"，是由尧、舜所开出的历史正经正法；在位之君王，若果没有达到"全体大用"的主体水准，那么，也就意味着他脱离了历史的价值正轨，而失去治理国家天下的合理性（合天理）与合法性（合古圣之法）。

"道统"一词被朱子首次创用之后，人们于此，时有误解，或据"政统"争"正统"，或从"学思"辨"学统"。其实，依笔者看，朱子之"道统"，实质上是价值性的"精神道"，它以"天理"为最高依据，以"公平正大"的社会为实践目标；它源于上古圣贤，即所谓"上古圣神继天立极，而道统之传其来有自矣"（朱熹：《中庸章句序》），而成为此后任何时代的主政者必须遵循的治世之"道"。就具体实现的步骤而言，主政者自身首先必须是"精神道"的实践者，进而成为彰显者。

我们知道，西方哲学发展到休谟，有一重要的思想事件，即他提出了"应然"（Ought）与"实然"（Is）的区别，这在道德哲学上产生了十分重大的理论影响。它的重点意思是，只通过事实层面的经验推论，不能建立道德伦理层面上的普遍性原则。我们可以藉此论来看朱子乃至槐轩的圣贤思想。仅根据秦汉以后的经验现状来确立"人君修德"的"应然"（Ought）原则，是不够充分的；而必须找出历史源头中的"实然"，即"是什么"

（接上页注①）是把君主抬高到至上地位；而恰是基于对历史的清醒认知，也即看到处于权力中心的人物，对社会生活之重要的，在某种境况中甚至是决定性的作用与影响。藉助朱子，以及董子，我们都可以更深切地体会到，槐轩作为经典儒家精神传统中的一座重镇，他的致思理脉，既有着历史发生学的深刻依据，又全力规范引领着人类社会生活的价值朝向。

第五章 "学为圣人"与"无愧为人,即无愧于天"

(Is)。由尧、舜开出的"中道"精神"是"历史的真实,亦可说"是"真理性的真实(这是一信念或曰信证的问题,若果不信,自有另外的人生观和历史观,如技术性的或实用主义的)。人之异于其他生物,正在于人有历史,人是在历史中不断完成自己的。经典儒家语境中的圣人,犹如天道之"信使"(如古希腊神话中的普罗米修斯),携来"天理"之火种,开启了人类精神进步的历史,朱子之"上古圣神继天立极",槐轩之"圣人独能全天理,故为人伦之极",皆以历史真实之"是",确立了道德人伦层面的"普遍性原则",而所有人("从天子以至于庶人")都得遵循这一普遍原则,在过去"是",现在"应该是",未来"继续是"的真理性的历史中完成自己。

由此来看,朱子以"道统"之论,既开出了对所有人都有期待的普遍性原则,又有着为实现"中和"社会理想所设定的具体特指,即指向政治生态中心的主政者。二者之间的张力,恰可撑出"天下国家之所以治"的人道空间。而其中尤以后者,即以"道统"制导(制约引导)"君统"(或曰"政统")为首要之务。关此,我们须重视在《壬午应招封事》中,朱子写给宋孝宗的另一段重要文字:

> 盖"致知格物"者,尧、舜所谓精、一也。"正心诚意"者,尧、舜所谓执中也。自古圣人口授心传而见于行事者,惟此而已。至于孔子,集厥大成,然进而不得其位以施之天下,故退而笔之以为《六经》,以示后世之为天下国家者。于其间语其本末始终先后之序,尤详且明者,则今见于戴氏之记,所谓《大学》篇者是也。故承议郎程颢与其弟崇政殿说书颐,近世大儒,实得孔、孟以来不传之学,皆以为此篇乃孔氏遗书,学者所当先务,诚至论也。臣愚伏愿陛下捐去旧习无用浮华之文,攘斥似是而非邪诐之说,少留圣意于此遗经,置诸左右,以备顾问,研究充扩,务于至精至一之地,而知天下国家之所以治者不出乎此,然后知体用之一源,显微之无间,而独得乎尧、舜、禹、汤、文、武、周公、孔子之所传矣。

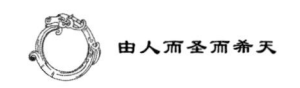

概括来说，朱子设定了一个由上古圣人尧、舜奠定的"执中"之"道"；所谓"执中"，就是"大中至正"的治世之"道"（见《大学或问》之"评司马温公之说"）；这个设定的学理根据是孔子所辑定之《六经》，就这些经典的"本末终始先后之序"来说，最重要的是"戴氏之记，所谓《大学》篇者"；朱子劝谏宋孝宗，要以"真儒深明厥旨"作为治国经世的指导思想，所谓"置诸左右，以备顾问，研究扩充，务于至精至一之地"，明确地说，就是用《大学》"致知格物"与"正心诚意"的精神来要求自己的执政行为，以期建成"公平正大"（见《朱子语类》卷七二）或曰"天下之大公"（见《朱子语类》卷一〇八）的社会。应注意，朱子把"精、一、执中"作为"自古圣人口授心传"的历史正"道"；又以"格致、正诚"来规约君王，这是因为主政者能否达到"全体大用"的主体高境，关乎"天下国家之所以治者"的大命运。这内中实质上潜涵着一恒定的政治法则，即君王若能"务于至精至一之地"，那么他的治世之权便"独得乎尧、舜、禹、汤、文、武、周公、孔子之所传"，即在历史的正"道"之内。若否，就是自弃于历史正轨之外，而失去治权的正当性。这个思路明确地告知所有主政者们，由古圣开出的"中和之道"贯穿于人类的历史之中，以其源自"天道"的"自然法"依据，而高于一切权力；这实质上意味着，君王不能随意用手中的权力号令天下，而只有他的言行合乎"道"时，才具有合法性。徐梵澄先生在论述孟子学说的民主精神时说，人应该服从的，"当然不是诸侯或天子，甚至不是人民或国家"，永远忠于并为之奉献自己的应该是"道（或真理）"，因为"道"是"神圣的天命或上帝之命"。[①]

从《壬午应诏封事》中，我们可以读出，朱子极重《大学》，可以说把《大学》提到了治国经世的理论纲领的地位。他以"致知格物"和"正心诚意"解读古文《尚书·大禹谟》的"十六字"，而这十六字是被作为"道统"写在《中庸章句序》中的，因此可以认为，他把《大学》与《中庸》做了融会贯通的诠解。这里的关键是，朱子何以提醒宋孝宗，要明确"本

---

① 参见《孔学古微》，华东师范大学出版社，2015，第179~180页。

末终始先后之序",即应把《大学》放在首位,以理解"真儒深明厥旨"。众所周知,朱熹平生研治《大学》用力最多,如其所言:"某于大学,用工甚多。温公作通鉴,言'臣平生精力,全在此书',某于《大学》亦然。"(《朱子语类》卷一四)以《大学》开示学者,始自二程。语、孟、学、庸四书并重,事始北宋。而四书之正式结集,完成于朱熹。[①] 在正式结集时,朱子将《大学》放在四书之首,并说明理由所在:"某要人先读《大学》,以定其规模。次读《论语》,以立其根本。次读《孟子》,以观其发越。次读《中庸》,以求古人之微妙处。"又曰:"论孟中庸,待大学通观浃洽,无可得看后方看,乃佳。道学不明,不是上面欠却工夫,乃是下面原无根脚。"(《朱子语类》卷一四)如果把朱子的主要学术思想和封事、奏札中的经世观点,综合研读,可以看出,《大学》是贯通治学与治道的最适宜的理论文本,也是宋儒推动以学统建道统,以道统制导政统的有效思想依据。就学统来说,《大学》以"格物致知"和"正心诚意"两个要件,包摄融合了"理一"与"分殊""察识"与"涵养"等根本的思想范畴;把日用实践层面的"就事求理"与精神层面的"天德人极",做了兼及体用的通释,由此避免了"道统"缺少扎实学理基础的缺陷。这也许是朱子所担忧的"道学不明,不是上面欠缺工夫,乃是下面原无根脚"的真实意思。以政统或治国的政治实践而论,"格物致知"所引出的现实原则,是要求皇帝和重臣深入了解体察国情民生,即所谓"必将格物致知以极夫事物之变",从而为国策的制定提供实际依据。"正心诚意"则要求国家的最高决策人,必须具有公德正义的人品,这是对掌握最高权力的主政者们所能做的唯一底线限制。事由人作,人由心定,故而朱子告之宋孝宗:"意诚心正,而所以应天下之务"。朱子以儒家经典为治国理政的指导思想或曰理论基础,而其中又以《大学》为首要,在《壬午应招封事》中,他径直将其称为"帝王之学",依今语,即帝王所必须学习的文本。

应该注意的是,朱子所说的四书次序,不是机械式的读书先后进路,而

[①] 参见钱穆《朱子之四书学》,《朱子新学案》,巴蜀书社,1986。

是一有机的精神本体结构。所谓《大学》之"定其规模",是对以"真知"作为基础的开阔思想视界的期待;《中庸》之"以求古人之微妙处",则以天赋人性("天命之谓性")阐明古圣"道统"所传之真意全在"得其本心"(《中庸》有着深邃的形上"天道"思维,所以朱子说"微妙处")。前者可谓思想"清明",后者可说心境"纯一",二者统于"一心",故朱子说"吾方寸之间,清明纯一"(《朱子文集》卷八十《福州州学经史阁记》)。而《论语》"立其根本",《孟子》"观其发越",共同构成"治道"之价值理念以贯穿于天人之间,目的当在使人类的社会历史得以健康远行。所谓"根本",即"仁",所谓发越,即"义";孔子之"仁"与孟子之"义",是为治世之"道",然则发端于人之"本心"。故而,朱子又以"仁义"言治道,以"本心"制万事。或许可以对朱子做这样的理解:只有把"仁义"置于"格致"与"诚正"的思想基础之上,它方可能成为治国的纲领。他说:"古圣贤之言治,必以仁义为先,而不以功利为急,夫岂固为是迂阔无用之谈,以欺世眩俗,而甘受贲祸哉!盖天下万事本于一心,而仁者此心之存之谓也。此心既存,乃克有制;而义者此心之制之谓也。诚使是说著明于天下,则自天子以至于庶人,人人得其本心,以制万事,无一不合宜者,夫何难而不济!不知出此而曰事求可,功求成,吾以苟为一切之计而已,是申商吴李之徒,所以亡人之国而自灭其身。国虽富其民必贫,兵虽强其国必病,利虽近其为害必远。"(《朱子文集》卷七五《送张仲隆序》)

一般而言,治国的大政方针即所谓"言治",或以"仁义",或依"功利"。朱子承继古圣贤之道统,认为"必以仁义为先";而能否坚执"仁义"纲领,首先取决于人之"本心",因为"天下万事本于一心"。朱子这里所言,实是《大学》语境中"格致"与"诚正"之"本心"。要使天下成为"仁义"之天下,就得人人("自天子以至庶人")存其清明纯一之"本心"。"本心"是"仁义"得以推行的前提。显然,朱子对于事由人作、人由心定的逻辑坚信不疑,是而他带着近乎宗教的虔诚说:"人人得其本心,以制万事,无一不合宜者,夫何难而不济!"在朱子看来,治国是"以仁义为先"抑或"以功利为急",关乎着人类前途命运的大问题。这也是他和陈

第五章 "学为圣人"与"无愧为人，即无愧于天"

亮辩论的主题，兹不赘述。具体到主政者来说，"以仁义为先"是由自己"本心"决定的，而"本心"必当去除所有"私底意"方能"清明纯一"。如《语类》载："问：或言今日之告君者，皆能言'修德'二字。不知教人君从何处修起？必有其要。曰：安得如此说！只看合下心不是私，即转为天下之大公。将一切私底意尽屏去，所用之人非贤，即别搜求正人用之。"（《朱子语类》卷一〇八）可以看出，朱子之"格致"与"诚正"有双重指向：一是"自天子以至庶人"，人人应有的以"仁义"为内含的"本心"；二是进入国家的政治决策领域，人君则要有"去私意，立公心"的纯德。无论是普遍性的"本心"，还是主政者的"公心"，都须先立一人文的价值世界。有了这个世界，人类的事功行为才能有意义的归宿。若颠倒过来，以自身功利或曰急功近利为最高纲领，其结果必是人类利益的最大丧失："亡人之国而自灭其身，国虽富其民必贫，兵虽强其国必病，利虽近其为害必也远。"

正是因为《大学》是贯通治学与治道的最适宜的经典文本，或曰在理论和实践的双层面上皆能兼及体用，所以朱子在思想学术上，以它"定规模"；在治国实践上，则将其作为治道的理论基础。关此，我们可以从他的封事、奏札皆言的"格物、致知、正心、诚意"中得到证实。在一般的理解中，《大学》是纯学理、纯道理层面的。而实际上，在朱子的视界中，它指向实实在在的政治社会的运作，进一步说，指向治世之良政系统的第一环，即主政者或曰君王之"本心"。可以说，这个指向，朱子坚执了一生。这在他晚年写就的《戊申封事》[①]中更鲜明地传达出来。

[①] 《戊申封事》是理解朱子的重要文献。但为了正文叙述结构的紧凑，笔者将其中一段文字录为脚注，以作相互发明朱子与槐轩的实证资料。朱子写道："臣之辄与陛下之心为天下之大本者，何也？天下之事千变万化，其端无穷而无一不本于人主之心者，此自然之理也。故人主之心正，则天下之事无一不出于正；人主之心不正，则天下之事无一得由于正。盖不惟其赏之所劝，刑之所威，各随所向，势有不能已者，而其观感之间，风动神速，又有甚焉。是以人主以眇然之身，居深宫之中，其心之邪正，若不可得而窥者，而其符验之著于外者，常若十目所视，十手所指而不可掩。此大舜所以有'惟精惟一'之戒，孔子所以有'克己复礼'之云，皆所以正吾此心而为天下万事之本也。此心既正，则视听聪，周旋中礼，而身无不正。是以所行无过不及而能执其中，虽以天下之大，而无一人不归吾之仁者。"（《朱子文集》卷十一《戊申封事》）很显然，朱子深谙中央集权下的君主，（转下页注）

· 163 ·

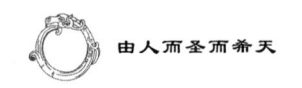

我们知道，朱子作《大学章句》增"格物补传"，并以"格物穷理"解之；又将古本《大学》之"亲民"解读为"新民"；此二点最受后人重视，亦最为后人所争论。槐轩于此亦多有指摘评骘，而尤以"格物穷理"为矢的；此为槐轩学思大要之一；后文另作申论。这里，我们先继续讨论良政系统之"人君修德"的问题。

由以上论述可知，朱子和槐轩，实质上都秉持着儒家经典的治世理念，在"居其位者必得有其德能"的观点上，他们是一致的。当然，由于身处不同历史阶段，以及各人社会境遇的差别，他们各自的学思进路和论说风格也必有殊异。与朱子相比，槐轩一生乡居川蜀，研读著述，教书正俗。或许是远离政治中心的原因，槐轩论学评事，少有现实性的急迫之相，而多依道顺理，从容述之。同样论人君修德，槐轩不像朱子那样直接拨点君王，甚至不惧桀骜犯上，而多以天地或曰"天心"为最高依据来讲述君王修身的道理。如其言，"心性伦常，天地鬼神，皆赖君上建极以宰之"。（刘沅：《拾余四种》之《治道类》）"有道之人，而为君相敩，万物理而太和翔洽，天清地泰，人物咸康矣！否则，五行不叙，五事不朽，五常不正，而人失其所以为人，天心亦必不安。故为上尤必自修德。"（刘沅《子问》）关于槐轩这方面的思想，上文已有论述，兹不赘言。

不论是槐轩的"为上尤必自修德"，还是朱子的"居其位者必得有其德能"，都在现实性的良政系统方面有着共识，而且于支撑这一系统的历史依据和价值理念亦有着共同的认知，这就是他们对于孔子辑定六经之历史文化精神的理解。而正是这个理解，构成了他们的"内在一致性"。

（接上页注①）实际处在政治网络的中心或曰"球心"，其精神品质和决策水准，极大地影响着整个国家的治理局面，在某种意义上，君主可谓治世的第一环。正是基于此，朱子才将人主之"心"，视为"天下之大本"。槐轩具有同样的深邃的历史意识，就现实的政治社会生态而言，他认为"皆赖君上建极以宰之"；从最高的价值依据来说，建构合理的社会，实源自"天心"，故而"为上尤必自修德"。朱子和槐轩，各有风格和思考进路，但毋庸置疑的是，他们都是接续着经典儒家的社会理想与价值关怀，立足于各自的时代，思考回答当下的问题，并为人类未来的历史走向提供了发展的方案。

第五章 "学为圣人"与"无愧为人，即无愧于天"

第二节 "三代直道，存于简策"：以"道学"承载"道统"的历史意义

这里，笔者主要以槐轩《史存》中的相关文字进行讨论。当然，时会兼及宋儒乃至朱子与槐轩的共同之处。

《史存》是槐轩的重要史学著作，叙定于道光丁未年（1847），槐轩时年八十。笔者在研读槐轩文字时，有一体会，即理解槐轩，若不从社会历史之视域进入，则很难懂到他的内在本旨和学思理脉。换言之，在研究重要的思想家或哲学家时，关注他们如何思考价值理念与社会历史的关联，是把握其内中精神的有效途径。话说至此，笔者联想到，苏联哲学家古留加曾提出，研究康德，从他的《人类学》入手更为合适。《人类学》是康德的最后一部著作，它从"人世，人的感受、意向和行为"几个方面对"人是什么"的问题做了总结性的回答。一般的研究方式，是从《纯粹理性批判》逐一排序到《人类学》，体现为从理论到历史或曰先理论后社会的研究步骤。而古留加则认为，可以把"终点"与"起点"倒换过来，这样有助于理解康德基本理论的确切内涵。他说："如果把《人类学》只与《纯粹理性批判》对比，那么，对于《纯粹理性批判》中的许多东西，我们仍然弄不明白。如果把《人类学》和整个康德哲学进行对比，那么，它的内容就清楚了（至于谈到形式，则《人类学》是康德著作中最为明晰的一部著作）。这是康德学说路程的结束，但同时又是开始：研究康德哲学正是从《人类学》开始最合适。读者似乎应该沿着与康德思想运动相反的道路前进。《纯粹理性批判》则处在这条道路的终点。"[①]

参照古留加的思路，笔者认为，研究槐轩实应该从他的社会历史视域（并非一定从《史存》）进入，以把握他所关切的"人"之存在以及"人类"之命运的问题；惟其如此，我们才能见到他一生苦心追求的"圣人之

[①] 〔苏联〕阿尔森·古留加：《康德传》，商务印书馆，1997，第269页。

事，皆人人可能之事"、人人"学至圣人"的理想，绝非"隐居教授"之儒师的职业性说教，而是凝聚着他所有著述发明和学思笃行的内聚点；唯其如此，他的重要学术思想，如先天后天之学、存心尽性之论、积中求和之说等，方不致沦为悬置虚设的空理，而是与人的生活有着生动关系的活学问。

槐轩在《史存》之《自叙》中，表述了这样一个思路。与朱子一样，槐轩见出孔子辑定《六经》的历史深意，在于以"圣学"（亦可谓"道学"或"学统"）承载"三代之直道"（亦可言"道统"）。而与朱子略有不同的是，槐轩认为能够代表三代"直道"的君王就是"圣人"，而"圣人"本身就是"道"的载体，即所谓的"声为律而身为度"；依今语，圣人本身就是道德的价值符号；圣人之意是后人所赋予的，三代的圣人无有自己是英明领袖之私念，他们只知则天畏命，尽心尽意，安世为民，是而"圣不自圣，乃其所以益圣"。东周之衰，原因在于君亲师这些有影响力的为政者们，再没有了圣人之德，因此造成礼崩乐坏的大乱局面。为了不使"三代之直道"因乱局而泯失，孔子编定《六经》，用文字记载了"人心之直，天理之公"，以之为人类历史的普遍适用性的"直道"，即所谓的"万世法"。

槐轩指出，孔子乃至儒生（儒学）的真正存在价值，就在于他们是永恒之"直道"的承载者和昭示者。此正与印度圣哲室利·阿罗频多语境中的"神圣者"相同。阿氏说，"神圣者"无意于自己"出生为何种名相"，或彰扬"神圣者"之某一方面（槐轩所谓"圣不自圣"）；而以消除众生"忧劳痛苦"为使命，"因众生各以其本性而异趋，然皆遵'神圣者'所安排之道而行，终则趋归于'彼'（案：指"神圣之爱"，亦如儒家之"仁爱"）。其最适合众生本性之某一方面，即其领导中众生最易遵从之一面；以何种方式人而接受，敬爱，喜悦此至上之神，彼亦如是而接受，敬爱，喜悦此人矣。故曰：'人如是其就我兮，我亦如是而佑之；苍生遍是遵余之路兮，辟特阿之胄兮！'"关此，徐梵澄先生加一案语："儒家之高明配天，与此义相近。人物往往生于极衰乱之世。治世则隐。二十五史于俶异之士，则往往归之艺术方技列传。岂无其渊源所自哉？论博大为万世法，终无过于孔子。"① 徐氏之语，亦如朱子所言："孔子修六经，要为万世标准。"（《朱子语类》卷一〇八）为了便于读者的理解，笔者把上述表达槐轩思路的文字照录如下：

> 圣人德修与身，声为律而身为度。固已无念不合于理，无事或悖于天矣。而临驭天下，犹必右史纪言，左史纪事，以致纠虔，岂徒文哉？惟圣罔念作狂畏天命而禀危微，圣不自圣，乃其所以益圣。周之衰也，诚正修齐，君亲师，既无以持其纲，礼乐文为，公卿士复从而紊其制，乱臣贼子犯义干名，犹欲藏奸欺世。孔子虑史册之失真，将使贤否之倒置也，故取鲁史而删定之，以诏门人。然本国之臣窜易本国之史籍，本朝之士褒贬本朝之君臣，事本僭踰，情难自己，故曰罪我者其惟《春秋》乎。夫是非之正理，乃民心之秉彝，君相不能作率，而藉儒生以匡扶，其功仅矣。然而三代之直道，弗克明于当时，犹得存于简策，笔伐口诛，以章天讨。后有作者或因而修明之，此圣人维持世教之苦心，不得已而见于《春秋》者也。顾其予夺褒贬亦惟是，人心之直，天理之公，非有甚难知者，而历代诸儒，纷纷辨说弥多，其旨弥晦，尝为《春秋恒解》矣。

槐轩所谓"直道"，盖朱子之"道统"矣。槐轩认为"圣人"本身就是"直道"之符号；而朱子则为"道统"赋予了"人心惟危，道心惟微，惟精惟一，允执厥中"的具体内容。槐轩亦讲"人心道心"，不过是在天道性命语境中讲；亦讲"惟精惟一"，特用来表述圣人之德行已经达到了自由之境界，其言"尧、舜、禹，皆圣人也，而戒以常存精一，所为圣不自圣也。允执厥中，只是浑然穆然，至诚无息，非勉强操存之谓也。"（《子问》卷上）

---

① 〔印〕室利·阿罗频多：《薄伽梵歌论》，载《徐梵澄文集》第八卷，上海三联书店、华东师范大学出版社，2006，第302页。

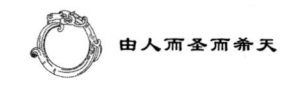

对于孔子辑定《六经》,槐轩和朱子则基于共同的历史判断,而认定其重要意义就在于,为后世保存了"文化"(以"文"化天下)之"道",或曰人之为人的价值理念之"道"。槐轩谓之"三代之直道,弗克明于当时,犹得存于简策,笔伐口诛,以章天讨";朱子则言"及周之衰,贤圣之君不作,学校之政不修,教化陵夷,风俗颓败,时则有若孔子之圣,而不得君师之位以行其政教,于是独取先王之法,诵而传之以诏后世。"(朱熹《大学章句序》)

特别需要关注的是,槐轩和朱子都把儒家视为文化理念,即"直道"或曰"道统"的保存者,而儒者的历史存在价值亦在于此。槐轩说:"夫是非之正理,乃民心之秉彝,君相不能作率,而藉儒生以匡扶,其功伟矣。"朱子说,"若吾夫子,则虽不得其位,而所以继往圣、开来学,其功反有贤于尧舜者。"(朱熹《中庸章句序》)余英时先生在指出朱熹区分"道统"与"道学"(即孔子辑定《六经》在于以"学"载"道",故曰"道学")的重要意义时说:是在历史与价值预设的前提下,形成了系统的"道"尊于"势",或以"道"导"势"的政治文化学说。进言之,在"德与位离",即"内圣外王"不复合一的历史境况下,孔子所开创的"道学",不仅意味着"道统"(槐轩谓之"直道")载体的社会角色的转移(即由"王"向儒者的转移),而且更在于由儒家知识分子所担当的"道体"之文化理念,产生了特定的历史文化功能:"朱熹一方面运用上古'道统'的示范作用以约束后世的'骄君',另一方面则凭借孔子以下'道学'的精神权威以提高士大夫的政治地位。这是他在《中庸序》中划分'道统'与'道学'的主要用意"。另外,还有一层深意,即儒家知识群体之所以能够作为精神权威,是因为他们掌握了评判权力集团统治国家的合法性资源。余英时认为,他们或持"道"批"势",或引"势"入"道",这是"宋代理学家所共同寻求的长程目标"。①

其实,这又何尝不是槐轩乃至所有真正儒者的共同的"长程目标"。槐

---

① 参见余英时《朱熹的历史世界——宋代士大夫政治文化的研究》上篇之《绪说》。

轩虽然远离政治中心,但他的学说中同样深沉着儒者的关怀,即以传承三代"直道"作为历史赋予自己的特定责任;而自己作为儒者的存在价值,就在于以思想学术继承"直道",并阐释其所具有的当下时代以及未来历史的意义,用今语说,以自身强有力的理性能力对社会发言。槐轩一生隐居教授,"裁成后进,循循善诱";著作甚丰,皆言显理微,足资启发,"思所以成就嘉惠来学"。这些足以说明,他和朱子在其所致力的"长程目标"上,获得了"内在的一致性",意即他们的价值朝向完全统一于有"道"历史社会的实现。我们可以这样概括:槐轩和朱子,终其一生所为之奋斗的,就是要以"学统"(在以思想学术传承"道统"或曰"直道"的意义上,"道学"可以称为"学统")承载"道统",以"道统"制约和引导"政统"(也可称为"君统"或"治统")。

第三节 "多传经而少传道":对士人群体的反省与批评

以"道学"承载"道统"或曰"直道",既是儒者自觉的历史担待,更是他们理性的文化自信;而这种自信的一种深刻表现,恰在于对自身的反省和批判。我们在理解槐轩时,应特别加以注意。经典儒家内部的共识是,三代圣人以及孔子的价值理念,是普遍适用于人类历史的"治天下之道"(程颐语),或曰"治天下之大法"(朱子语)。[1] 秦汉以后,治道缺失,实

---

[1] 为了说明儒家的共识,示举几段文字如下,程颐在《上仁宗皇帝书》中说:"王道之本,仁也。……故《孟子》曰:'今有仁心仁闻,而民不被其泽,不可法于后世者,不行先王之道也。'治天下之道,莫非五帝、三王、周公、孔子之治天下之道也。"朱熹曰:"尧当时告舜时,只说这一句。后来舜告禹,又添得'人心惟危,道心惟微,惟精惟一'三句,是舜说得又较仔细。……尧、舜、禹、汤、文、武治天下,只是这个道理。圣门所说,也只是这个。……大概此篇(指《大禹谟》)所载便是尧、舜、禹、汤、文、武相传治天下之大法。"(《朱子语类》卷七八)陆九渊与朱熹在重要的学理问题上分属两个学派,然而,他们在坚持以儒家道统治理天下的根本原则上,不仅信念一致,甚至语言都惊人的相似。陆九渊言:"知所可畏而后能致力于中,知所必而后能收效于中。夫大中之道,故人君之所当执也。……则舜、禹之所以相授受者岂苟而已哉!"(《象山全集》卷三二《拾遗》"人心惟危,道心惟微,惟精惟一,允执厥中"条。)

际上与儒学在发展过程中的摇摆或偏失有着重要的关联。槐轩认为，对于三代历史事件的误解、"传经而少传道"以及自身修养的欠缺等，都是导致"治功所以卑"的原因，是故，"儒者不得不任其咎"。关此，槐轩多有言说，如"道著于人伦而其原在心。心弗正，身弗修，伦何以尽！学，问，思，辨，笃行，务此而已。""汉兴，孔孟以遥，经秦楚之兵火，深造者无人，传经而少传道，修已治人，本末始终之举不全，治功所以遂卑欤！""唐虞以前，邈矣。三代之兴，皆由圣德。误解汤武征诛，而使后世借口，儒者不得不任其咎。"所有这些，都关乎社会政治之"治术"，因此槐轩才这样概括道："学术正而后治术隆，天人性命由此而贯"。（《拾余四种》之《学术类》《人道类》）

对于儒学内部的反思和检讨，朱子与槐轩一样不忌示短。淳熙十年（1183），朱子54岁。在《韶州州学濂溪先生祠记》中，他对秦汉以来儒者治学中的问题，写了一段总结性的文字："秦汉以来，道不明于天下，而士不知所以为学。言天者，遗人而无用；语人者，不及天而无本；专下学者，不知上达而滞于形器；必上达者，不务下学而溺于空虚；优于治己者，或不足以及人；而随世以就功名者，又未必自其本而推之也。夫如是，是以天理不明而人欲炽，道学不传而异端起，人挟其私智以驰骛于一世者，不至于老死则不止，而终亦莫悟其非也。"（《朱子文集》卷七九）很显然，朱子认为，造成"秦汉以来，道不明于天下"的历史困境，儒者有着不可推卸的责任——"士不知所以为学"。但凡有着较强理性能力的儒者，都会反思到这一点。如宋、元之际的熊禾有一段甚具针砭力量的文字："秦汉以下，天下所以无善治，儒者无正学也。……儒者无正学，则道不可得而明矣。千五百年，牵补架漏，天地生民何望焉！"（《勿轩文集》卷一《送胡庭芳后序》）槐轩说得更直截了当："三代下之治道不立，岂非圣学无人乎！"（《拾余四种》之《治道类》）

那么，究竟什么是儒者之"正学"呢？与今人将儒学做成专业学术不同，槐轩和朱子的"正学"，不是作为对象的纯知识，而是首先求诸己然后推及人（或曰社会历史）的实践学。恰如槐轩之确言："诗书虽富，惟在力行。言圣人之言，行圣人之行，无愧于人，即无愧于天。反身而求，欲仁即至，有何难求！"（《子问弁言》）就真正的儒者而言，读书解经，有一根本价值分际处：或以私己之生存为主要目的；或以自我之存在为理想。前者求声闻明达，爵高禄满；后者求学问道，明德天下。今天的人文知识分子实际上也面临类似的选择，只是没有传统儒者那么尖锐和分明而已。两种目的在经典儒家语境中，分别称之为"为人之学"与"为己之学"。

这里需要对身处同时代的陆九渊和朱熹做一点相应的论述，以此作为理解槐轩治学之真意的参照。所谓"为己"者，陆子认为学问关乎自我之存在价值，此价值是在三个环节的递进中实现的。学者须先"立乎其大"，即真实的精神"大我"，陆子称此学为"学问根源"。"大我"者，"大"在将"小我"之价值与人类历史社会的共生与和谐相关联，即张载"民吾同胞，物吾与也"之意，故陆子说，"古之学者为己，所以自昭明德。己之的已明，然后推其明以及天下"；自我之"明德"决定着社会历史之半径打开的幅度，就是说，个人的精神力越高，实践力越强，对于社会历史的有效作用就越大，在这个意义上，人之"心"不仅是自我行为之"体"，亦可说是社会历史之"体"；因其这种特殊的决定性，所以提高自我品质就是一个持续的"尽心"过程。所谓"尽心"，陆子解为"只是要尽去为心之累者"，这实质上意味着人的自我德行应该朝着形而上之"天道"不断升华；进一步讲，作为大自然所生之"物"，人的存在意义，就是通过完善自己的社会历史，最终来完成"天道"所赋予的使命；这种完成即为"天人合一"之意。陆子深忧当时学者"如今正是放其心而不知求也，若果能立，如何到这般田地"，因此他特别关注"明己德"，"尽我心"，其言："心只是一个心，某之心，吾友之心，上而千百载圣贤之心，下而千百载复有一圣贤，其心亦只是如此。心之体甚大，若能尽我之心，便与天同。"对于当时普遍存在的"为人不为己"的治学状况，陆子甚至有些焦虑："文字自文字（相当于今语之"学问"），学问自学问（相当于今语之"人生"），若此不已，岂止两段？"[①]

---

① 参见《陆九渊集》卷三五《语录》下，中华书局，1980，第443~445页。

由人而圣而希天

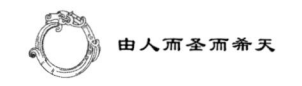

在全面世俗化的今天，学问和人生似为两事，"为己"或"为人"亦无关紧要，因为人们凭借思智或权术也可为人处世。但是在经典儒家的语境中，学问即人生，学者个人的品质关乎家国天下的福祉，因此读书求学，先挺立学者自己之精神或曰"大心"，就成为第一要务。至于儒家何以会形成个人、社会历史、人与天同这样三环相扣的价值信念的思想路脉，这需要在历史发生学的视野中做必要的研究和诠释，方能有深切一些的同情理解（此当在另一论域探讨）。

朱子与陆子之间多有学思辩争，但于学问即人生，"明己德而后推其明以及天下"的信念，实与陆子完全相合，且坚执一生。如其在晚年于玉山讲学时有云："圣贤教人为学，非是使人缀辑言语，造作文辞，但为科名爵禄之计。须是格物致知，诚意正心，修身而推之，以至于齐家治国，可以平治天下，方是正当学问。"（《朱子文集》卷七四《玉山讲义》）所谓"但为科名爵禄之计"，实为"为人之学"的确解。"为人"与"为己"着落在社会历史中，就非简单的治学之意了，而转成颇为严重的为公"义"或为私"利"的现实选择问题。就具体的历史境遇而言，古代学者需要通过科举进入仕途，无论哪一级官员，皆与治民经世的公共利益相关，因此，学者个人的品行，"为己"或"为人"的价值分际处，在真正的儒者看来，就是关乎人类社会能否良性存在的"生死路头"。《语类》中有一段重要记载："问：'今当读何书？'曰：'贤人教人都提切己说话，不是教人向外，只就纸上读了便。大凡为学，且须分个内外，这便是生死路头。今人只一言一动一步一趋，便有个为义为利在这里。从这边便是为义，从那边便是为利。向里便是入圣贤之域，向外便是趋愚不肖之途。这里只在人扎定脚做将去，无可商量。若是已认得这个了，里面煞有工夫，却好商量也。'顾谓道夫曰：'曾见陆子静义利之说否？'曰：'未也。'曰：'这是他来南康，某请他说书，他却说这义利分明，是说得好，说得来痛快，至有流涕者。'"（《朱子语类》卷一一九）所谓"向里"，即学之"为己"；"向外"，即学之"为人"。朱子倍极称道陆子"义利之说"，并非显示自己襟怀宏阔，而实在是因为儒家学者（在今天为人文知识分子）读书治学的价值取向与人类的社会生活严重关联着。如其言,"今之学者,不知古人为己之意,不以读书治己为先,而急于闻道。是以文胜其质,言浮于行,而终不知所底止。"(《朱子文集》卷四五《答欧阳庆》)

这种关联,对我们今人来说,是否言重了?其实,无论在古代还是在今天,人文知识分子研究活动的根要,都是关乎"人"或曰人如何有意义地存在与人如何健全发展的问题。那么,他们提出的思想和观念以及理论方案,怎样才能被更多的人认同和接受,从而发生普遍有效的作用呢?无疑,在社会生活中产生实际的效果是必需的。但是,效果的发生,是需要相当长的时间的,因此,使更多的人在看到效果之前就参与进来,用共同的行动去争取目标的实现,就成为关键。某个伟人说过这样的意思,没有正确的理论就没有正确的行动。然而,从理论到行动,其间有一个重要的心理环节,即人们必须首先相信乃至信仰那些理论思想,才有发生行动的可能。问题是:人们为何要信?或曰,理论如何取信于人们?除了理论自身的力量之外,最重要的就是学者本人不仅真诚地信仰自己倡导的精神观念,而且真诚地践履实行之,即陆子所言"无懈怠,暗室屋漏,造次颠沛必如是",朱子所言"扎定脚做将去,无可商量"。就一般社会心理而言,人们大都是通过学者(或曰倡导者)本人的真诚,去相信学说自身的真实。在这一层面上,经典儒家的学问人生,与现代人文知识分子的良知和理性,在本质上就有着相同的意义,即在特定的生活领域,学者具有某种人格符号的特质,因而也就意味着他们自身,是某种理论思想落入现实而产生普遍效用的基本载体。

由中国传统历史社会的特点所决定,儒家对治道的实现,有一基本预设,即以儒者自身的典范作用来影响社会生活,如上而谏议君王正定国是,下而教化百姓成序美俗。即所谓"天子聘求之者,贵义也。治国之道,本在得贤。得贤则治,失贤则乱"(《白虎通》,引自《百子全书》,岳麓书社,1993)。亦如王国维所说,"天子、诸侯、卿、大夫、士者,民之表也;制度典礼者,道德之器也"。这些,或许就是儒家为何坚守"学而为己",必以"君子之学"为治世根本的深层思虑所在。往昔多有人耻笑经典儒家的修身为己之学,以为是迂腐和虚伪,殊不知,这样的误读,恰是由我们自

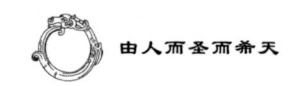

己心量的狭窄造成的。轻浅而恃傲，是无法走进圣贤的精神世界，去体会他们的心之"全体"和"大本"的。深一步说，儒家在历史中的价值，或曰存在的理由，就在于与"民生日用彝伦"紧密相连。这就决定了儒家不能站在社会之外指手画脚，而必须将自家生命投入进去，直接参与济世化民的事业，故而，对自身群体之德行的严格甚至苛求，也就成为必然。

与陆子和朱子相发明，颇可见槐轩对儒家历史角色的深度理解。换言之，槐轩之学，并非仅由"仰承庭训"之家学渊源而来，其要，实在他自身的自觉担当和身体力行。槐轩同样认为，儒者首先"修己"，然后方能"治人"，以至"推诸于天下无不宜"。他说，"圣人非甚难为，诚得其传，则修己治人，自衾影而推诸天下无不宜。一以贯之，岂在远求乎。"又从反向的即批评的角度说，"圣学无传，即天地亦穷于功化。凡首出者，其材质非不过人也，而修身之道弗讲，则所以承天心而奠民生者皆非。"他甚至更直接地批评道："古者文与行合，今者文与行分。才学淹富，而日用伦常弗践其道。"（《拾余四种》之《治道类》《文学类》）关于儒者"修己"的位格，槐轩的"苛严"，表现在必以"圣人"为准的。学为"圣人"，很容易被误解成高渺玄虚之论，但在槐轩这里，却是一个"欲人为人"的严重问题；表示"人"作为价值存在而最终实现自己，即完成大自然之目的，与"道"为一的高上境界。其言："人之异于禽兽者几希，庶民去之，君子存之。存之始为人，去之则为物。以圣为不可学，是不欲人为人乎！"（《拾余四种》之《辨伪》）（学为"圣人"是槐轩学思的重点之一，后下再做申论）

在槐轩看来，儒者"修己治人而推诸于天下"，可有不同的实现方式或途径。或许如上文所说，由于具体境遇不同，槐轩更加注重因时因地而"善世宜民"。他说："所以为圣人者，随其所值之时，所居之位，而皆尽其道，可以为法当时，传于后世。自尧、舜至于孔、孟，事不同而心理则一。"（《拾余四种》之《辨伪》）槐轩终其一生，主要居乡讲学授徒。他自身就是"随其所值之时，所居之位，而尽其道"的典型；其学思和践行，不仅"为法当时"，更能"传于后世"。槐轩于85岁时，写有"《子问》弁言"，这段文字完全可以视为他"学而为己"之人生的总结：

第五章 "学为圣人"与"无愧为人,即无愧于天"

　　道者,天理而已,人独得之以成人,禽兽则无有也。以道修身,乃求尽其所以为人之理,故曰:远人不可为道,以人治人,改而止焉。自羲农至孔孟,天生圣人,或为君相,或为儒师,凡所以养人、教人,使其不入于禽兽者,礼盖无不明,而法亦无不备。诗书虽富,惟在力行。言圣人之言,行圣人之行,无愧于人,即无愧于天。反身而求,欲仁即至,有何难企!不意六经既出,传注日增,人各有见,互相是非,不以圣人之书为身心伦纪切要之功,而以为精奥神奇未有之物,于是中庸之道,康庄化为荆棘,至今日而道若登天,圣至难学。

　　人人读圣人之书,不敢存希圣之念,则大非圣人教人之意、上天生人之理矣!愚虚度一生,毫无善状,惟自幼训徒,自乾隆丙午,迄今六十七年,凡圣人之书,克遵钦定注疏等义,参以诸家,沉潜诵习,久阅星霜,觉道本至常,愚柔可勉,人人皆有天理,即人人皆可圣贤,虽天下古今事变无穷,然其要不外身心性命之理、日用伦常之道,全之则为圣贤,得半亦为君子,背之即为禽兽。凡异端杂学,悉以此权衡折衷之,不患不能择别也。

　　……

　　咸丰二年,岁在壬子初夏,止唐刘沅书,时年八十有五

　　这是一个令人敬仰的人生:"自幼训徒",凡六十七年;于圣人之书,"参以诸家,沉潜诵习,久阅星霜",而有"觉道";为"求尽其所以为人之理"而力行终身;存"人人皆有天理,即人人皆可圣贤"之信念,闵闵众人,为使"不入于禽兽"且成一价值存在者,而"养人、教人"直至终老。概言之,这是一个"以道修身"进而"以人治人,改而止焉",用今语来说,是由个人诚正之"本我"推及于人人成君子乃至圣贤的"同体为一"的人生过程。我们可以说,槐轩一生所治之学,就是"为己之学"或曰"切己之学"。和朱子与陆子,以及所有真正的鸿儒一样,槐轩之"圣学"或曰"正学",都是主体实践学。而这"主体"必始自讲学者本人,槐轩所谓"以道修身",根质上是要"以道修己身"而后方能推及于人人"以道修

身"，乃至逐渐形成"齐家、治国、平天下"的社会力量。明确地说，"修身"之学，之所以谓之"为己之学"，意味着首先是学者自我"力行"的主体学；进言之，是每一位愿意学为君子或成为君子的人，如何从自身修养力行而推及他人的学问；只有在这个意义上，它才能被视为产生客观效果的知识系统。

概括来说，儒者的历史存在价值，实则为后世保存文化之"道"。此"道"，槐轩谓之"直道"，朱子谓之"道统"，皆始自三代圣贤所创之价值理念。三代以后，孔子以"学"载"道"；此"学"绝非无关于己的客观知识，而是主体实践的"为己之学"，就是说，儒者若要担当此道，必当从自我修养力行始。

这里，有一问题需提出并做适当的回答，以助对槐轩和朱子的理解。入世而重修养是中国古代知识分子的突出精神特质。那么，何以会形成这样的特质呢？

第四节 "君子建极"：有"道"社会的恒久法则

余英时先生曾从历史发生学和比较文化学的视角，给出了详尽而深切的解释。就历史发生来说，在春秋战国，即所谓"哲学的突破"时期产生的"道"之理念，有着鲜明的"历史性"与"人间性"（即强调人间秩序的安排）特征；[1] 由这个特征所决定，自此"以道自任"的知识阶层（尤以儒

---

[1] "哲学的突破"（philosophic breakthrough），也有谓之"超越的突破"（transcendent breakthrough），其观念源自德国社会学家韦伯（Max Weber），后美国社会学家柏森斯（Talcott Parsons）将此观念做了系统而明确的阐发。余英时先生藉此视角对中国古代文化做了精辟的诠释。余氏对"哲学的突破"的概括是："在公元前一千年之内，希腊、以色列、印度和中国四大古代文明，都曾先后各不相谋而方式各异地经历了一个'哲学的突破'的阶段。"这个"突破"的重大意义在于，"对构成人类处境之宇宙的本质发生了一种理性的认识，而这种认识所达到的层次之高，则是从来都未曾有的。与这种认识随而俱来的是，对人类处境的本身及其基本意义有了新的解释。"以希腊而言，这个"突破"，表现为对自然秩序之规范的和经验的意义，产生了明确的哲学概念；从此，希腊的世界"不复为传统神话中的神和英雄所任意宰制，而是处在自然规律的支配之下了"；苏格拉底、（转下页注）

第五章 "学为圣人"与"无愧为人，即无愧于天"

家之"士"为代表），便与政治权力形成所谓"道"与"势"（或曰"道统"与"政统"）两个既相涉又分立的系统。余氏以形象的比喻说，"中国古代知识分子一开始就管凯撒的事"。就比较文化学而论，以儒家为代表的"士"具有一种身份自觉，即将"道"之承担者作为自己的历史社会定位。正如孔子所说："士志于道，而耻恶衣恶食者，未足与议也。"（《论语·里仁》）"士而怀居，不足以为士矣。"（《论语·宪问》）"君子谋道不谋食。耕也，馁在其中矣；学也，禄在其中矣。君子忧道不忧贫。"（《论语·卫灵公》）自春秋时代始，"王官之学"散为百家，官师治教遂分不合，而这也

（接上页注①）柏拉图和亚里士多德的出现，标志着希腊的"哲学的突破"的最高峰；是而"整个西方文明中，理性认知的文化基础由此奠立，哲学、科学，以至神学都跳不出它的笼罩"。与希腊以及以色列和印度相比，柏森斯认为，"哲学的突破"在中国表现得最为"温和"。由于柏氏对古代东方的历史知识缺乏深度的了解，因此，他于希腊和以色列的解说甚为明确，而对印度和中国，则难免失之笼统，而尤以中国部分为然。关于"哲学的突破"，帕氏所谓"温和"主要对儒家而言。那么，怎样理解这种"温和"之特点呢？余英时是这样阐发的：春秋战国，是中国古代历史的"哲学的突破"时期；而这个"突破"是针对着古代诗、书、礼、乐所谓"王官之学"而来；诸子各家皆有所"突破"，而儒家兴起最先，因此与礼乐传统的关系也最为直接和密切；孔子一方面"述而不作"，承继了诗、书、礼、乐的传统，另一方面，则赋予这一传统以新的精神和意义；正是因为儒家"守先以待后，寓开来于继往，所以斧凿之痕最浅。无论就'突破'的过程或'哲学'的内涵而言，皆然"。关于这种"温和"的"突破"，在孔子的言说中可一再得到证明。如"殷因于夏礼，所损益可知也；周因于殷礼，所损益可知也。其或继周者，虽百世可知也。"（《论语·为政》）再如"周监于二代，郁郁乎文哉！吾从周。"（《论语·八佾》）据此，余氏做出结论，这种温和的"突破"，在性格上恰与三代不断损益的文化传统若合符节。当这一传统面临"礼坏乐崩"的危机时，儒家的"维新"路线为它提供了一个最适当合宜的变革方式。与儒家相比照，"墨家否定礼乐的激烈态度则与此传统最为格格不入。所以先秦诸子之中，儒、墨虽一度并号'显学'，但在长期的竞争之下，儒家终于取得'正统'的待遇，而墨家却被摈于'异端'之列了"（参见余英时《古代知识阶层的兴起与发展》，《士与中国文化》，上海人民出版社，1987）。槐轩治学，大致处在清代乾嘉时期。此时学界重"闻见之知"衍成主流，依现代语言即所谓"知识论"畅行。关此，余英时有一概说："下逮乾嘉之世，儒学进入'道问学'的时代，'德性之知'必须建筑在'闻见之知'的广大基础之上既已成为学者间一种共同接受的假定"。（余英时：《清代学术思想史重要观念通释》，《文史传统与文化重建》，生活·读书·新知三联书店，2004，第237页）槐轩在此境况之下，既不合拍于当时学界的主流，又对宋儒知识性的"知觉之心"予以批评，同时将自己的学思之源直溯孔、孟之"道"；由此之故，先秦时诸子各家的所谓"哲学的突破"，就成为理解槐轩学的一个重要思想史背景；这就要求我们，必须对槐轩所谓"直道"内中的"构成人类处境之宇宙的本质"以及"人类处境的本身及其基本意义"，应有足够的理解。

正是以"道"自任的士阶层刚刚出现在历史舞台上的时候。值此历史关头，孔子言道，既为"士"的生命价值取向规定了最后的依据，又为士之群体贯注了一种理想主义精神，要求这一群体的每一分子，都能超越他自己个体的和群体的利害得失，而深厚关怀整个社会历史的正道发展。如孔子说："笃信善学，守死善道。危邦不如，乱邦不居。天下有道则见，无道则隐。邦有道贫且贱焉，耻也；邦无道，富且贵焉，耻也。"（《论语·泰伯》）孔子后学继承了这一精神。曾子将"士"的历史使命提升到前所未有的高度："士不可以不弘毅，任重而道远。仁以为己任，不亦重乎？死而后已，不亦远乎？"（同上）应注意，孔子语境中的"士"，不同于此前固定在封建关系之中而各有职事之"士"，即作为古代贵族社会中的一个固定阶层中的"士"（《说文解字》的定义："士，事也"），而是以自觉担"道"为价值归宿的"新士"。余英时说，刘向的定义才接近孔子之意，即"辨然（否）、通古今之道，谓之士"（《说苑》之《佾文》篇）。先秦儒家，下逮孟子，"士"与"道"更加紧密地联系在一起，或许可说，"道"是"士"的最本质的规定性，亦可说是"新士"的真正底蕴；"士"的生命为"道"而存在，其进退出处与"道"共见隐。下面两段话最能代表孟子对孔子的阐扬："天下有道，以道殉身；天下无道，以身殉道。未闻以道殉乎人者也。""王子垫问曰：士何事？孟子曰：尚志。曰：何谓尚志？曰：仁义而已矣。杀一无罪，非仁也；非其有而取之，非义也。居恶在？仁是也；路恶在？义是也。居仁由义，大人之事备矣。"（《孟子·尽心上》）孟子对孔子之"士志于道"的阐扬，最为重要的是，明确了儒家之"道"的内涵，即"居仁由义"就是"至于道"。我们知道，孔子开创经典儒家，以"仁"为核心；而"仁"作为价值理念的历史意义，主要是为表示文化秩序的"礼乐"传统确定了人性根据。就是说，"礼"是一种象征，它的本原则深植于人的内在情感之中，所谓"人而不仁，如礼何？人而不仁，如乐何？"（《论语·八佾》）如余英时所说，"礼乐是孔子思想中的传统部分，仁则是其创新部分"。孟子承继孔子，在"仁"之基础上又加上"义"，由此使儒家之"道"获得了确切的内涵——"仁义"。由"礼乐"而"仁"而"义"，这可以视为儒家中心思想发生与发展的核心线索。

关于孟子特别强调"义"的重要作用，徐梵澄先生的观点，尤其值得重视。徐氏认为，孔子将"仁"作为儒家之"道"的中心原则，而"仁"源自宇宙原则，意即"天地之心"，它的理想是把宇宙的"大和谐"精神"显现和遍漫"于全体人类之中；"仁"可以被看作普降的"神圣恩典"的"彼"（That），如同"太阳"本身，而"爱"（love）如同阳光，"爱是直接源自'唯一者'的巨大震动"，因此，"仁"又可以被视为"神圣精神"或"神圣之爱"。"义"是与"神圣之爱"紧密相连而次之的原则。"义"原在儒学教义之内，但从未被特别注重，因其属于"礼"的范畴，属当然之事，后又含在"中庸"之内。"前人从未像孟子一样这么突出地强调'义'。在传统意义上，两个原则构成一个十字形，'仁'是一条下降（或上升）的纵线，'义'是一条向两端伸展的横线。在精神之域中，下降到纵线内含宇宙自性（cosmic nature），个人有体与宇宙的极深处以此同一，即所谓'天地之心'。伸展的横线处于人类层度，尤在心思之域。'义'指理性，但此理性并非纯为智识，而是内含以情命自性（emotional nature）掌握的实在。说到中国人的心思，其从古至今都不独是一逻辑家或法家的格局，而是多属儒家的心思，即为人文主义者。'义'的提出，使儒学更加完整、完美，滋长繁盛，所得的赞颂亦为不虚。此有如丝之经经纬纬，方可纺为绸了。"①

完善了儒家之"道"，使得孟子更加坚定了"士"必以"道"为归一的信念。这种信念相近于体制宗教之信仰。恰如徐氏说孔子之语，他知得"上帝的约命"，或"神圣意志"。所谓"知得"，就是"知得上天对他的约命"，从而"在心思与内中深处"建立了"确信"；此"确信"意味着"内中经历了大的明悟，这不仅是一次预见或启示，或是对真理的隐约窥见，而一定是与超上者（the Supreme）直接交流或合一。或如孔子自己所说：'与天地合其德'，以瑜伽的方式表述，便是与上帝和自然合一。直至生命结束之前，孔子的行动和言语都已稳固并整合在其中了。只有在获得这样的内中

---

① 参见徐梵澄《孔学古微》，第 46~49、179~181 页。

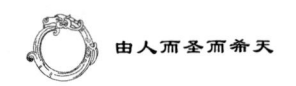

成就之后，孔子将'真理'传播于人类的事业才会成为他生命之交响曲的主旋律。"（同上书，44~45页）（插说一句：槐轩直溯孔、孟，于"道"就有着这样理解；我们完全可说，槐轩一生坚执孔孟之"道"，亦是在内中建立了"与天地合其德"的确信，"知得上天对他的约命"）孟子当然也获得了这般"内中成就"，这也是他拓展"士"与"道"之关系的内在根据。"道"赋予了"士"一种超个人之利害得失的价值归宿。如其言："故士穷不失义，达不离道。穷不失义，故士得己焉；达不离道，故民不失望矣。古之人，得志，泽加于民；不得志，修身见于世。穷则独善其身，达则兼善天下。"（《孟子·尽心上》）无论穷达，皆依"道"而在。"道"的至高无上，必然使以道自任之"士"获得主体价值存在的尊严感；然而这种尊严感是在与现实的政治权力的对待中呈现出来的。或许正是在这个意义上，徐梵澄先生说，"《孟子》主涉政治哲学"。[①] 那么，"道"与权力即所谓"势"，二者是什么样的关系呢？孟子的逻辑是：既然"道"高于"势"（政治势力或曰"政统"），那么，"道"的承担者——"士"就定然不能归属于任何权势或利益集团，即他们只"为真理（即"道"）而效力"（徐梵澄语）。孟子说："古之贤王好善而忘势，古之贤士何独不然？乐其道而忘人之势，故王公不致敬尽礼，则不得亟见之。见且由不得亟，而况得而臣之乎？"这段文字，表面上是说王公对贤士要"致敬尽礼"，而其内里却蕴含着"道尊于势"的普遍性理念。余英时先生的解说是："孟子在这里正式提出了'道'与'势'（即政统）的关系的问题，而且很明显的是把'道'放在'势'之上"；孟子"揭出道尊于势的观念，后来理学家讲理尊于势便是继承了孟子的精神"。不过，由儒家的社会关怀而决定，其理念或曰观念上的"道尊于势"，究竟要着落于现实方能产生影响，而进入政治关系之中（即成为"为政者"），则为实现以"道"治国之理想的重要途径。因此，如何为"仕"（即为政或曰为官）就成为摆在"士"群体面前的大问题。孔子强调出"仕"为官的目的，是谋"道"而非衣食俸禄，所谓"谋道不谋食"，

[①] 徐梵澄：《孔学古微》，华东师范大学，2015，第179页。

第五章 "学为圣人"与"无愧为人，即无愧于天"

"忧道不忧贫"。下逮孟子之世，"君子何如则仕"的问题更为迫切。孟子对"士"的"去"与"就"，规定了"三就"与"三去"的具体原则："所就三，所去三。迎之致敬以有礼，言将行其言也，则就之。礼貌未衰，言弗行也，则去之。其次，虽未行其言也，迎之致敬以有礼，则就之。礼貌衰，则去之。其下，朝不食，夕不食，饥饿不能出门户，吾闻之，曰：'吾大者不能行其道，又不能从其言也，使饥饿于我土地，吾耻之。'周之，亦可受也，免死而已矣。"（《孟子·告子下》）这其中的主要项是，"去就"与否，决定于"致敬以有礼，言将行其言"。关于后两项，余英时的解释是："第二项已经是面对当时的现实，在原则上打了折扣，不过仍希望保住士的起码尊严罢了。至于最后一项则根本谈不上'就'。接受君主的暂时周济，以免于饿死，终究还是要'去'的。"又引顾炎武《日知录》语证之："免死而已矣，亦则不久而去矣，故曰，所去三。"概要来说，道尊于势，那么，以"以道自任"之"士"亦当"尊于势"，这就意味着他们不属于任何利益群体，而正是凭借这种超出性，其所坚执之"道"方能制导政统（因为他们握有比政治领袖更高的权威，即"道"的权威）并范领社会生活的合理朝向。孟子关于"士"的名言最能说明："无恒产而有恒心者，惟士为能。若民，则无恒产因无恒心。"（《孟子·梁惠王上》）孟子之"恒心"说，实与现代学术语境中的"知识分子"之特质相通。余英时指出，"知识分子不属于任何一个特定的经济阶级，因此他才能坚持其'思想上的信念'（intellectual convictions）。而一般人则往往跳不出个人的阶级背景的限定。这个说法正是孟子'恒心'论的现代翻版"，或曰"现代诠释"。现代知识分子的特质，主要有两点，一是，不属于某一固定的社会阶级或利益群体，由此而发展出自由的批判精神；二是，承继传统的价值观念，以此作为社会批判的根据。如西方知识分子承继了古代基督教的价值系统，并将其作为社会批判的重要资源。据此，余英时先生认为，"知识分子的后面总有一个'神圣的'（Sacred）传统的。现代知识分子虽已与中古的宗教分离了，但就其所关切者是最终极的价值而言，他们仍可以说是代表一种'神圣的'传统。据前一种看法，知识分子主要是以自由人的身份来批判一切的；据后一

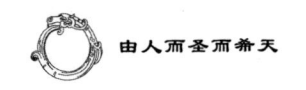

种看法，则知识分子的批判性来自他们所代表的神圣传统——相当于中国所谓的'道'。"

其实，依笔者看来，中国经典儒家既有他们所代表的神圣传统，如朱子所谓"道统"，槐轩所谓"直道"，亦有自由批判的精神；而这种精神不仅使他们超出"恒产"之阶级或群团，更有荀子所谓"从道不从君"（《荀子·臣道》引自王先谦《荀子集解》第三册，万有文库本）的价值大格局。然而，也正是这种大格局，使经典儒家一踏上历史舞台，就与国家的最高政治权威发生了"面对面的关系"。即余英时所说，由于儒家知识分子所恃之"道"是"人间的性格"，他们所面临的问题是"政治社会秩序的重建"，因此之故，"中国知识分子一开始就和政治权威发生了面对面的关系"。换言之，"以'道'自任的知识分子出现以后，首先便面临着如何对待政治权威的问题"。就春秋战国之际而论，各国君主在"礼坏乐崩"的局面之下，"需要有一套源于礼乐传统的意识形态来加强权力的合法基础"，亦可说"合道性"（legitimacy）。另一方面，从知识分子来说，"道统与政统已分，而他们正是道的承担者，因此握有比政治领袖更高的权威——道的权威"。这就意味着，"道统与政统有相互依存的一面，也有紧张和冲突的一面"。由于儒家之"道"所关切的是"最终极的价值"，因此，余氏认为，"道统"包涵了"宗教的成分，但并不是一般意义上的所谓宗教，它不具备有形式的组织"。

由是之故，便涉及了比较文化的问题。正是因为中国之"道"自始没有组织的形式，也就是说，"面对着巨大的政治权势，"他们缺少现实性的力量。他们虽然自任以"道"，但这个"道"却是无形的，"道"的庄严性"只有透过个别知识分子的自重自尊始能显现出来"，除了他们个人的人格以外，"道"是没有其他保证的。"以孤独而微不足道的个人面对着巨大而有组织的权势，孟子所担心的'枉道以从势'的情况是很容易发生的，而且事实上也常常发生"。与西方文化相较，"西方古代宗教性的'道'，寄托在有正式组织的教会手中，所以俗世帝王之'势'的合法性，必须来自教会。教会或大主教为帝王加冕的仪式便象征'道'对'势'的正式认可。

第五章　"学为圣人"与"无愧为人，即无愧于天"

由于西方的教会代表了与俗世王权分庭抗礼甚至凌驾其上的精神权威，并且具有绝对独立自主的力量，这种'道'的承认自有其庄严的真实意义，不只是一种政治上的缘饰"。另外，"在西方和其他文化中，只有出世的宗教家才讲究修养，一般俗世的知识分子从没有注意及此的"。然而，中国儒家知识分子，却处在某种矛盾之中。他们所坚持的"道"高于任何势力，但是，"其目的和效用则与重建政治社会秩序密不可分"，即"一开始就管凯撒的事情"，而管"凯撒之事"又没有任何组织形式以形成现实力量，于是，提倡内心修养，以便"给'道'建立内在的保证"就成为重要的途径。由于"道"既不能"化身为人个性的上帝（Personal God），也不表现于教会式的组织；而只有靠以'道'自任的个人——知识分子——来彰显"。这样一来，个人在'道'的实现过程中承担的责任便异常沉重""为了确保士的个体足以挑此重担，走此远路，精神修养于是成为关键性的活动。试想，士之所以自任者如此其大，而客观的凭借又如此薄弱，则除了精神修养以外，还有什么可靠的保证足以肯定自己对于'道'的信持？"基于此，余氏得出两个结论，一是儒家"这种内求诸己的路向正是由于中国知识分子的外在凭借太薄弱才逼出来的"；二是人君在政治社会秩序中处于枢纽地位，因此，在"势"的重大压力之下，知识分子只有转而走"内圣"一条路，尽管在历史过程中，儒家知识分子不断向外寻找"道"的客观基础，如董仲舒之"天"，程、朱之"理"，"但大体而言，中国知识分子终是在'内圣'方面显其特色的"；这种"持道不屈"的精神，即是在中国历史上最黑暗的阶段也未尝完全绝迹。"正是因为这些人物的前仆后继，中国今天才依然存在者一个不绝如缕的知识分子传统。"[1]

以上，笔者凭借余英时先生的观点，回答了"中国古代知识分子何以会形成重修养而入世的精神特质"的问题。为了给后下讨论提供一个基点，笔者先将余氏观点做一概括：先秦时期的"哲学的突破"，造成三代以来的

---

[1] 关于先秦时期所谓"哲学的突破"问题，笔者主要引用的是余英时先生的观点。请见氏著《士与中国文化》之《古代知识阶层的兴起与发展》《道统与政统之间》《中国知识分子的古代传统》等三篇。（上海人民出版社，1987）

礼乐传统，即"官师政教合一的古代王官之学"散为百家，庄子谓之"道术将为天下裂"，章学诚谓之"官师治教遂分歧而不可复合"；① 由此形成"以道自任"的诸子各家，即所谓"新士"的知识阶层，而其中尤以儒家为代表；儒家对"道"之承担最为自觉和强烈，故可谓之"理想的典型"（ideal type），亦如英国历史学家汤因比（Arnold Toynbee）所谓"创造的少数"（creative minority）；儒家之"道"虽有"天道"的终极源头，但其终极关怀当在人间，即有"道"合"理"社会的重建与发展；与"哲学的突破"时期的其他出世宗教，尤其是具有教会势力的西方宗教相比，以孔孟为精神典型的儒家知识分子，虽然视"道"为自身生命存在的意义，并在

---

① 《庄子·天下》，是论述中国古代思想演变的一篇最早的文献，学界普遍认为，其史料价值极高。另外，章学诚站在儒家立场进一步发挥庄子之论，其说也颇具启发价值。因此，这里将两份文献照录如下，以助理解槐轩之所以直溯先秦儒家之"道"的真意所在。《庄子·天下》曰："古之所谓道术者，果恶乎在？曰：无乎不在。曰：神何由降？明何由出？曰：圣有所生，王有所成，皆原于一。不离于宗，谓之天人。不离于精，谓之神人。不离于真，谓之至人。以天为宗，以德为本，以道为门，兆于变化，谓之圣人。……古之人其备乎！配神明，醇天地，育万物，和天下，泽及百姓，明于本数，系于末度，六通四辟，大小精粗，其运无乎不在。其明而在数度者，旧法世传之史，尚多有之。其在于诗书礼乐者，邹鲁之士，搢绅先生，多能明之。《诗》以道志，《书》以道事，《礼》以道行，《乐》以道和，《易》以道阴阳，《春秋》以道名分。其数散于天下，而设于中国者，百家之学，时或称而道之。天下大乱，贤圣不明，道德不一，天下多得一察焉以自好。……判天地之美，析万物之理，察古人之全。寡能备于天地之美，称神明之容。是故内圣外王之道，暗而不明，郁而不发，天下之人各为其所欲焉以自为方。悲夫！百家往而不返，必不合矣。后世之学者，不幸不见天地之纯，古人之大体，道术将为天下裂。"对照《庄子》所述，笔者认为，槐轩直溯先秦，其要旨端在重建"天人合一"的整体之学，以及重现"古之道术""古人之大体"，即上合"天道"，下有"直道"的历史社会之理想。再看章学诚语："盖官师治教合，而天下聪明范于一，故即器存道，而人心无越思；官师治教分，而聪明才智不入于范围，则一阴一阳入于受性之偏，而各以所见为固然，亦势也。夫礼司乐职，各守专官，虽然离娄之明、师旷之聪，不能不赴范而就律也。今云官守失传，而吾以道德明其数，则人人皆以为道德矣。故夫子述而不作，而表章六艺，以存周公之旧典也，不敢舍器而言道也。而诸子纷纷则已言道矣……皆自以为至极，而思以其道易天下者也。"（章学诚：《原道》，《文史通义》，古籍出版社，1956）很显然，章学诚极为肯定孔子的历史文化作用，在于"存周公之旧典"。槐轩恒解儒家经典，必以孔孟为宗，不仅如章氏所言，以经典载道，"即器存道"，且更在于阐扬承继古圣先贤之"道"，并以"道"导"势"，成就"至中"之社会理想。章氏之学思，可为我们理解槐轩提供一个重要的历史背景之参照。

第五章 "学为圣人"与"无愧为人，即无愧于天"

与政治权威"面对面"的关系中，坚执"道尊于势"或曰"以道统制导政统"的理念，但却少有客观化的组织形式；由于现实性力量的薄弱，故而儒家知识分子便只能在主观方面，提倡内心修养，以便为"道"确立内在的保证。其结论：从发生的历程来说，"这种内求诸己的路向正是由于中国知识分子的外在凭借太薄弱才逼出来的"；从正面看，持"道"不屈的君子，即使在历史上最黑暗的阶段也未尝绝迹，凭此前赴后继，"中国今天才依然存在着一个不绝如缕的知识分子传统"。这里，笔者需稍做补充。余英时先生在此后关于宋儒的研究中，依据历史的视野，将经典儒家的历史性格进一步明确地阐述为：是一"内圣外王的连续体而归宿于秩序重建"；由于"道"不具备"任何客观的外在形式"，在"势"的重大压力之下，儒家知识分子只有转而走"内圣"的道路。由此一个问题需要提出，即这个道路于我们今天的现代社会还能走下去吗？或问，儒家精神对于现代人还有什么意义吗？余氏明确地说，在讨论儒家价值的现代意义时，"早已放弃了'内圣外王'的架构"，即"儒学在私领域中仍然可以发挥直接的效用，这是《大学》所谓'修身、齐家'。至于'治国、平天下'，则属于公领域，已非儒家所能独擅，其影响只能是间接的"。因为，在历史上，"内圣外王"一旦用到全面政治革新的层次，便必然会落到"得君行道"的格局之内，全面失败是无可避免的结局。故而，虽然"儒学作为一完整的思想系统是具有全面安排人间秩序的潜力的，这是'内圣外王'的构想在当时具有普遍号召力的基础所在。"但是，"儒学在现代的处境中已失去了这种全面安排秩序的资格，所以'内圣外王'真成了'己陈刍狗'，仅可供'发思古之幽情'，不再有现实的意义了"。又引罗尔斯（John Rawls）之"合理的全面哲学学说"（"a reasonable comprehensive philosophical doctrine"）作支持，指出，"在思想与信仰多元化的现代民主社会中"，儒学"虽然在文化领域中有其空间，但已不再是支配公共秩序的唯一原则了"。①

余英时先生无论是对先秦之"哲学的突破"，还是对宋代儒学乃至整个

---

① 参见《试说儒家的整体规划》，《九州学林》，上海复旦大学出版社，2004。

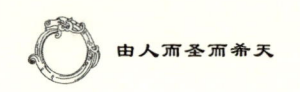

传统儒学，其着眼点都在"合理的社会秩序的重建"，即"儒学整体规划的归宿处"，这是依据"内圣外王"的逻辑而推出的结论。然而在历史的演进过程中，由于"道尊于势"的趋势逐渐式微，故儒学在现代处境中，"已不再是支配公共秩序的唯一原则了"。明确地说，儒学在现代社会中，其影响的有效性大为减弱了。

　　从政治社会秩序的视角，笔者认同余氏的论点。不过，从哲学解释学的视角来看，余氏的着眼点是一种解释，而且持之有故，言之成理。然而，人们对传统文化的解释，其空间永远是开放着的，容许人们进行不断的开拓。解释学的精要在所谓"视域的融合"，即解释者与文本双方"融合"成关于主题（即意义）的共同观点。"主题"也就是"问题"，这就意味着双方是就"共同的问题"进行对话。当然，此"问题"并非具体时空或境况中的问题，而是既超经验又能够实现于经验世界中的理念之适用性的问题。这样的理念，被伽达默尔（Gadamer Hans Georg）称为"意义理想"；这种"意义理想"是能够脱离"写作时的心理的和历史的特殊性"而具有普遍的适用性；借此，它才能成为今人与古人"对话"的基础，而以其"同时性"走入人类的当下生活——"理解文本，并不主要意味着回溯到过去生活，而是在当前参与到文本所说的东西中去。这其实并不是人与人之间关系的问题（例如，读者和作者之间的关系），而是参加到文本与我们所做的交往之中的问题。"至于我们是否"能从传统中勾勒出作者的形象"，或者我们的关注是否"对于作为一种总源泉的传统的历史解释"，则与"意义理想"关系不大。[①]

　　依此视域来看经典儒学，它不仅是静态的"理想的典型"，更是超出具体的"历史解释"和"历史特殊性"，能够在人类全过程的历史中生动呈现的"意义理想"。进一步说，儒学能否走入现代人的生活并于现代社会发生价值，正在其具有普遍性的理念，而具体的制度与秩序实非其"归宿处"。恰如徐梵澄先生所说，"儒学在本质上是极具精神性的，亦有难以逾越的高

---

① 参见伽达默尔《哲学解释学》，上海译文出版社，1994，第9~11页。

第五章 "学为圣人"与"无愧为人，即无愧于天"

度和不可测量的深度，有极微妙精细处乃至无限的宽广性与灵活性，甚或遍在之整全性"。此"遍在之整全性"与"同时性"之"意义理想"同符。另外，徐氏也谈论到儒学与政治力量的关系问题，但却举示了一个甚有启发性的境界。自然界中有一物理法则：以何种方式起始，必会以同样方式结束。而儒学与政治联系紧密，在历史上却没有因任何一个朝代的政治命运的结束而消亡。整段话是：

> 自然中有一基本的物理法则，某物以一种方式起始或成功，也必会以这种方式结束或失败。无论我们认为儒学是宗教，还是简单地以其为伦理法则，它都要以政治力量传播自己，只要这力量在，就可实行，这力量垮掉，就随之失败。是这样的吗？在这里，有一个微小的区别需加以说明：因为儒学与政治联系紧密，于是问题可以转化为政府是否采纳儒学作为执政方向的指导原则，而儒家并不会将某些信条或教义强加于任何现存的政治力量，并依赖其传播自己的思想。历史已经证明，几乎所有的中国朝代都多少采用了儒家的学说来治理国家，只是程度不同而已，而儒学没有因为任何一个朝代的消亡而消亡。我们可以从另外一个角度来看这一问题，儒学中有永恒不灭的真理，其合理性和持久性，经得住时间的考验。

徐梵澄先生依据前现代的历史，从儒学与政治的关系中，"转化"出一个具有哲学高度的问题，即儒学不依赖"任何现存的政治力量"传播自己的思想，它与权力之关系的实质，是"作为执政方向的指导原则"；这个"原则"既超经验又能够实现于经验社会之中，即普遍适用的理念或曰"意义理想"。由是之故，儒学在整个人类历史乃至现代社会中的生命价值，就在于提供了这一永恒性的"原则"。

就其"内圣外王"的语境来说，其"内圣"绝非局限于个人的精神修养，也不是那种具体性或曰操作性的"支配公共秩序的原则"，它深透到制度的根源处，而是对那些"重建合理社会秩序"的人们，换言之，即主政

· 187 ·

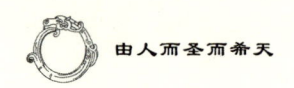

者乃至各级为政者提出的要求,即他们必须是精神和实践能力兼具或曰全面的人,因此,儒学的"整体规划"虽然是合理社会的实现,但它首先指向人,指向处在权力乃至所有影响力中心的人们。或许这就是由"内圣"而"外王"以及"道尊于势"的真正意涵所在,明确地说,它要求所有为政者们首先成为有"道"君子。这正是槐轩所谓"君子本身建极,酌人心风俗而协乎中正",朱子所谓具有"全体大用无不明"之心的人。试想,无"道"之人,何以"重建有道的社会秩序"?这里我们还需借助徐梵澄先生的话,以为槐轩和朱子做注脚。徐氏在谈到古代儒家教育时说道:

> 从外部看,儒学与其他世界观体系有一个主要区别。"道"在宇宙中为一,这一点非常明了,无需阐释。但是"道"的表述,培育和传播的方式会有不同。我们知道,道教、佛教和基督教,或还包括伊斯兰教,都从社会底层兴起,然后在大众中平面式地广泛传播,点亮个体灵魂,就如马拉松火炬依次传递。而儒家则更趋向于等级或纵向。几乎所有中国古代的儒学大师都是如此,……他们都从最上层开始,直接在皇室中产生影响,然后如旱季的雨云,笼罩整个国家,将甘露洒满大地。面对数量如此巨大的人口,这可能是最直接的和最简易的方法。而在后世,几乎所有哲学流派都努力使自己成为官学,儒家教义尤其如此,因为儒学是人的基本原则,教授的对象是在国家教育机构内学习的贵族子弟。①

这段文字中应予重视的信息较多,我们不能展开讨论。但其中所言经典儒家之教育,实包含着经典儒家一治国理政的根本观念,即按照"人的基本原则"教育培养主政者乃至所有为政者,具体来说,就是那些"在国家教育机构内学习的贵族子弟"(这里需要注意具体的历史语境)。徐氏极为理性地指出,"面对数量如此巨大的人口,这可能是最直接的和最简易的方

---

① 徐梵澄:《孔学古微》,第6、45~46页。

法",更进一步说,是在历史给定的条件下,所能选择的最可行的方式或路径。

前文我们在论说槐轩之古史语境时,对他极为重视士学制度的深意做过理解性的阐释,而这里徐氏之论恰可为槐轩理思做一注脚。所谓"按照人的原则",就是按照"君子"的原则培养人。槐轩之理思,就现实的情境而言,首先在为政者们必须是"君子",然后才有"君子本身建极"之可能。"极"者,"道"也!"君子"依"道"修身,以"道"安养教化百姓,建设"中正"之社会,以期人人"全之为圣贤"。这或许就是槐轩乃至经典儒家,既以"公共秩序"为现实的"归宿",更穿透现实的制度安排,为所有政治力量所确立的恒久的法则;在历史的合目的性的意义上,亦可谓之超经验形态的"意义理想",亦如徐梵澄所言,"儒学中有永恒不灭的真理,其合理性和持久性经得住时间的考验"。

第六章
"学为圣人"与"无愧于人,即无愧于天"
——历史之"主体"与天道之"本体"的合一(下)

所谓有"道"社会,概要而言,槐轩谓之"至公至正"(或曰"至明至公"),朱子谓之"公平正大",可以肯定地说,这是所有经典儒家的共同理想。

第一节 "托始孔子"之深意:确立经邦治国的价值准则

如前文所言,中国秦汉以后的历史情势发生了深刻的变化,因此,如何在"道德"与"权位"严重分离的困境(槐轩所谓"后世力争乎天下,而天下屈之,秦汉以后所以陋")中,将价值之"道"转化成有"道"之现实,就成为颇严重的问题。换言之,槐轩乃至所有经典儒家,尽管他们坚定地恪守"恒久法则",但仍必须给出现实性的可能方案。

比如,朱子的思路是:一方面,儒者自正其身,推之以"正君心",再进而"以正天下"。他在给汪应辰的信中说:"明公若察其愿忠之意,而宽其忘分之诛,则愿深考圣贤所传之正,非孔子、子思、孟、程之书,不列于前,晨夜观览,穷其指趣而反诸身,以求天理之所在,既以自正其身,而推之以正君心,又推而见于言语政事之间,以正天下之心,则明公之功名德业,且将与三代王佐比隆。"(《朱子文集》卷二四《与汪尚书》)另一方面,在努力"正君心"的同时,将范围扩大至"正本原之地",用今语来

第六章 "学为圣人"与"无愧于人，即无愧于天"

说，就是中央政府要员，即执掌公权力的最高集团。"本原之地"如何正？朱子谓之"任贤修正"。如《壬午封事》中说，"讲学所以明理而导之于前，定计所以养气而督之于后，任贤所以修政而经纬乎其中"。在朱子看来，若"本原之地"不正，整个治国的行政系统必不正，因此，他特别强调用"好人作相"。据《语类》载："问：或言今日之告君者，皆能言'修德'二字。不知教人君从何处修起？必有其要。曰：安得如此说！只看合下心不是私，即转为天下之大公。将一切私底意尽屏去，所用之人非贤，即搜求正人用之。问：以一人耳目，安能尽知天下之贤？曰：只消用一个好人作相，自然推排出来。有一个好台谏，知他不好人，自然住不得。"（《朱子语类》卷一〇八）

那么，好的宰辅相臣的标准是什么？朱子论述极详，这里不能展开论述，概言之："宰相之道"在"心公"和"眼明"。如其言："若必欲人人面分上说一般话，或虑其人不好，他日或为吾患，遂委曲牢笼之，此却是'憧憧往来'[①] 之心。……宰相只是一个进贤退不肖，若着一毫私心便不得。

[①] "憧憧往来"，语出《易·咸》之九四爻辞："贞吉悔亡。憧憧往来。朋从尔思。"《系辞传》的说明是，"《易》曰：'憧憧往来，朋从尔思。'子曰：'天下何思何虑，天下同归而殊涂，一致而百虑。天下何思何虑，日往则月来，月往则日来。日月相推而明生焉。寒往则暑来，暑往则寒来。寒暑相推而岁成焉。往者屈也，来者伸也。屈伸相感而利生焉。尺蠖之曲，以求伸也。龙蛇之蛰，以存身也。精义入神，以致用也。利用安身，以崇德也。过此以往，未知或知也。穷神之化，德之盛也。'"金景芳先生说，这段话是从正面批评了"憧憧往来，朋从尔思"的人；孔子认为"自然界的感应是无私的，有规律的。人的感应也应同自然界的感应一样，顺应规律，无有私虑，当感自然感，当应自然应"。又进一步从人之间的关系阐说，"往来"正如孔子说是自然界"日往月来，寒往暑来"的往来，是自然界里此感彼应，彼感此应的现象；"人对外界的人与物的往来感应亦如此，即顺应自然之理去感应，不参杂自己的私心"；"往来"之前加上"憧憧"二字，就变成有私心的不好的往来，不是顺应自然规律的往来了；"憧憧"，为一己之私心私利而忙迫不安地去感应，去往来，"今天给甲一点好处，以求感恩，明天又给乙一点恩惠，以求回报，把往来放在心上，切切不肯放下"；"朋从尔思"，以私心去感，只感了少数人，"这少数人成了你的朋友，这种朋友，其实就是朋党"（参见金景芳、吕绍刚《周易全解》，吉林大学出版社，1989，第238～239页）。另外，朱高正先生概括地指出，"憧憧往来，朋从尔思"，其引申义为，"物之相感宜廓然大公，心无私系，乃能感之所至，无不相应"，"此乃无心、大公之感，感之至也"。（朱高正：《周易六十四卦通解》，华东师范大学出版社，2000，第107页。）

前辈尝言：'做宰相只要办一片心，办一双眼。心公则能进贤退不肖，眼明则能识得那个是贤，那个是不肖。'此两言说尽做宰相之道。只怕其所好者未必真贤，其所恶者未必真不肖耳。若真个知得，更何用牢笼。且天下之大，人才之众。可人人牢笼之耶！"（《朱子语类》卷七二）当时的南宋，处在"本原之地"的宰相重臣，多有所谓"心私"而"目瞽"者。在朱子看来，最为可悲的，是那些"跑官"而得官者，被人们视为常态，且以此为"本事"，正所谓"贤愚同滞，举世以为当然"。朱子深恶痛绝，怒斥这种"世俗之论""恶浊之论"："今之为相者，朝夕疲精神于应接书简之间，更何暇理会国事！世俗之论，遂以此为相业。然只是牢笼。人住在那里，今日一见，明日一请，或住半年周岁，或住数月，必不得已而后与之。其人亦以为宰相之顾我厚，令我得好差遣而去。贤愚同滞，举世以为当然。有一人焉，略欲分别善恶，杜绝干请，分诸阙于部中，己得以免应接之烦，稍留心国事，则人争非之矣。且以当日所用之才观之，固未能皆贤，然比之今日为如何？……若牢笼得一人，则所谓小人者，岂止此一人！与一人，则千百皆怨矣。且吾欲牢笼之，能保其终不畔己否？以往之事，可以鉴矣。"（《朱子语类》卷七二）

朱子对当时政治生态的抨击，是极为具体的，甚至直接指点从中央政府到地方行政的官员们：你们"合当做处"。如其言："论学便要明理，论治便须识体。这'体'字，是事理合当做处。凡事皆有个体，皆有个当然处。是个大体有格局当做处。如作州县，便合治告讦，除盗贼，劝农桑，抑本末；如朝廷，便须开言路，通下情，消朋党；如为大吏，便须求贤才，去脏吏，除暴敛，均力役，这个都是定底格局，合当如此做。只怕人伤了那大体。如大事不曾做得，却以小事为当急，便害了那大体。如为天子近臣，合当謇谔正直，又却恬退寡默；即至处乡里，合当闭门自守，躬廉退之节，又却向前要做事，这个便都伤了那大体。如今人议论，都是如此。合当举贤才，而曰我远权势；合当去奸恶而不去，而曰不为已甚。且如国家遭汴都之祸，国于东南，所谓大体者，正在于复中原，雪仇耻，却曰休兵息民，兼爱南北！正使真个能如此，犹不是，况为此说者，其实只是懒计而已。"（《朱

第六章 "学为圣人"与"无愧于人,即无愧于天"

子语类》卷九五)

与朱子直接教化朝廷以及严厉抨击现实相对照,槐轩的社会关切,更多的是内含在对历史的思考和经典的诠解之中的。虽然,我们仍可见到他和朱子乃至所有真儒,其天地民生的情怀是那样的深厚一致。

在《史存》之《自叙》中,槐轩明言他作《春秋恒解》的目的,就在于承继"三代之直道";肯认历史的恒定理念和发展原则,只能是"人心之直,天理之公",而不能是其他的什么。具体到历史的情势来说,"直道"本应是治世之"大本",而现实中的为政者们,却多乖离之,以私心智力争天下,"惟天惠民,惟辟奉天。天子而可以智力争,孰不当争之者。此大本所以不立,而教化所以难行欤!"槐轩所言"以智力争",和朱子批评那些"用智用术"[①]的为政者的尖锐度是一样的。

理解槐轩,必须注意,绝不能将其所谓"直道""大本"视为空悬的道德宣教,而应该深入到他的语境内部,发见其自觉的践履意识和现实的建设智慧。这种意识和智慧,既源自对儒家"天道"理念的虔信,亦出自对历史的深邃洞识。他在说明《史存》何以"托始孔子",且"绝笔于汉季者"时,实质上提出了一个,如何在秦汉以后实现有"道"社会的建设性的思路,具体来说,可谓之"圣臣"方案。关于"贤相治理"即良政系统的问题,笔者已在前文做过论述,这里,需要再补充一些《史存》的资料。虽然这是一个现实性的方案,但在槐轩语境中,这种现实性必须是以超验性或曰普遍性的"道"为最高价值依据的。就其孔子"士志于道",以"道"自任来说,笔者赞同余英时先生的观点,在直承三代礼乐并从中升华出

---

① 关此,朱子论说很多,尤以与陈亮之辩在思想史上最为有名。这里仅录一段文字,以见其与槐轩之同。朱子曰:"某尝说,今世之士所谓巧者,是大拙,无能有以巧而济者,都是枉了,空费心力。只有一个公平正大行将去,其济与不济,天也。古人间有如此用术而成者,都是偶然,不是他有意智。要之,都不消如此,决定无益。张子房,号为有意智者,以今观之,可谓甚疏。如劝帝与项羽和,而反兵伐之,此成甚意智!只是他命好,使一番了,第二番又被他使得胜。古人做得成者,不是他有智,只是偶然。只有一个'正其义不谋其利,明其道不计其功',其他费心费力,用智用术,牢笼计较,都不济事,都是枉了。……伊川云:'徇俗雷同,不唤作"随时"。惟严毅特立,乃"随时"也。'而今人见识低,只是徇流俗之论,流俗之论便以为是,是可叹也。"(《朱子语类》卷七二)

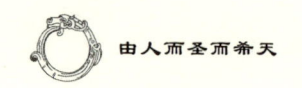

"道"之理念的意义上,"孔子可以说是中国史上最先出现的第一位知识分子"。① 借此观槐轩,其论史自孔子始的真正深意,正是在为形下之现象赋予形上之"直道"的准则,为经验之历史设定价值理念的目标;而担当并践履此"道"者,自秦汉而后,自然应该是"圣人之臣"。由此观之,槐轩"托始孔子",就有着理念立"道"和现实践行的双重意涵。故而他说,作《史存》"自孔子以迄于汉亡而止。其所以托始孔子者,世无圣人之臣,则虽有圣君,亦难成其功化也。所以绝笔于汉季者,晋宋以下,篡弑相仍,君位忝而治功何足问也"。很显然,槐轩把合理的人伦秩序视为现实政治社会的根本。他认为,汉以后的人伦大纲遭到了彻底的破坏,"曹马而降赵宋,篡夺纷争,枨然南面矣。膻附蚁奔奉为正统,人伦大纲早已荡然。而上下相蒙,安之若素,岂作君作师天心乃以乱臣为之乎?"为此,他作《史存》,就是要对"恶习相循,伦常决裂"的历史乱象,进行"明辨而亟正"的阐述。槐轩注重"人伦大纲",非一般性地维持社会稳定,其内里有着深度的人文关怀,即"惟天惠民,惟辟奉天","行一不义,杀一不辜,虽得天下不为","人情天理不失民彝常存"等具体的社会原则。而将这个原则变为现实的最大可能性,就是在明君少有的情况下,任用"良臣"治世行"道"。

这里,我们特别需要注意的是,在槐轩的治道思路中,"圣臣"和"圣师"(或曰"师""明师")常合为一体;若分言之,则"师"必高于"臣"。盖"师"掌握着"道学"或曰"道"的资源,而政治举措必得依"道"行止,故"明师"自然高于为政者。当然,最为理想的现实状态,应该是"圣臣"与"圣师"合而为一,或曰请"圣师"做"圣臣"。槐轩"托始孔子"实有这一层现实性的考虑,他说"托始孔子者,世无圣人之臣,则虽有圣君,亦难成其功化",明确将孔子视为"圣人之臣"。另外,《史存》中还有一段重要文献可证:

> 孔子去,而鲁周公之道不复行,即尧、舜、文、武之政不再见。自是治术日衰,非其君皆不足有为,实圣人之臣少也,故托始于此。

---

① 余英时:《士与中国文化》,第118页。

第六章 "学为圣人"与"无愧于人,即无愧于天"

人君代天子民,非有圣德治功不备,而非圣人之臣亦不足治。春秋时,道在孔子,使久用于鲁,修周公之法,损益适中,辅鲁以藩周,则东周比美于西周矣。故曰如有用我者,吾其为东周乎。非更姓改物之谓也,惜定公君臣信任不专,孔子去而鲁衰,周亦以亡。后世不知圣人止是忠臣孝子,稷契伊周辅世致治为其有德,故随时处中助君成功。秦汉而降,君自以为圣人,臣但効其恭顺,治道日卑,皆孔子不遇之故也。夫世安得尽圣君,惟赖有圣贤之臣匡勤致治,故以孔子之去就为世教所系焉。

(《史存》卷一)

在槐轩看来,孔子去鲁是一个象征性的历史事件,即由尧舜等圣王治世的时代彻底结束,所谓"尧、舜、文、武之政不再见","周亦以亡"。此后的历史,若要再行"周公之道",已不可能寄希望于主政之君王,因为尧、舜不可再现。那么,愿景何在?在持"道"者,即必以持"道"者经邦治世。就其象征性来说,"道在孔子";就其可能性而言,唯赖如孔子那样的"圣贤之臣匡勤致治"。槐轩对秦汉以后的历史判断是,君王以权力来自我标高,"君自以为圣人";而臣多以尊奉服从为能事,"臣但効其恭顺";君权至上是"治道日卑"的根本原因。基于这样的历史现状,槐轩给出"圣贤之臣匡勤致治"的方案;这个方案的实质,不在臣和君的权力关系,其深意端在以"直道"规范权力,乃至引导权力。因此可以说,槐轩"托始孔子",是在权力之上,高悬一终极性的、普遍适用的经邦治国的价值准则。或许正是在这个意义上,槐轩说"以孔子之去就为世教所系焉"。

请注意"世教"二字所蕴含的思考。其不仅关乎建构良政系统的制度安排,更是以"道"导"势"之关捩。在槐轩语境中,这个"导",更主要的意思是"教导"。因此之故,槐轩所言"圣臣"常常以孔子为象征;而孔子是持"道"之"圣臣",其潜在之意,则在以"道"教导权力。"教"者自是"师",所以在"圣臣"与"明师"合一时,槐轩更凸显"师"的

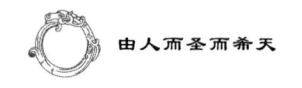

作用。

在《史存》中，槐轩的逻辑是这样的：君王必须先正己身，然后方能正朝廷，朝廷正而有天下之事业之正。如在总论汉景帝时说，"后之有天下者，当知正身以正朝廷，必由心术；不端其本，而徒事业之张皇，去圣益远"。帝王处在行政系统的权源处，因此，其"心术"正与不正，关乎着最高决策层（朝廷）的政治品质。槐轩谓帝王"正身以正朝廷"，与朱子"正本原之地"，有着同样深刻的历史识见。不过，槐轩语境中的"本"或"本原"，更主要指向君王自身的精神质量。

从学术谱系上说，槐轩极重《大学》，如果将这一点放在历史的视野中，则可见他的政治智慧，正在于用"修身"之理来教导帝王自正心术，从而影响整个核心决策层，进而以好的决策和实践来治国理政。我们理解槐轩对《大学》的诠释，是不能忽视他的历史厚度的。就《史存》来看，《大学》"修身"之论，可谓之贯穿其间的价值性的治国总纲，这一点，我们可从《史存》的每一篇总论中读出。如第一篇总论表达得非常明确："周公制作，集群圣而折衷之，其事极乎纤细，而其要归乎人伦。《周礼》周官，无非睢麟之意所推衍而成。后世不得其法，非礼度之不详，实本原之未立。春秋以前，书阙有间，《大学》之教，所谓兢兢于修、齐者，岂无故欤！"在第二篇总论中，槐轩总结三代立国的根本经验，端在主政者修身而"推衍"成国富民庶的良好国情："遐稽三代立国，其子孙未必毫无乱亡，而诚、正、修、齐之学不绝于斯世，故能回黍谷之春，造生民之命。有天下者，其亦恍然于本原之治乎！"所谓"回黍谷之春"即国富，"造生民之命"即民庶。这里，槐轩将君王修身与国家百姓相连，真正是透着一种深刻，即政治道德的本质不在其原则性，而实在其国计民生，因为原则的价值正在百姓的福祉。

至此，有一重要问题须提及。槐轩强调君王修身，是植根于对历史的正视之中的。中国传统的国家权力，以家国同构为主要模式，因此，家族中的人伦品质对国家治理就有着极大的影响。槐轩深谙于此，故而，他讲君王修身必与齐家同重。《史存》总论西汉，槐轩首先指出，上古圣贤"正家正国，尤先正身"，反过来说，正其身者，当能正家，家正则国正。家正的要义在于保证后继君王的人格健全和良政治国。在此意义上，槐轩总结道："家庭者，治化之原"，并以"家正"为准据，评骘汉代皇帝。如在总论吕后时说："吕后以阴险之资，怀不测之志，使高帝正身有道，选用名贤，则所以防闲而训化之者，必有其方……后之有天下者，当知至治不外家庭，靖邦必需贤佐，毋矜远略而忽闺门，毋薄勋旧而从邪佞，则保世滋大，庶可庆无疆焉！"又如，在肯定汉武帝的历史作用的同时，更加重点批评武帝的家法之短："爱子杀母，钩弋无辜，家法如斯，安能保世滋大！"

除了《史存》，槐轩还在诸多文献中论及"正家"的深远意义。如其言："夫妇，人伦之本。父子、君臣、长幼所由推。《易》曰：'夫夫妇妇而家道正，正家而天下定矣'。知天地之所以定，而夫妇可弗重乎！""未有无贤妻而能正其家，未有无贤母而能生贤子者也。闺门衽席之地而天命行焉。动静语默，一息不违乎正而后身修，修身而后夫纲立。"（《拾余四种》之《人道类》）再如，槐轩在批评有些儒者薄视"妻"和"妻族"乃至"母族"的作用时，说过一段极重要的话：

> 先儒误解父在为母期，及妻卑于夫之义，于是薄妻并薄妻族，且薄视母族，其诲天下一不厚奚极哉！母族、妻族，与本宗为三族，其来已旧。先儒因外戚偾事，去此二族，而以本宗分三族。夫族者，类也，本宗安可以类分？母族、妻族，自尧舜虞姒姬姜，皆君臣上下相佐为理，不闻有外戚之祸，后世德不修而父纲、夫纲不立，乃有外戚之患。如吕雉、王莽，若汉高、成帝正身齐家，弊何由生？太公为武王师，夹辅成王，非岳翁与外祖乎？母屈于父而不屈于子，有父无母，又奚有吾身？爱敬母而不爱敬母之父母、兄弟，可谓孝欤？第贤否当辨，不遽同于本宗耳。至妻者，齐也。妻与夫齐，夫家乃其家，承宗祧、延子孙，亦岂可以外视？夫子于诗录《渭阳》，恐人薄母族也。于礼重大婚，易言正内、正外之义，亦不以妻为可轻。所以礼制母族、妻族逊于父族者，重

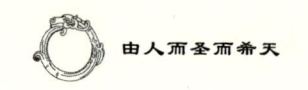

本之义。而由亲亲以推，敬老为其近于父，敬长为其近于兄，凡与父兄近者，不可忽矣，而况母族、妻族，非近于父兄者乎？妻以夫之父母为父母，而夫以妻之父母为路人；母以子之父为天，而子以母之父母为外人，天理人情皆为不顺。是故母族、妻族，虽不可竟与父族同，而情谊则当自尽。……圣人因人情而为之节文曰礼，人情必本乎天理，天理之不顺者，礼弗在也。……故母族、妻族，敦忠厚以礼之，审轻重以行之，要必自亲亲、长长而推。亲亲，仁也；敬长，义也，可以达之天下也。孔子曰，不爱其亲而爱他人者，谓之悖德；不敬其亲而敬他人者，谓之悖礼。能孝能弟，则必能以爱敬推于六亲，又何患薄视母族、妻族？不然，事父事兄尚无爱敬之诚，何论其他？（《又问》）

这段文字中有两个重要的思想点。其一，某些"先儒"对于历史中发生过的"外戚之患"，简单地将其归罪于母族、妻族，因而"薄妻并薄其族，且薄视母族"。槐轩指出，在这些表象的背后有着深刻的原因，君王不修德而"父纲、夫纲不立，乃有外戚之患"；若如尧、舜正身齐家，"弊何由生"？其二，槐轩在妻族和母族皆当敬重——"敦忠厚以礼之，审轻重以行之"——的论述中，表达了对中国传统社会的深度认知。在槐轩的视界中，无论父系还是母系，皆发于自然之天伦、骨肉之亲情，由"情"而推展出逐层的伦理关系乃至社会关系；"情"是所有人际关系的基础，所以槐轩说"情谊则当自尽"；由"情"推出的人际关系，意味着彼此之间有着义不容辞的义务关系；而正是凭借这种义务关系，治国达天下才成为可能，故而槐轩说"亲亲，仁也；敬长，义也，可以达之天下也"。

如果我们认真读解以上槐轩论述（还有相关文献，这里不多引），可以见其"情谊""人情""推"是内中的核心语词。槐轩之理思，正可以梁漱溟先生的观点佐证之。梁氏认为，古代中国是一"伦理本位的社会"，"伦理关系即是情谊关系，也即表示相互间的一种义务关系"。就其社会秩序来说，槐轩所言"圣人因人情而为之节文曰礼"，在梁氏则曰"礼俗"或曰

第六章 "学为圣人"与"无愧于人，即无愧于天"

"习俗"，而中国礼俗之本是"则情与义"，故其言"家庭与宗族在中国人身上占极重要位置，乃至亲戚、乡党亦为所重。习俗又以家庭骨肉之谊准推于其他，如师徒、东伙、邻右、社会上一切朋友、同侪，或比于父子之关系，或比于兄弟之关系，情义益以重"。扩大到政治关系而言，伦理关系构成国家模式的基础，即所谓家国同构。梁氏指出，"政治方面——但有君臣间、官民间相互之伦理的义务，而不认识国家团体关系。又必国君为大宗子，称地方官为父母，举国家政治而亦家庭情谊化之"。概言之，"一律家庭化之"。①

正是勘破"一律家庭化"的历史奥窍，槐轩论"正身"必与"齐家"并重，以为有此"本原之治"，方有国家天下之治。那么，"本原之治"或曰"修齐之本"，如何从理论上的可能性，进而客观化为社会的现实性呢？

第二节 "道非师不传，五伦非道不立"：儒者之价值理念与历史责任

槐轩给出一个实践性的方案，就是必借"师儒之教"，而得"立身之学"。即所谓"修身则道立，而身何以修，非明师不可也。三代下之治道不立，岂非圣学无人乎！"（《拾余四种》之《治道类》）《史存》论刘备，认为其不仅有"秉资之明"，更能"藉师儒之教"而创业治世："昭烈生于草茅，志量本异常辈，而其后从事陈庐康成等，所闻所见，虽未必皆纯粹，然立身之学，数子所知，故史称昭烈为人忠厚，众多归焉，而信义著于天下。"前文有述，槐轩深谙秦汉以后的历史，"世不皆圣君"是现实的常态，因此教化君王就是培养健康人格和高等知觉性能力的过程，依宋儒之语，即"变化气质"之工夫的过程。《史存》有言："人性皆善，而气质不齐，变化气质，岂不由贤父师哉！……及其长也，小学、大学与齐民无殊，外有以束

---

① 参见梁漱溟《乡村建设理论》，上海人民出版社，2011，第25~32页。

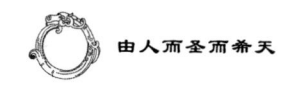

其威仪，内有一清其志气，凡修己治人之道，莫不服习深而训导勤。"君王相对于"师儒"而言，是学习者，因此向良友学习也是题中之义。《史存》论汉光武帝时说，"光武起于布衣，温良谨厚，大度知人岂秉资特异？亦其平日之所居游，观摩有素耳。观严光、朱季辈与帝同学，咸有操行，则其敬业乐群之时岂毫无攻错？史臣无识，不能备书，于是论者但谓其天诞，亦昧于修己治人之正理矣。"

在槐轩的视界中，明师善友的作用不仅关乎君王个人的至德和学养，更与国家的命运连在一起。这一点，除《史存》外，槐轩多有论述。如，"学岂不由师乎？文王师鬻雄，武王师尚父，至德由然，何况中下。""崛起之君，半多天授，而无学以陶成之，必不能如舜、禹。继世之君，即选圣师而非圣人之流亚，亦不能如康成。然则师道之立，其所以系岂细故欤。""天下无生而圣人者也，必得明师友一陶成之，而后才美可全。三代上之贤君皆然，后世易之，故治功不立。""后世惟光武、昭烈有学养之意。光武与子陵同学，昭烈与康成、元方等周旋，数人非上智也，而所得于居游者已然，况得名世之友乎！""道非师不传，五伦非道不立。汉祖唐宗，生质美矣，而无圣师辅之，是以伦纪乖而治术卑。人主可不急于求贤欤！"（《拾余四种》之《治道类》《人道类》）还有论述种种，不再赘述。

槐轩在《史存》中，对于他的史观，表达了另一重深意。即"修身、齐家"的价值基础——"厚"或曰"忠厚"。槐轩语境中的"忠厚"，已远超出今语之狭义"道德"，它实质上是贯通于人类生生不息之历史深处的"道"，是基于贵重人之生命的价值理念，是放之四海皆适用的真理。因此，"忠厚"通"仁"。槐轩说："周以忠厚开基，忠厚者仁也，仁由修齐而推。汉唐代秦隋，其得国近正，而家庭之咎及于子孙，失仁之本也。"（《拾余四种》之《治道类》）在《史存》中，槐轩极为突出"忠厚"的意义，如在论武帝时说，"圣人万事万理，必本于心；治己治人，必本于厚。若恃明断之材，昧修、齐之义，虽省察防闲，犹且无补，况帝之纵肆而妄庸者乎！"又如说刘备"为人忠厚，众多归焉，而信义著于天下"。关于"忠厚"之深意，槐轩有一段藉武王伐纣事件而论"兴灭国，继绝世"的长篇文字，值

第六章 "学为圣人"与"无愧于人,即无愧于天"

得我们揣读体味,为不使正文散漫,故以脚注录之。① 这里,先引用牟宗三

---

① 《又问》载:"问:筱台之事,一朝天子即至无卿,何至借债为生?又至于无偿筑台避之?曰:善哉问也!周家以忠厚开基,本无得天下之心,三分服事,文武同心,其欲匡扶补救,挽暴主而得归于清明。一片至诚,见于诗书孔孟者,人每不察矣。纣恶不悛,八百诸侯皆叛,同会孟津,以周家世德,天下归心,推戴武王,欲其为主。武王若不应从,诸侯亦必灭纣,斩汤祀、废汤政,天下纷争,人民涂炭,其祸不可胜言,且尧、舜以来,圣人之政斩矣,故不得已而应之。八百诸侯先帅兵至于纣郊,武王闻之,始决意遄往,非欲得天下也。恐诸侯不俟己至即灭纣,则纣全家被害,成汤之裔斩绝,故孔子论武乐曰:恐不逮事,此之谓也。纣知天下皆叛,必不自保,遂衣宝玉自焚,武王甲子昧爽至朝歌,纣即以是日自焚,使其不死,武王必善全之,是纣王之死,诸侯迫之,非武王迫之也。诸侯见武王已至,遂不敢妄为,群候武王号令,亦以周家世德,天下共知,故欢心归戴耳。武王告诫约束之,所以有《牧誓》一篇文字。纣王已死,天下无主,群推武王为君,武王乃安慰诸侯,各归本国,诸侯欣然从命,各各散归。武王乃封黄帝、尧、舜及夏、商之后,反商政,政由旧,封比干墓、式商容庐、庶民驰政、庶士倍禄。孔子言其未下车如此,下车又如此,皆当时实事。武王在纣都,别有安辑民人、抚恤臣工,及命武庚仍为殷主,理ППП民人、奉宗祀等事,书阙有间,以孔子所言而可知者也。安辑已毕,乃仍返西岐,故孔子曰:渡河而西,归马放牛,载橐弓矢,示天下不复用兵。既而纣党恶之,臣有不归周者,武王乃命将征之,故孟子曰:有攸不为臣,东征。其它天下诸侯,有虐民不堪守土者,武王去之,别选前代圣贤之后,守土治民,故孔子曰:兴灭国,继绝世。而诸侯之殃民者悉除,故孟子曰:灭国者五十。武王得国时,规为如此,因秦火以后,不得其详,而即孔孟之言,绅绎其事,情理定当不谬。盖圣人之心,敷庇天下,第求天下人人安乐,便快然无求,非如后世以天下为私物,欲久踞之。周制,诸侯各君其国,各子其民,惟立巡守、述职、朝聘、恭赋之礼,礼乐征伐统于天子,使天下同归仁义耳。数传而后,生齿日繁,井田之制难给,世官世禄之徒,恃强兼并,天下乃纷纷多事,亦成康以后,圣王不作,日久无人变通法制使然。然春秋战国,兵争侵夺,数百年未已,而无一人觊觎周室者,周王虽不能统驭诸侯,亦不能为害诸侯,其祖宗不以天下为私业,故天下亦不利其子孙天下也。考王弑君自立,封其弟于河南,是为西周桓公子惠公,又封其少子班于巩,号东周公,于是有东西周之名。考王仍为天子,居成周,而封圻之地,渐为二周窃取,天子惟拥虚名,子孙日繁,王畿之地日蹙,所以穷困。赧王在位五十九年,不为不久,使安分自处,周尚可以不亡,乃不量力度德,欲与诸侯伐秦,秦乃使人攻周,是周之亡,赧王自取,非文武之德不足也。使考王不弑逆贻祸于后,周或未必遂亡。秦至无道,未尝残杀周之子孙,非前人仁义忠恕,不特固结民心者厚,且克享天心者久乎?自古及今,惟周家享国最长,国亡而不遭惨祸,亦为周室。有国有家者,所以必忠厚积德,乃为承先启后之善策也。"对于这段文字中,槐轩所讲述的具体历史事件以及所做的相关评论,我们可以有另见。但是,对于内含其中的历史观念,我们却必须加以理解。所谓"忠厚积德",并非一般意义上的家风或道德,而是如牟宗三先生所说的有着超越根据的"最高的道德",即"兴灭国,继绝世",使人类"保世兹大""生生不息"传衍下去的"仁义"之"道",正是在此意义上,槐轩谓"文武之德"或曰"周家之德",实为"第求天下人人安乐,非如后世以天下为私物""使天下同归仁义耳"。槐轩之总结"有国有家者,所以必忠厚积德,乃为承先启后之善策也",我们应当于经验生活中深入体会。

·201·

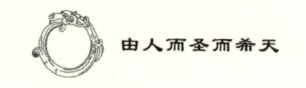

先生的话，以助对槐轩的理解。其言：

> 依中国人的说法，宇宙为什么能生生不息？儒家说这个宇宙能继续下去，靠仁，仁是个生道。生而又生永远不停止，生生不息后面的根据是仁。这是最高的道德。见之于《春秋》大义，就是"兴灭国，继绝世"。把断灭了的国兴起来，继续下去，把断绝了的世代复兴，继续下去。这就是最高的道德，这是中华民族所以长寿的一个超越的根据。西方人始终不了解，中华民族为什么长寿。照他们的看法，一个民族历史文化开一次花就完了，但中华民族还没有完。依黑格尔看，春秋战国开花以后，中华民族到秦汉以后就死掉了。这是民族的断灭论。
>
> 《春秋》大义两个原则：亲亲原则、尊尊原则。周公制礼作乐就是根据这两个原则。尊尊是国家、政治的等级；亲亲是五服，五服最高是高祖。大复仇，不准灭人国，绝人族，每一个民族都是永远连续下去。就是儒家所讲的"仁"才能做到。所以，"生生不息"不是科学命题。一定要肯定一个道。道有气、神两面，神是体，气是用。真正能表示带气化行程的是在气那里，但能使它所以能够变化靠神。所以，阴阳不是道，阴了又阳，阳了又阴才能呈现道。[①]

槐轩谓周家以"忠厚"开创基业，而"忠厚者仁也"，"仁"是人类在自己的社会历史中绵延自身的大"本"。此与牟宗三所说"仁是个生道"，有着超越根据的"最高的道德"，其深意相同。正是因为生命之绳绳有其神圣性，故而，槐轩极赞武王伐纣后的善全之举，且特举示"兴灭国，继绝世"之大义以发明之；并且以"周家世德"为证，提出一人类承先启后之发展所必须恪守的根本性原则："有国有家者，所以必忠厚积德，乃为承先启后之善策也。"（参阅《又问》）在儒家语境中，"忠厚积德"就是有着"天道"根源的"人道"原则，亦可谓《中庸》之"诚"："惟天下至诚，

[①] 牟宗三：《周易哲学演讲录》，华东师范大学出版社，2004，第56页。

为能经纶天下之大经，立天下之大本，知天地之化育。夫焉有所倚。"正如槐轩所言："一理也。在天为命，在人为性。如木果生意曰仁，全备曰德，人所共由曰道，纯一曰诚。"（《拾余四种》之《人道类》）徐梵澄先生曾说，"诚"是人类文化（动词）的心理学基础；又说"诚"是宇宙万物存在的根基，"诚"在个体中达到极致时，"此个体即为圣人，可转化事物"。在论及现代社会中的矛盾冲突时，又说"当下世界环境中，我们无法期望民族国家之间的外交关系中存在这种'诚'，然而这是解决冲突的唯一法门"。梵澄之"解决冲突的唯一法门"与槐轩之"承先启后之善策"，其主旨一般无二。

　　无论"修身齐家"，抑或"忠厚积德"，在槐轩，皆非悬空虚置的堂皇说教，而是深深地植根于现实的可能性之中。这种可能性就是"明师""圣师"的培育和教化。或许因为终生执教，且卓优弟子众多，故而槐轩对教师的历史社会作用充满着自信："其始终本末之功，则必由师授也。"其原话是："静而养其未发之中，动而协于天理之和，动静交修，其要在于诚敬，而其始终本末之功，则必由师授也。"又说："圣道必有圣师，孔孟所以重传人，而邹鲁之贤绵延数百年，卒使六经大明于世。""道非师不传，五伦非道不立。"（《拾余四种》之《学术类》《人道类》）槐轩的治世逻辑极为鲜明：社会秩序（五伦）必依"道"而立，而"道始于君师"。槐轩的自信非基于教师之职务，换言之，他所说的"师"，是有着严格限定的，即指那些真正能够以"诚敬"自正其身的教师或曰"师儒"，他说："道始于君师。正其身以正天下，而仁义洽、教化行。故穷达同功。"明确地说，只有"己身正""全备德"之人，才有资格作为"明师"去教化他人。反之，己身修养不足或认知有偏差，即使身处教职，也不具备"明师"资格。如对于汉以后的许多儒者，槐轩认为他们"传经而少传道"，而这就是"师传之失"。原话是："汉兴，孔孟已遥，经秦楚之兵火，深造者无人，传经而少传道，修己治人，本末始终之举弗全，治功所以遂卑欤！""汉儒笃行，盖犹沿规矩之道，而诚正修齐，基于宥密，暨于天下者鲜能，则师传之失也。"再如，后人对于三代历史的误解，槐轩指出，这实由儒者的误读而

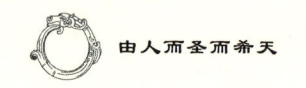

起:"唐虞以前,邈矣。三代之兴,皆由圣德。误解汤武征诛,而使后世借口,儒者不得不任其咎。"(《拾余四种》之《学术类》《人道类》)

在前文,笔者曾用一节文字,讨论过槐轩对士人群体的反省和批判,这里则从儒者传"道"与治世的关系的角度,又做了些许补充。在论及槐轩"师传之失"而导致"治功遂卑"的观点时,我们必须提及朱子。在此视域中,朱子与槐轩的反思意识是一样的。他们不仅为帝王"说法",同时也力求儒家学者自身的修养以及知性和实践能力都达到"辅世致治"的高度。槐轩举例说:"稷契伊周辅世致治为其有德,故随时处中,助君成功。"(《史存》)朱子亦有论:"学者若得胸中义理明,从此去量度事物,自然泛应曲当。人若有尧舜许多聪明,自做得尧舜许多事业。若要一一理会,则事变无穷,难以逆料。随机应变,不可预定。今世文人才士,开口便说国家利害,把笔便述时政得失,终济得甚事。只是讲明义理以涉人心,使世间认义理之多,则何患政治之不举耶。"(《朱子语类》卷四一)朱子与槐轩的逻辑相同。君主在位,是"天佑下民"而交付的重要责任,为使其"做得好"又立"君师"相辅助:"天只生得你,付得这道理。你做与不做,却在你,做得好也由你,做得不好也由你。所以又为之立君师以作成之,即抚养你,又教导你,使无一夫不遂其性,如尧舜之时,真是个宠绥四方。"(《朱子语类》卷十三)

在槐轩和朱子看来,儒家学者本然地担负着"致君泽民"的历史责任,因此对他们的期待必定很高。朱子要求学者"体用兼备",他说:"修身养性,与致君泽民只是一理。"(《语类》卷一三三)"大本即立,然后可推而见也。若徒言正心,而不足以识事物之要,或精核事情,而特昧夫根本之归,则是腐儒迂阔之论,俗士功利之谈,皆不足与论当世之务矣。"(《朱子语类》卷二五《答张敬夫第三书》)槐轩要求学者"修己治人,本末始终之举"要"全",以成"治功"。

期之也高,憾之也深。朱子和槐轩一样,对学者乃至整个学界的批评亦极为尖锐。槐轩认为,汉以后的学者"传经而少传道""儒者不得不任其咎"。朱子亦认为许多学者没有担负起历史的责任:"自秦汉以来,讲学不

明。世之人君，故有其才智做得功业，然无人知明德、新民之事。君道间有得其一二，而师道则绝无矣。"(《朱子语类》卷十三)

我们必须看到，槐轩和朱子语境中的"明师"或"师道"，其本质性的功能是传统意义上的"帝王师"。而"明师"所以能够教化帝王包括所有的为政者（乃至所有社会成员），就在于他们是"道学"资源的拥有者；在"师道"与主政者乃至为政者们的现实关系背后，实质上隐含着一个深刻的历史观念："道统"高于"政统"，意即文化大于政治。需要说明的是，在经典儒家的语境中，"帝王师"与"师帝王"，二者截然不同。"帝王师"，是以独立的价值理念去影响、批判、引导乃至规范主政者的政治行为，自信而无愧地做帝王的导师；而"师帝王"，则以掌权者为师，汲汲于其后，为他们的意图或决策，饰义附说。

槐轩"以孔子之去就为世教所系"，其深意端在于以孔子为"明师"或曰"圣师"的象征；进而对"秦汉而降，君自以为圣人，臣但效其恭顺，治道日卑"的历史，重新确立以"道统"范领"政统"的治世原则，因此，他极为肯认地指出，"夫世安得尽圣君，惟赖有圣贤之臣匡勷致治"。朱子的勇气和识见亦如槐轩。他主张真正的学者适得其位时，要勇为帝王师。如他在《与陈侍郎书》中写道："为是说者，苟不乘乎人主心术之蔽，则亦无自而人。此熹所以深以夫格君心之非者有望于明公。"(《朱子文集》卷二四)又如其言："圣人为治，终不成扫荡纪纲，使天下自恁地颓坏废驰，方唤作公天下之心。圣人只见得道理合恁地做。有个天下在这里，须着去保守，须着有许多纲纪。这是决定着如此，不如此便不得。"(《朱子语类》卷一〇八)

据此，我们完全可以说，槐轩与朱子，他们既为主政者"说法"，又反思学界内部，这不仅是坚守道学所承载的精神价值，更是为"天下"、为人类命运的"悬精结念"。尼采曾说康德是位教师，学生就是现实中的政治家们。用这个说法来比况槐轩与朱子，也是极为形象和恰切的。虽然，槐轩距庙堂远甚矣！

至此，我们或可做一总结。在槐轩的历史社会视域中，秦汉以后的历史，其根质性的问题，就在于古史中的"圣人"与"民人"，转变为君王与民人（亦可说为政者与百姓）的关系。面对"世安得尽圣君"的困境，槐轩围绕着如何达成一个"善世宜民"的良政系统，给出了"人君修德""贤相治理"以及"明师传道"的治世原则。这是一个现实性的方案，然而它却有着明确的价值方向，即"学至圣人"。我们现代人或许容易将其理解为一般性的道德说教，甚至会给予不以为然的轻视。然而，在槐轩乃至整个经典儒家的语境中，"圣人"实是内含着人类历史之大经大法的价值符号。圣人"与天合德"，意味着用健全的宇宙观支撑起完整的历史观；用"圣人"要求所有为政者时，则预设了政治权力必须依据道义立法，而这个原则源自"天道"的宇宙法则，即槐轩所谓的"承天心奠民生"；用"圣人"期待所有社会成员时，它则标示着"人"之为人的自我成就。在这个意义上，槐轩语义中的"圣人"，就不仅是一个价值符号，更是一个社会理想，即作为"人"的存在与历史，非趋此不可的方向。故而槐轩颇为严重地说："圣人知天心，立人道，以持气化于无穷。不然人皆物，则物且食人，而人类将尽！"（《拾余四种》之《剩言》）

第三节 关于槐轩尊古本《大学》的讨论

与所有真正的思想家一样，槐轩的治世原则和社会理想，同样必须回答其可能性的依据以及最高的源头。

就其可能性依据而言，槐轩认为，端在"人性同"或曰"本于心性，践乎伦常则同"。他说："唐虞三代皆圣人也。而随时立法，各协乎中。后世之变多矣。然人性同，则所以尽性而适于中正者无弗同。""自尧舜至于孔孟，事不同而心理则一。"（《拾余四种》之《人道类》《辨伪》）"道止一理而散为万殊，则不可一概而论。圣人因时立法，随俗化民，无印板文字，故五帝三王，礼乐亦不相沿袭，然其本于心性，践乎伦常则同也。"（《又问》）牟宗三曾用"物之在其自己"来解释康德之"物自体"。阿罗频多则说："夫古人之心，今人之心也；今人之智识，非古人之智识，此随时代而

第六章 "学为圣人"与"无愧于人，即无愧于天"

变迁者也。"① 徐梵澄说，"今若就其外王之学求之，则祖述尧舜，宪章文武，有非后世所能尽守者也，后世典章制度礼乐文为无一不变，然其内圣之道，终古不变者也"。② 以上三说，皆可证信槐轩"人性同"与"本于心性"之论。

那么，"人性"的依据又在哪里呢？槐轩谓之源自最高之"天道"，因之而有"取坎填离"这一先天形式的经验性的表述，其言"取坎填离，返还乾坤本体，所谓复性、复礼也"（《拾余四种》之《杂问》）。"复性"者，复"天道"所赋人之"性"；"复礼"者，建良序美俗，"善世宜民"之社会也。对于"复性"与"复礼"的阐述，正是槐轩为其治世原则和社会理想提供的人性论和先天论的理论支撑。

应该提出的是：槐轩之学，当属经典儒家之传统，故其"人性论"与"先天论"是与他的问题意识、历史关怀和价值朝向紧密地联系在一起的，意即不是一纯学理的问题。特别是他的问题意识，又与对宋儒尤其是对朱子的批评密切相关，而这其中的真义则体现在对《大学》的不同诠解之中。是而，笔者必须先就《大学》做一个探讨。

一 槐轩尊古本《大学》的初衷

我们知道，槐轩尊古本《大学》，而朱子之《大学章句》则有补传第五章。朱子认为，传之第五章"盖释格物、致知之义，而今亡矣"，故依程子之意"以补之"。原文是："所谓致知在格物者，言欲致吾之知，在即物而穷其理也。盖人心之灵莫不有知，而天下之物莫不有理，惟于理有未穷，故其知有不尽也。是以《大学》始教，必使学者即凡天下之物，莫不因其已知之理而益穷之，以求至乎其极。至于用力之久，而一旦豁然贯通焉，则众物之表里精粗无不到，而吾心之全体大用无不明矣。此谓物格，此谓知之至也。"（见朱熹《大学章句》之"传"第五章）这段文字的要

---

① 〔印〕室利·阿罗频多《薄伽梵歌论》，商务印书馆，2003，第3页。
② 徐梵澄：《古典重温：徐梵澄随笔》，北京大学出版社，2007，第16页。

· 207 ·

义，可概括为"格物、致知、穷理"，而最被时人及后人所诟病者，则在"物物要格"与"事事穷理"。允当而论，朱子补传有其特定语境、对象所指，乃至独到的思想深意；他于《大学》终生用力，易箦前三日，犹在改《大学·诚意》章。①如此苦心孤诣，当然非如后人所理解的那样，是以个人有限的能力去穷解无限的事物，即在根本不可能的问题上，犯了一个常识性的错误。

从表面上看，槐轩似乎也是这样定位朱子的。然而，笔者斟读再三后体会到，对槐轩对朱子之评骘，绝不能放置在普通的知识论上去理解，而应给予"同情的掌握"。按陈寅恪先生之意，力争与槐轩"处于同一境界，而对其持论所以不得不如此之苦心，表一种同情"，始能"无隔阂肤廓之论"，简言之"所谓真了解者"。笔者认为，槐轩阐发《大学》，批评朱子，是有着基于时代背景的问题意识、历史关怀和价值指向的。

笔者这里所说的时代背景，主要以清代乾嘉学术为参照。槐轩的主要学术活动大致处在清代的中晚期，此正值乾嘉学术的重要影响时期。从现存文献来看，槐轩似乎与当时学术界的重要人物无甚来往，其著作中亦不多涉当时清儒大家。正如其弟子所言："今子但训诂圣经，其他辩证得失，大率皆以孔孟为宗，折中先儒。至朝廷典章、草野风俗及当代人品学术并不言

---

① 据王白田《年谱》，淳熙十六年己酉（1189年），朱熹年六十岁，二月序《大学章句》，三月序《中庸章句》。朱子一生于《大学》《中庸》，用力极多。如尽人知之：易箦前三日，犹在改《大学·诚意》章。《答应仁仲》中有云："《大学》《中庸》屡改，终未能到得无可改处。《大学》近方似少病。道理最是讲论时说得透。才涉纸墨，便觉不能及其一二。纵说得出，亦无精彩。以此见圣贤心事，今只于纸上看，如何见得到底？每一念此，未尝不抚卷慨然也。"（《朱子文集》卷五四）此书在绍熙二年辛亥（1191年），朱熹年六十二岁。又有《答詹帅书》云："伏蒙开喻印书利病，敬悉雅意。……但两年以来，节次改定又已不少，其间极有大义所系，不可不改者，亦有一两文字，若无利害，而不改终觉有病者。……《中庸》《大学》旧本已领，二书所改尤多，幸于未刻，不敢复以新本拜呈。幸且罢议，他日却附去请教也。《中庸》序中推本尧、舜传授来历，添入一段甚详。《大学》格物章中，改定用功程度甚明，删去辩论冗说极多。旧本真是见得未真。"（《朱子文集》卷二七）钱穆先生考证，此书当在朱子六十六七岁（参见钱穆《朱子新学案》中册，巴蜀书社，1986，第1318页）。笔者摘录这些文献，意在认为：以朱子大全之深邃，非是浅识肤表者所能指摘者也。知朱子之深邃，方可窥槐轩之别有意在也。

第六章 "学为圣人"与"无愧于人，即无愧于天"

及。"又如《子问》载："问：然而内圣外王本一贯事，子何不一言世务以今证古欤？曰：天下有道，庶人不议。不在其位，不谋其政。幸生圣世，勉自修持，但求无愧怍于天亲衾影已觉甚难，何敢轻谈时事，臧否人物？"（《子问》卷上）不过，槐轩有过三次赴京会试的经历，且滞京有时，依通常理解，他应该对乾嘉学术有所了解甚至有相当的熟悉。另外，槐轩晚年自谓："愚虚度一生，毫无善状，惟自幼训徒，自乾隆丙午，迄今六十七年。凡圣人之书，恪遵钦定注疏等义，参以诸家，沉潜诵习，久阅星霜。"（《子问》之《弁言》）此条文献足可推证，槐轩对清代学术主流一定是不陌生的。①

仅就学理路脉而言，清代学术内部存在一条对宋明理学之尊崇、反思、批评的线索，而终以经史考证为主要特质。如果说，槐轩对此学术样态知晓的话，那么，他"大率皆以孔孟为宗"的学问宗旨，是否与此样态有着某种内在的关联呢？从文献上看，我们尚找不到槐轩对当时主流学者或学派的评骘，而他的批评主要指向宋代理学家，如于咸丰四年（1855年）刊行的《正讹》，皆论宋儒之失。其批评之大端：一是，养"后天之心"从而暗昧"修身本末之学"；二是，未解"道者"即"天理"之真意，因此模糊了人类历史"一以贯万"的原则；而造成这个失误的重要原因，则在于疏离了孔孟之"正义"，遂使经典儒家之"道"的精神"愈说愈支离"。以今语言之，乃知识的碎片化。如其论张载，既肯认"横渠言三代后学者求为贤人而不求为圣人是一大病。又为天地立心、为万物立命、为往圣继绝学、为万世开太平数语，皆可激发学人志气……又如云夫子之言性与天道，明明说言则不是不言；不独亲其亲子其子，云不独则非不亲其亲"；又指出"心统性情之说，虽止说得后天之心，亦为确实"；究其原因"惜未得明师示以修身本末之学，故语多偏驳。道者，天理而已，实得于身，然后一以贯万，若只恃私心苦学，则愈说愈支离。以孔孟所言衡之，其得失可见，而孔孟之言亦

---

① 关于槐轩与清儒尤其是乾嘉学术的关系，可参见赵均强《性与天道以中贯之——刘沅与清代新理学的发展》之第三章《辨章学术考镜源流》。

· 209 ·

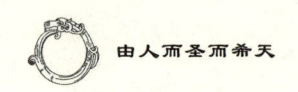

非深造自得不知";而这些学理上的缺失带来的后果,则是无法落实于社会生活之中——"实践则未能也"(《正讹》卷四《总论》)。此番批评张载乃至宋儒之语,实则对应着槐轩学问之趣向,同时又折射出清代儒学内在的问题。

就"一以贯万"的历史原则而言,"一"即是"道","万"则指万象多端的社会生活,槐轩之意端在以"道"范导历史,而伴随着清代经学的繁盛,却逐渐遮蔽了"直道"之彰显和扬举,正如陈寅恪先生所言"经学发展过甚,所以转致史学之不振也"。原话如下:

> 往昔经学盛时,为其学者可不读唐以后书,以求速效,声誉既易致,而利禄亦随之,于是一世才智之士能为考据之学者,群舍史学而趋于经学之一途。其谨愿者既止于解释文句,而不能讨论问题;其夸诞者又流于奇诡悠谬,而不可究诘。虽有研治史学之人,大抵于宦成以后,休推之时,始以余力肆及,殆视为文儒老病销愁送日之具,当时史学地位之卑下若此,由今思之,诚可哀矣。此清代经学发展过甚,所以转致史学之不振也。[①]

在某种意义上,我们可以将陈寅恪所谓"史学不振"理解为"道"在历史中的弱化。"道"之精神源自"天道",因而必然有其自身的超越性。然而在清代,随着这种超越性的渐趋式微,儒学士林亦逐渐丧失以"道"导"势"的文化力量。

杨念群先生在分析了形成此种态势的复杂原因之后指出:清儒对经典的释读"越来越屈从于帝王的现实目标,而缺乏南宋以来士人强调的超越性的精神气质";在与帝王权力关系的格局中,"清代帝王收'治统'、'道统'为一身,士林不但无法教化帝王,而且清朝君主自身已形成一系'帝

---

① 陈寅恪:《重刻〈元西域人华化考〉序》,载陈垣《元西域人华化考》,上海人民出版社,2009。

王之学',对儒家经典的理解也有自己的一套逻辑,一旦拥有此项功能,它就会缓慢却坚韧地消解士林中对'道'的尊奉和理解。如果我们仍一厢情愿地确信士林对'道'的持守仍具备超然的性质,甚至迷信'道'具有某种道德贞洁性,就会离历史的真相越来越远。我们发现,在这样的格局下,士林的精神结构和身份认同也必须放在一种制度与思想互动纠葛之中才能确认自身的位置。当今的文化保守主义者往往抱着存亡绝续的悲悯情怀,不断昭显士精神的执着与伟大,却刻意回避忽略了清朝以后士林精神衰败的历史事实和演变过程,实际上使我们失去了反思自我心灵的机会";与历史上以孔孟为代表的经典儒家相比,清代士人对道义的担当则有所弱化,"与前代发生的不同变化在于,清朝士人已不具备前代那样以'理'来规范'势'之走向的能力,相反,清朝君主在'大一统'扩张和治理上的空前成功,使得'势'有比'理'更加强力的支配作用。因此,以'道统'做支撑的'理'也逐渐受到'势'的侵蚀而发生动摇。最突出的例子是,清朝帝王不仅要使'治统'的占有合法化,而且力图打破'道'(理)'治'(势)分离的传统,或者'势'(治)受牵制于'理'(道)的格局,通过大兴'文字狱'等一系列的治理设计,使得士阶层的精神气质发生了巨大的变异,成为历代以来与君王博弈的最大失败者"。①

笔者认同上述观点。不过我们还应看到,不仅在"道"与"势"(即前文已讨论过的"道统"与"政统")的现实格局中,清代儒者弱化了以"道"导"势"的精神力量,而且"道"之精神力和实践力的载体,即"道学"也逐渐趋向知识化。如余英时先生在论述"宋明理学怎样通过内在理路而转变为清代的经史考证"的问题时,以章学诚为解读文本,提出了一个重要观点,即章氏不仅把清代"道问学"的主流上溯至朱子,又将陆、王系统的"尊德性"也"彻底地知识化了",甚至把王阳明道德性的"良知"转化为知识性的"良知";而这一转释的依据则在于人之或"高明"或

---

① 参见杨念群《结论:一个场景和四个问题》,《何处是"江南"?——清朝正统观的确立与士林精神世界的变异》,生活·读书·新知三联书店,2010。

由人而圣而希天

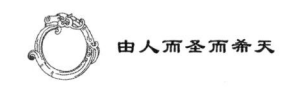

"沉潜"的"性情",余英时将这种"性情"称为"求知的直觉倾向"。[①]

[①] 余英时的观点,可作为理解槐轩思想之时代背景的重要参照,为使正文叙述不至拖沓,故将其思路撮要如下。余氏经过翔实的文献梳理指出,在宋明理学中,"道问学"之"博"与"尊德性"之"约",原属"第二义"与"第一义"之关系,不过自清初,由顾炎武而至戴震,"道德与知识分立之说得到比较透彻的发挥"。如戴震云:"孟子曰:'博学而详说之,将以反说约也。''约'谓得其至当;又曰:'守约而施博者,善道也;君子之守,修其身而天下平。''约'谓修其身。六经、孔、孟之书,语行之约,务在修身而已;语知之约,致其心之明而已。未有空指'一'而使人知之求之者。致其心之明,自能权度事情,无几差失,又焉用知'一'求'一'哉?"(《孟子字义疏证》卷一"一贯"条)据此,余氏认为,戴震"闻见不可不广,而务在能明于心"之说,便是纯在"知"的层次上论"博"与"约"的。"道问学"的"博"即归宿于"道问学"的"约",而不是统属于另一"尊德性"的"约"。这样一来,"知识和道德便各有领域,不再是'第一义'与'第二义'之间的关系了",此说之逐渐发展的结果,便是在实践中"博学"必然成为"清代儒学的最高价值"。章学诚继续了此一理脉,不仅把"道问学"的主流上溯到朱子,乃将陆、王的"尊德性"也"彻底地知识化了"。特举章学诚语:"世推顾亭林氏为开国儒宗,然自是浙西之学;不知同时有黄黎洲氏出于浙东,虽与顾氏并峙,而上宗王(阳明)、刘(宗周),下开二万(斯大,1633~1683;斯同,1638~1702),较之顾氏,源远而流长矣。顾氏宗朱而黄氏宗陆,盖非讲学专家各持门户之见者,故互相推服而不相非诋。学者不可无宗主,而必不可有门户,故浙东、浙西道并行而不悖也,浙东贵专家,浙西尚博雅,各因其习而习也。"(《文史通义》内篇二《浙东学术》)章氏以"博雅"与"专家"分清代朱、陆异同,即是前者主"博",后者主"约"的另一说法。余英时认为,"盖章氏所谓'专家'乃指'运以别识心裁……成一家言者'。而'专家'的宗旨首在'以约驭博',即'不至骛博而失专家之体'。所以从表面上说,浙东之'先约后博'与浙西之'先博后约'正与朱、陆最初的分歧相合。但深一层观察则章氏已将陆、王系统在'尊德性'层面所讲的'博'与'约'彻底知识化了。他撰有'博约'上、中、下三篇,完全从'道问学'的层面讨论'博'与'约'的关系"。余氏又举章氏语:"吾读古人文字,高明有余,沉潜不足,故于训诂考质,多所忽略,而神解精识,乃能窥及前人所未到处。……虽时有卤莽之弊,而古人大体,乃实有所窥。"(《文史通义》外篇三《家书》三)据此,余英时认为,章氏所立之"大"乃"道问学"之"大",而非陆象山"尊德性"之"大";在章学诚看来,"高明"与"沉潜"都源于学者的"性情",也就是一种"求知的直觉倾向",而正是这种"直觉倾向",导致章氏曲解了王阳明的道德性的"良知",从而将其转释为低一层次的知识性的"良知"了。其文献依据是:"学术功力必兼性情,为学之方不立规矩,但令学者自认资之所近与力能勉者而施其功力,殆即王氏良知之遗意也。……高明者由大略而切求,沉潜者循度数而徐达,资之近而力能勉者,人人所有,则人人可自得也,岂可执定格以相强欤!王氏'致良知'之说,即孟子之遗言也。良知曰致,则固不遗功力矣。"(《文史通义》外篇三《博约》)"高明沉潜之殊致,譬则寒暑昼夜,知其意者交相为功,不知其意者交相为厉也。宋儒有朱、陆,千古不可合之同异,亦千古不可无之同异也。"(《文史通义》外篇三《朱陆》)余氏指出,在章学诚这里,为学究当由博而约抑由约而博,则完全视其人的性情是"高明"或"沉潜"而定。这实际上是把朱陆的区别,最终归结为"乃起于人的求知性情之异趣"(参见余英时《文化传统与文化重建》之(转下页注)

第六章 "学为圣人"与"无愧于人,即无愧于天"

笔者以为,上述陈寅恪、杨念群、余英时三位先生的观点,大致可以勾勒出有清一代儒家学术样态的特点(尽管历史的复杂和多样性远大于此):一,缺乏"超越性的精神气质",从而失去以"道"导"势"的文化力量;二,"求知的直觉倾向"不仅把道德性的"良知"彻底知识化,更为严重的是模糊了"道"这个历史的治世原则。如果我们仔细体会槐轩对宋儒的两点主要批评,即"养后天之心"与"愈说愈支离"的内在深意,那么,前者恰与缺乏先天的"超越性"价值源头相合,后者则正是"彻底知识化"的结果。据此,笔者想做一推认,槐轩对宋儒的批评,实亦蕴涵着对当时学术界之弊端的隐忧和警醒;进一步说,其批评不仅是历史的(对之宋儒),而且是现实的(对其当代);而他之所以直溯先秦,"以孔孟为宗",或可看作是以拨冗去繁的胆识,豁然通达"直道"的源头,以期澄明经典儒家之真精神。

如前文所述,朱子作《大学》补传,进而强调"物物要格""事事穷理",是有着特定的历史语境、对象所指和思想深意的。① 从这个视角来

(接上页注①)《清代学术思想史重要观念通释》,生活·读书·新知三联书店,2004)。余英时所给出的最重要的提示点是,宋明儒学"尊德性"与"道问学"之"第一义"与"第二义"的关系,在清代被逐步归纳到知识学的层次。所谓"第一义"与"第二义",本质上是"道"与"势",即"体"与"用"的关系。若将此皆置在知识学的范畴领域内,其所带来的最大负极影响,就是遮蔽了"道"之价值理念对社会历史的范引作用。藉此看槐轩学问,或可说,他的全部努力恰在将淹隐在知识论中的"道"重新澄明出来。

① 我们知道,朱子之"格物、致知、穷理",始终不离"修身、齐家、治国、平天下"的语境,进言之,他首先要求的是为政者必须学为君子。这一点,在其解读《大学》所谓"三句纲"时明确地表达出来。如《语类》载:"敬之问:'经正则庶民兴',这个'经正'还当只是躬行,亦及政事否?曰:这个不通分做两件事说。如尧、舜虽是端拱无为,只政事便从这里做出,那曾恁地便了!有禹、汤之德,便有禹、汤之业;有伊、周之德,便有伊、周之业。终不如万石君不言而躬行,凡事一切不理会。有一家便当理会一家之事,有一国便当理会一国之事。又曰:孟子当杨、墨塞道,其害非细。孟子若不明白说破,只理会躬行,教他自化,如何得化!贺孙问:此即《大学》明德新民之至否?曰:然。新民必本于明德,而明德所以新民也。"(《语类》卷六一)在朱子看来,有道统之"古时"与无道统之"后世",其历史社会的主题,都在"新民"。而民何能"新"?则在"明德"。"明德"者,首在主政者先明己德,然后方有"新民"之可能。换言之,明己德之目的端在"新民"。对于主政者乃至所有为政者而言,所谓"明己德"非指寻常道德,而是有着很高精神修养和实践能力之要求的,概言之"明德"就是"明善"。为此,朱子进一步(转下页注)

· 213 ·

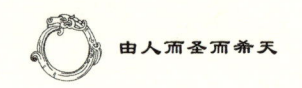

看，槐轩对朱子乃至宋儒的批评，固有其偏颇之处，然而，如若我们将槐轩

（接上页注①）把"明德"与"格物"相联系，提出"真知善之为善而不可不为"，并且将"格物"阐发为"反身而诚"。他说："天下事物之理皆有所谓善，要当明其当然而识其所以然，使吾心晓然真知善之为善而不可不为，是乃所谓明善者。若曰知在我者之所从来而已，则恐其狭而未究于理也。其于诚身，直以为知有是善于吾身而已，是亦未知孟子所谓诚身，正谓心思言行之间，能实见其所明之善而有诸身也。"（《孟子或问》）"所谓格物，亦曰反身而诚，则天下之物无不在我者，是亦似矣。"（《大学或问》）据此可见朱子之意：衡量人对于"善之为善"或曰"理之为理"是否"晓然真知"，不能狭促于心里明白"之所从来"，而必须真诚地落实于行动之中，即实现于"心思言行之间"，或曰"实见其所明之善而有诸身"。朱子所求"格物在反身而诚"，实可与西哲康德所言"健全的理性，不仅为完善信仰，重在完善行为"之意互为发明。朱子所言亦为经典儒家"成己成物"之意。"成己"，就是"知行合一"完善自我。由此递进到历史社会之指向，将"成己"之半径不断扩大，直至"天下"。他说："格物致知以尽其道。自身及家，自家及国，而达之天下者，盖无二理。"（《文集》卷七七《南剑州尤溪县学记》）"达之天下者"即所谓"成物"。朱子有言："圣贤之言，无精粗巨细，无非本心天理之妙。若真看得破，便成己成物，更无二致，内外本末，一以贯之，岂独为资吾神养吾真者而设哉？开阔心胸，向一切事物上理会。第一不得唤着尘事昏心，方知体用一源，显微无间，是真实语。"（《文集》卷三九《答许顺之书》）由"成己"而"成物"，是儒家历史身份与存在价值的自我定位。朱子于此持之以坚。他认为，格物致知存养心性，如果仅仅为了"资吾神养吾真"，就是"独善自私，而无公物我合内外之心"，只合"欲强为儒者之论"，并非真正的经典儒家精神——"圣贤本意"。（《文集》卷四四《答江德功》）朱子之"格物"，可谓之其思想体系的核心，诸多理思由此辐射出去，亦可收聚于此，故而钱穆先生认为，朱子论格物，可谓"言心学工夫之画龙点睛，最后结穴之所在"（《朱子新学案》上册，巴蜀书社，1986，第94页）。概要言之，我们于朱子之格物，应该从他的历史社会之价值指向去做理解和诠释。依此视界，可见其"成己成物"而有"新民"说的合理性。在朱子看来，学为君子的为政者，对于民的责任，就不能仅停留在饱腹暖居的生存层面，还必须"道之以德，齐之以礼"，使其将"天命之性"充分生长出来，从食色之"生存者"，升华为同样"明明德"具有人性尊严的价值"存在者"。这或许就是朱子为何格外强调"新民"而非"亲民"的深层的原因。"亲民"有尊者俯就卑者之意味；"新民"重在民之"觉"，使每一个人都成为良序美俗的共建者。朱子以"新民知本絜矩"（《文集》卷四四《答江德功》）概括这一思想。他反复论说："明明德于天下者，使天下之人皆有以明其明德也。"（《大学章句》）"明己德，新民德"，"明明德于天下，自新以新民。"（《朱子语类》卷十四）"必使天下之人皆有以不失其性，不乱其伦，而后已焉。此二帝三王之盛，所以化行俗美，黎民醇厚，而非后世之所能也。"（《文集》卷七七《南剑州尤溪县学记》）所谓"不失其性，不乱其伦"，看似消极谨守，其实，于社会秩序的基础面而言，实乃积极共建。正是因为将"明明德"首先指向为政者，朱子对于他们的主体水准和能力的要求不仅非常之高，甚至近乎苛刻。在此语义中，朱子将为政者之"明明德"与"格物"相连，说"格物所以明此心"。（《朱子语类》卷一一八）"明此心"即是"明德"。"格物"的目的是通晓事物的道理。朱子说"格，至也。物，犹事也。穷至事物之理，欲其极处无不到"（《大学章句》之《格物补传》）。具体来说，是"所以然"与"所当然"之理。依今语，是要明晓事物（转下页注）

第六章 "学为圣人"与"无愧于人，即无愧于天"

放入其身处的时代背景中去理解，即可见出他亦有自己的问题意识、历史关怀和价值指向。进一步明确地说，在我们今人看来的偏颇之论，却是内含着作为哲人的槐轩，对人类之过去历史、当下时代以及未来走向的理解与前瞻的双重意蕴。所谓双重，是说槐轩所思考和论说的问题，既针对当下时代的特殊性，又具有普遍恒久的意义和价值，若借用西哲康德的理思，就是历史的合规律性与合目的性的统一。这是我们理解槐轩应该掌握的一个核心理据。对《大学》的阐发，是槐轩这些深思邃意的一个重要表达。

槐轩所尊为古本《大学》，[①] 且确信出自孔子、曾子之手。我们知道，关于《大学》之作者和成书年代，学术史上一直存有争论，直至今日，虽然随着考古文献的不断发现，其观点大有推进，但尚存待讨论之处。很显然，与清代的乾嘉学派不同，槐轩并未偏重于考据功夫，而是直接溯源孔孟之价值精神，其目标端在阐发内中的大本、义理。

（接上页注①）所以如此的原因和律则，以及它应该有的合理样态和发展方向。因此，朱子反对把"格物"训释为所谓反映和被反映的关系，即"接物"，如著名的王阳明"格竹"之举。朱子说："训格物以接物，则于究极之功有所未明，人莫不与物接，但或徒接而不求其理，或粗求而不究其极，是以虽与物接，而不能知其理之所以然，与其所当然也。"（《文集》卷四四《答江德功》）对于为政者来说，明晓事物之理而且付诸实践（"明之善而有诸身""反身而诚"）对于合理社会的形成是极为关键的。在这个意义上，朱子指出"格物"是"致知，诚意，正心，修身，齐家，治国，平天下"的核心，"本领全只在这两字上"（《朱子语类》卷十四）。如果借用现代语言来说，"格物"所要达到的是"真理性的精神"的高度；而人本然具有提升自我达此高度的潜能，"格物"就是为了使这个潜能显明并生长起来，即所谓"唤醒此心，欲他昭管许多道理"（《朱子语类》卷一七）。此语义中的"心"，即被大自然所赋予的"明德"之"心"。"明德者，人之所得乎天，而虚灵不昧以具众理而应万事也。"（《朱子语类》卷一四）王阳明先有"格竹"之举，后有"中夜大悟格物致知之旨，寤寐中若有人语之者，不觉呼跃，从者皆惊。始知圣人之道，吾性自足。向之求理于事物者，误也"（转引自徐梵澄《陆王学述》，第72页）。实与朱子"得乎天"之"明德"同符。朱子"格物穷理"之义，内容尚多（如其就"自天子以至于庶人，壹皆以修身为本"所阐发出的普遍性意涵），此不便详述。这里只能撮要述其一二，以作为理解槐轩评骘朱子之参考。

① 关于《大学》，槐轩著有《大学恒解》和《大学古本质言》，两书的解读内容大端不差。按槐轩说法，之所以《恒解》之后又作《质言》，因前者"第文字简略，未能畅所欲言，且千年废弃之书，一旦复旧，学者狃于常说，不能遽通其义，必滋聚讼"，因此再作《质言》，"朴实说理，期于人人可知"。据此，笔者在引用槐轩《大学》之解时，主要依据《大学古本质言》。

由人而圣而希天

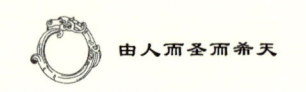

在槐轩的视界中，作为文本的《大学》出自孔子和曾子之手，但"大学之道"却古已有之。饶有意味的是，槐轩将上古圣人的"大学之道"至孔曾之文本《大学》的完成，视为一段历史；而他几乎所有的重要观点，都汇集在对这段历史的阐发中。关此，槐轩有诸多文字，这里引录一段。

大学之道，圣人所以陶成天下，使咸为圣贤，无愧于天亲者也。天地父母混合而有此身，异于禽兽者，以其有德。德者何？天理而已。天之理，而人得之以为性。实有曰诚，共由曰道，以其为生生之本曰仁，全之则为圣人，失之则为禽兽。人人所有，亦人人所能，第非师不授，非恒久不能竟其功。唐虞三代所以道一风同者，大学之教，上以此育才，下以此修身，无智愚皆知也。周衰俗弊，道乃不在君相，而在师儒。孔子不遇于时，仅得私以诲其弟子，而又虑不能永传，遂为此篇以授曾子。秦火以后，文献无征，而此书尚存，盖诸儒抱残守缺，其功苦矣。流传至宋，程子昆季倡为改窜，而朱子继之，此书遂非其旧。然圣人之书，非等寻常文字可有可无，固将使人实体于身，为成己成人之本。此书综前圣之法，为后学之津梁，字字皆有实功，次第不容稍紊，岂可未践其功，遽以私心窜易？且阙疑者，考古之要也。"郭公""夏五"，夫子且然，而况吾徒。孔曾忧世牖民，乃为是书，身心性命之理，日用伦常之道，全备于兹。即尝从事其间，而一篑未成，亦难臆揣。矧以一得之偏，废圣人之精言乎？濂溪之学本由禅宗，程朱相沿，以养后天之心为明明德，又不知存心养性必止于至善之地；其养心之学，至高不过如告子，其次不过如原思，夫子志学而至从心，孟子有诸己至化神，其功夫次第尚未一一实践，何乃轻议圣人之学，擅为改窜遗经？愚《大学恒解》恪遵钦定《义疏》古本解释，以全孔曾之旧，非必反先儒，诚虑学圣人者，无从循序深造耳。第文字简略，未能畅所欲言，且千年废弃之书，一旦复旧，学者狃于常说，不能遽通其义，必滋聚讼，因复为此册，名曰《质言》，朴实说理，期于人人可知。欲发明

· 216 ·

圣人，自不得曲从朱子。①

先做一说明。从现代学术的视角来看，槐轩对朱子及宋儒的评鹭，恐有失公允。如陈寅恪先生为邓广铭先生的《宋史职官志考证》一书作序说："华夏民族之文化，历数千载之演进，造极于赵宋之世。后渐衰微，终必复振。"而对于华夏文化复振之前景，一言以蔽之"宋代学术之复兴，或新宋学之建立是已。"② 再如，有学者藉严复之说（"中国所以成为今日现象者，为宋人之所造就什八九。"）提出，宋代作为传统文化的代表，"一方面是先秦、汉、唐以来儒家传统文化的总结，一方面又是近代中国文化的开端，两宋，尤其是北宋，在年代久远的中国历史上，的确是一个承前启后的重要转折点"③。在这里，笔者不讨论宋儒之历史文化的作用和地位，也不阐述宋儒之理思以证明槐轩之论有偏颇（照实而论，槐轩所示宋儒之缺憾，恰是宋儒阐发最为着力的方面，如"天理"，"养先天之性"，"存心养性必止于至善之地"等），以避免陷入学术史的断断之辩而干扰对本文主脉的把握。后文，笔者将借助哲学解释学的视角，着重探讨槐轩的问题意识和价值关怀。

二 "明明德"与"亲民"：基于"历史现场"的诠释

前文我们曾就槐轩之有"道"历史的思想做过讨论，谓其可能性首要在建构一良政系统，而"人君修德""贤相治理""圣师引导"为根本要素。在槐轩乃至经典儒家的视界里，所谓良政，不仅必须"养民之生"，更得"全民之性"。他反复申说，"圣王经世之务不过'富''教'二端。凡礼乐文章制度随时变易或有不同，而要不外养民之生、全民之性。"（《子问》卷上）"从古圣人或在上或在下，无非欲养教斯民，安其生又复其性，使不愧于天，不愧于亲。"（《正讹》卷一）"圣人治世亦止'富'、'教'二字。人人能免于饥寒，人人为善去恶，天下有何事哉！"（《俗言》）所谓

---

① 刘沅：《大学古本质言》之《叙》，下文简称《质言》。
② 陈寅恪：《金明馆丛稿二编》，上海古籍出版社，1980，第245页。
③ 陈植锷：《北宋文化史述论》，中国社会科学出版社，1992，第1页。

"全民之性""复其性""为善去恶",其深意端在将民视为价值的"存在者",而非物性的"生存者",前者是人对生物的升华,更是人对自我的规定。以往人们常常强调生存是第一位的,其实,这是包括人在内的一切生物生来就有的本能,也是为政者天经地义的责任,不必多放言辞;而如何使人"不愧于天,不愧于亲",成为有价值的人,才是槐轩更为关注的问题。槐轩之"先天论"与"心性论",无不是围绕"人如何成人"或曰百姓"如何成人"的核心问题进行思考的。由"养民之生"到"全民之性",是一个由为政者首先"成己"然后"成人"(即成就百姓)的过程,而完成这一历史过程的前提,浅白地说,就是必须要将"人"或曰"百姓"当作"人"看。在槐轩看来,这绝不是主政者个人的慈怀或恩惠,而是大自然(即天道)赋予每一个人成就自身的潜质,好的为政者(即槐轩所谓"明君贤相")只是将这种潜在的品质调动起来,并保护其良好的生长与完成而已。如果我们认真体会槐轩对《大学》的阐发,则可见他是将深厚的人道情怀凝聚于其中了。

槐轩的阐发思路是:人之成就自身价值的潜质是"德";"德"有两路,上而源自"天理",下而人得之为"性"(即"人性");就个人而言,应使天赋之"性"真诚地成长起来;就社会而言,人之"性"则客观化为"共由之道";个人之"诚"与公共之"道",其可能的本体(借今语,可比况为"哲学")性的依据,谓之"仁";而(本)"体"之健全的显"用",最终体现为"人"的自我成就,即"全之为圣人"。这个逻辑理脉在上揭《质言》之《叙》的开篇语中,有着极为清楚的表达:"大学之道,圣人所以陶成天下,使咸为圣贤,无愧于天亲者也。天地父母混合而有此身,异于禽兽者,以其有德。德者何?天理而已。天之理,而人得之以为性。实有曰诚,共由曰道,以其为生生之本曰仁,全之则为圣人,失之则为禽兽。"

"咸为圣贤"即人人皆为圣贤。在槐轩的语境中,这不仅是一个价值期待,也有着他所理解的历史依据,即唐虞三代以此价值为根本,故能有"道一风同"的治道之世。三代以后,即"周衰俗弊",孔子和曾子为不失三代"直道",故而作《大学》将三代之"道"用文字记录下来,以"综

第六章 "学为圣人"与"无愧于人，即无愧于天"

前圣之法，为后学之津梁"。槐轩看历史，固然邃见经验现象背后之"道"，但绝不空泛论"理"，而是极注重当时社会的制度安排，因为在他看来，合理而具体的制度恰是"道"的载体。唐虞三代虽然没有文字记载的《大学》，但却有人人皆知的"大学之教"，如其所言"大学之教，上以此育才，下以此修身，无智愚皆知也"。与那些纠结于《大学》文本出于何时的考据家不同，槐轩根据"人"之本性以及社会生活之特性，推定上古时代"大学之教"的存在。

前文笔者在讨论槐轩的古史语境时，已经论说过他的上古教育思想，但不够详细，这里请容许再补充一些《质言》中的文字以备其说。他说："自羲农至夏商，皆明明德而在位者也。'学'之一字，傅说始言，岂前此圣人无所学哉？古人重实行，有所师法，不求人知，无处非学，亦无念非道。穷达一致，不必以为奇事，亦何必定传为美谈也？"（《质言》释"学"）槐轩在这里说出了一个极为重要的观点，古人之"学"非如外在于自我的凉漠的知识学，而是内中觉悟付诸"实行"的有着生命体温的实践学。借用现代学术语言，知识学重概念，而实践学重知行合一之"理念"。人之行动无处不合理，是而，虽无文字之书，然却"无处非学，无念非道，穷达一致"。徐梵澄先生曾提出一个与槐轩同样的观点："有一个古老的问题：在我们的历史刚刚开始的尧舜时代，那时的圣人读什么书呢？"他以颜子为例作回答，"只要有真实的内中的觉悟"，"无需过多的外部学习或书本知识，经过不断坚定的内中努力，个人可以逐渐获得某种程度的明悟"，"这觉悟犹如悦乐之酒，在这悦乐之中，财富和名望皆微不足道了"。[①]

"大学之教"根要在于内觉与"实行"的统一，而"穷达一致"的实践学，在上古是凭借"小学"与"大学"的教育体制来实现的。槐轩认为，上古之"小学"和"大学"，其教育的最终目的，都在于使受教育者自觉（此与今语之"自由"精神合契）地成就自我人格，"惟正心修身以清其源，善养善教以尽其道"。孔子以后的儒者，认识到幼童启蒙的重要，编葺《小

[①] 参见徐梵澄《孔学古微》，第150~151页。

学》《幼仪》等书，但是却忽略了教育的真精神，误使教育偏向到"斤斤云幼仪""成人必备责苛求"的外在或曰他律性的要求。经过一定的考证之后，槐轩认为《小戴记》之《少仪》篇，"亦非圣制"，没有表达出上古之"小学"教育的精神。在槐轩看来，真正的"小学"教育精神，是将"小儿喜动"的本能，经过培养教育转化为"血气和平，心志欢悦"的健康心理状态，从而在潜移默化中形成遵守规范、成己成人的良善品质，即所谓"阴使渐渐入于礼乐""渐摩义理，久久而自习为固然"。借用现代心理学家荣格（Carl Gustav Jung）的说法，就是把人与生俱来的心理"原型"（archetypes），又谓"天赋可能性""领悟（appreh-ension）的典型模式"，充分地调动生发出来，成为由自在而自觉的践"道"者。重要的是，教育者必先"正身率之"。笔者认为，槐轩的教育思想，实具有普遍的价值，特别是对于今天的教育，更有着启示乃至指导意义，故而不惜多赘文字，照录如下，期读者理会。他说：

小学之法，圣人未有成书，《小戴记》载《少仪》一篇亦非圣制。蒙养最要，先儒因编葺《小学》《幼仪》等书，其意固佳，然考古人七岁入小学，不过学《乐》诵《诗》、舞《勺》舞《象》。盖小儿喜动，养之者欲其血气和平、心志欢悦。但恐所习不正，反致入于邪僻，故以《诗》《乐》和其志，舞蹈习其仪。虽游戏之时，已阴使渐渐入于礼乐。而见闻及所师法，则必父母师长正身率之，故孔子亦第言孝弟谨信诸大端，未尝斤斤云幼仪也。《记》曰："十年曰幼学"，幼学指十岁及十五上下者。十五曰成童，二十曰弱冠，故二十岁以下皆可云幼童。幼之时常依父母家庭，有以作则，而出入居游，又远乎彼匪，则渐摩义理，久久而自习为固然，岂如成人必备责苛求哉？"子夏之门人小子"即十五以下者，故"洒扫应对进退"，先习礼仪，亦以当时尚沿周制，言行动静皆有法度，不得不自幼学之。若后世一切皆非古矣，而尚执古礼以教童蒙，可乎？"阙党童子将命"，谓夫子使之将命，岂知当时小学竝无将命之文，《礼记·少仪》不足据欤？夫道惟时中，不拘于古，亦不戾古，惟正心修身以清其源，善养善教以尽其道。父师得人，何忧不肖？又奚必矩步规行，斤斤于古制，琐琐而苛求哉？①

值得注意的是，槐轩语境中的"大学之教"，其实是有两个层次的。一是理想期待：通过"养民之生"和"全民之性"，使得所有人皆成为有教养有能力的价值存在者，即槐轩所言"使咸为圣贤，无愧于天亲者也"。如果说得更平实一些，亦如徐梵澄先生论"孔子之道"或曰"孔子之教"（亦即"大学之道"或曰"大学之教"）时所说："理想是回遵此一古训曰'修辞立其诚'，求进步是在这里，功夫是自内中做起。及至'和顺积中'，然后'英华发外'，'时然后言，人不厌其言'。凡说话简单明了，条理井然，亦不妨'文采翩翩。必言之有物'——不诚无物——而且言之有文，然后语文容易合一。若使一时代人士，即现代诸人的子弟，皆养成到那种地步，一个个'文质彬彬'，实是可憧憬的事。"② 人人皆养成"文质彬彬"的子弟，亦是槐轩"咸为圣贤"的憧憬。二是具体指向，即培养治世之人才，相当今语之各级领导干部，即所谓的"明明德而在位者"（《质言》释"学"）。

如果说，槐轩论"小学"重在"正心修身"，即为每一位孩童奠定"血气和平，心志欢悦"的健康良好的心理基础；那么，其论"大学"，则重在现实，即为国家天下输送栋梁之材。就制度性的"大学"而言，槐轩的定位非常明确，即与"乡学"而对，"大学"就是"天子之国学"。他说："大学对七岁小学言，则十五以后学为人之事；对庠序校等乡学言，则天子之国学。详味经文，则夫子所言天子之大学也，何者？周家以六德六行六艺造士，其时父兄师友皆大学中人，自家庭之间胎教、谕教已端其本，而州闾族党悉各有师。上以之兴贤，下以之立身，民盖无不由之者。生养遂而道化周，人无不学。"乡学为国学输送优秀人才，而国学则是培养高层治国人才

---

① 《质言》释"小学"。
② 徐梵澄：《异学杂著》，浙江文艺出版社，1988，第98~99页。

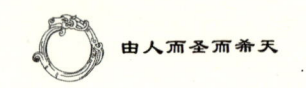

的——"乡大夫以时饮射读法,与父老子弟相习讲求督课之,必其德行道艺实有所得,乃渐次而升于国学。国学与天子近,备朝廷选建之所也,故夫子曰:'三年学,不至于穀,不易得',谓其入大学而已升于司徒耳。"槐轩指出,"大学"的宗旨就在"学为人之事"。"为人"有双重意,即"成己"而"成人"。槐轩认为,"大学之道"中所谓的"明明德,亲民,止于至善"便是对"成己"与"成人"的经典表达。

有意味的是,槐轩诠释"大学之道",没有局限在单纯的义理层面,而是极为注意古史中的"历史现场"。如"明明德",一般的解释,"明德"为名词,而前一"明"为动词,浅显的意思是,使人本有的德性潜质即"明德",彰明出来。然而,槐轩却提出,"德"是名词,"明明"皆是动词,意即:使人天赋本有之"德"不断地显明(明而又明)出来。因为他认为,由"乡学"入"大学",已有明德之功,但还须继续努力:"因大学中人由乡学而入,已非不知明德者,但德无穷,明之之功亦无穷,必益加明之。曾子释之曰'日新,日日新,又日新',即此意也。"(《质言》释"大学")另一段话说得更为明确:"'明明'二字相连,谓明而又明也。'德'字单出,谓为明德亦无害;但天理无为,德即天理,心在后天,不尽天理。其最灵动者,人心也,天地父母合而有此身,得天理者无不全。气质之厚薄清浊,则纷杂不一,并天理亦牿者多,所以未从事大学,得不尽明也。"(《质言》释"在明明德")由"乡学"而入"大学"即"国学",首要在继续修养自身,提高人品。

再如释"亲民"。槐轩不同意把古本《大学》之"亲民"改为"新民",是有着"历史现场"的依据的。他指出,上古之教育,不因人的社会身份或政治等级而有差异,只有"小学"与"大学"之分。入"大学"之人,其"明明德"绝非旨在成就自己之德行修养,而更为具有"体察人情物理"而"措诸天下"的能力,为此,就必须"与民相亲"而后可。槐轩依据《礼记》做出解释:"古贵贱无异学,故天子、元子、诸侯、卿大夫之子皆同一大学之道,其力行、德性、道艺亦由上庠下庠渐次而升大学。《记》曰:'小学在公宫南之左,大学在郊。'小学即上庠下庠等也。大学所

第六章 "学为圣人"与"无愧于人,即无愧于天"

以在郊,一者示天下招致四方贤士之意;二者与民相亲,以便体察人情无理,为出身加民之本。盖万理统于明德,明德虽止在一心,而其理散著于万事万物。事物不可胜穷,以五伦为大,民生日用之事为切。明明德者,性已尽,身已修,自可以措诸天下,无不宜矣。然而五方风气异齐,民生其间异俗,非可以一概而施,必与民相亲,人情物理细心体察,即一隅以反三隅,久之然后随时随地、随人随事斟酌而合乎时中。大舜好问好察,执两用中,由斯道也。故明德必须亲民,亲非但亲近、亲爱,此中有许多功夫在,愚夫愚妇一能胜予,'无众寡、无大小、无敢慢','察言观色,虑以下人',一切取善之法皆在其中。圣人明于庶物,察于人伦,亦由乎此。高宗'旧劳于外','文王卑服,即康功田功','爰暨小人'则'知小人之依,能保惠于庶民',周公特以告成王,惟恐其不知民依。……六合之遥,民生之众,古今时势不同,弗观其会通而衷于至是,曰'未大行也','无知己也',然而圣人陶渔版筑,即终身匹夫亦有可法可传,一官一邑亦能安人济物,又何以故?夫人固未有孑然一身、与世相违者也,一室之中父子兄弟夫妇,一日之内凡言行交际往来,其人其事固已不齐,观我观人,明辨义理,求其无愧于心,已非易易。而况大学之地,贵贱贤愚无限,天下人才群集,相习相亲,增广智识者何穷?岂必尽天下之事而知,尽天下之民而求之哉?明明德之人即诚身之人,'诚者,非自成己而已也,所以成物也。成己,仁也;成物,知也,合外内之道也,故时措之宜也。'能明其德,已可以修齐治平,而更亲民以广其识耳。修其身而天下平,圣人无两副本领,盖其为学时即讲明人情物理,非徒诵读。况大学中天子、元子、卿大夫子皆在,尤不可不亲民。古者天子诸侯外朝,询万民、询众庶,与民相见,所以下情上通。后世不然,故言大学者亦不知何以当亲民矣。"[1]

上揭文字中的信息极为丰富。槐轩虽然诠释的是上古"大学之道",但其内中对主政者乃至所有为政者的"明德"要求,直至今天仍有着重要意义。有"德"之人,必是"诚身之人",而"诚"的真实意义,"非自成己

---

[1] 《质言》释"在亲民"。

而已",更在于"成物",即"知民所依"。"保惠于庶民"而能够"知民""保民"者,则须了解民情,明察事理,进而做出适当的决策和可行的举措,槐轩谓之"随时随地、随人随事斟酌而合乎时中"。槐轩的阐发,纠正了以往对儒家"德治"的误解。儒家之"德",非指狭义的主政者个人之道德修养,而是包含着治世之眼界、胸怀、智慧等在内的"大德"或曰"天德",即槐轩所谓"内而致中,外始能时中"的"至善"之"德"。(《质言》释"在止于至善")以上笔者所揭长文,读者若能认真读解体悟,必能有会心之得。

三 "子言听讼":对人之向善本性的信任

还有一需提及者。槐轩把"明德亲民"的思路用于"子言听讼"的解释,而与朱子和王船山之"明德新民"形成对照。我们通过此一对照,或可对槐轩解《大学》有一更全面的理解。《大学》原文:"子曰:'听讼,吾犹人也。必也使无讼乎!'无情者,不得尽其辞,大畏民志。此谓知本。"这段文字的意思,或可理解为,儒家的教化功能在于退恶扬善,使百姓和睦而无有争讼。那么,"明德亲民"和"明德新民"与此各有着怎样的内在关系呢?

就槐轩的"明德亲民"而言,他提出两层意涵。一是"由明德时即有亲民一段功夫,所以盛德自然及民,民自不能忘。古圣人皆然,非孔子创为此说以证实之也"。二是以"诚"为修身之根本,教导百姓"毋自欺"而化于"诚"之境界。前者重在以己德感化民众,后者重在以诚身教化民众;通过感化与教化之途,形成"必使无讼"的和谐社会。他说:"夫子言修身为本,修身许多功夫如何能一一造乎其极,非诚字不可。诚者,实心行实理。天理实有于身即为诚身,即修身也。夫子常言诚身,诚者天之道。"槐轩当然知晓人心与情势的多样复杂,因此他认为曾子引用"子言听讼"是有着现实根据的,其目的是发明"诚"字。槐轩阐发道:"曾子本因人多不诚,故不能修身,特标诚意为首,戒人毋自欺。""曾子恐人不知修身是诚身,又所谓诚者如何,恐人未解,故仍引夫子之言发明'诚'字,见已言

第六章 "学为圣人"与"无愧于人,即无愧于天"

'诚'字为重,仍是夫子之意。人心万变难齐,惟一诚可了如。讼生于不诚,'使无讼'者,德明至诚,而凡无诚之人皆化于诚,可见身修则诚无不格。知诚为修身之要,则知诚身之外更无功业,乃为知修身之本也,故结之曰:'此谓知本'。"

槐轩的诠释自有他的内在理路,而这个理路的前提,是基于对人性的底线信任,即所有人都不肯做道德上的"小人",而愿意修身,而修身必"诚意毋自欺"。槐轩正是依据这样的逻辑,从人之向善本性的预设而推导出"使无讼"之和谐社会的可能性。他的原话是,曾子大声疾呼:"言诚意者毋自欺。曾子因人多自欺,却又想修身,不知一自欺则入于小人。《大学》格致诚正等功,尚安能一一力行?末节引'子言听讼',仍发明毋自欺之义,其意曰:毋自欺则诚,诚则其身已修,天下无情之人皆可感化,而修齐治平统于此矣。"(《质言》释"子曰:'听讼,吾犹人也。必也使无讼乎!'无情者,不得尽其辞,大畏民志。此谓知本")

我们应该特别注意槐轩的这一理思:为政者必得诚意修身方能"感化"天下,而民人(包括无情之人)之所以能被感化,端在其"想修身"之向善本性。在抽象的意义上,无论是为政者之"修己德",还是民人"想修身",其可能性的依据都是人之"性",槐轩所谓"修齐治平统于此",就是统于"人性"。而"人性"源于何者?又如何能够不断"明明德"(包括所有人)而成就"必也使无讼"的和谐社会呢?槐轩的理论是,"人性"源于"天理",而向善和谐的可能性是"天道"所赋予的先天能力。这样,槐轩就从历史社会的视域转入了元哲学的讨论了。关此,后文再作论述。

槐轩之诚意修身而"感化"天下的观点,其实与朱子是一致的。孔子有言:"道之以政,齐之以刑,民免而无耻;道之以德,齐之以礼,有耻且格。"(《论语·为政》)朱子对此语的解读是:"愚谓政者,为治之具;刑者,辅治之法。德礼则所以出治之本,而德又礼之本也。此其相为终始,虽不可以偏废,然政刑能使民远罪而已。德礼之效,则有以使民日迁善而不自知,故治民者不可徒恃其末,又当深探其本也。"(《论语集注》卷一)朱子强调的是,德礼为治之本,而德又为礼之本。德,不是首先用来要求百姓

·225·

的，而是对主政者（所谓"治民者"）而言的。主政者必须首先"正心诚意"，去其私欲，修德于己，进而方能使民迁善。是而，朱子又说："为政以德，不是欲以德去为政，亦不是块然全无所作为，但修德于己而人自感化。然感化不在政事上，却在德性上。盖政者所以正人之不正，岂无所作为？但人所以归往，乃以其德耳。故不待作为而天下归之如众星之拱北极也。"（《朱子语类》卷二三）这里的关键句"不是欲以德去为政"，意为：不以口头之德（今语之意识形态化的律则、号召、口号之类）要求甚至强迫百姓去做并非所愿之事。治国者必先反求己身，"德修于己"而使百姓自然而然地"感化"之。朱子所谓"政事"，意近今天的所谓"政绩"。政绩，可以使百姓对政府产生一时的"感激"，但却不足以"感化"之。从现代哲学的角度来看，政绩似属良性的经验内容，是流动不居的。为政者既可因某些需要去创建政绩，也会在转念之间，制造失误乃至灾难。只要主政者不具备"君子之全德"（槐轩谓之"得天理之全"），政绩与失误（或灾难）就是一事之两面（正与反）。与所谓"政事"相比，为政者如果"修德于己"，那么，他的"全德"也就可为治民化民之"本"。有此"大本"，即使遇有暂时的挫折或困难，也不会失去百姓的信任。因为，"本"为"体"，"体"在则"用"达。"体"是可靠稳定的，百姓之所以愿意与政府共渡难关，就是因为百姓相信主政者的"德体"尚在。"修德于己而人自感化"，所谓"感化"，根本上调动的是百姓本有之"自性"，由感动而自我化育成君子。这种"自感化"，就是"民日迁善而不自知"的社会提升过程。正是在这个意义上，朱子说："有禹汤之德，便有禹汤之业。有伊周之德，便有伊周之业。终不如万石君不言而躬行，凡事一切不理会。有一家便当理会一家之事，有一国便当理会一国之事。新民必本于明德，而明德所以为新民。"（《朱子语类》卷六一）朱子此意也表述在"子言听讼"的解释中："犹人，不异于人也。情，实也。引夫子之言，而言圣人能使无实之人不敢尽其虚诞之辞。盖我之明德既明，自然有以畏服民之心志，故讼不待听而自无也。"（《大学章句》传四章）

　　同样强调"感化"，何以槐轩有"明德亲民"之说，而朱子有"明德新

第六章 "学为圣人"与"无愧于人，即无愧于天"

民"之论呢？盖槐轩以为"亲民"方能有民之"感化"；朱子则认为"明德"端在使民"日迁善而不自知"；前者以"亲民"为治道之前提，后者以"新民"为治道之目标。此"前提"与"目标"，实一事而两端者也。故不必再三断断计较之。

这里，我们还需再体会王船山以"明德新民"释"子言听讼"之论，以便为理解槐轩提供一重要参照。船山认为"明德新民"必然要客观化为以"无讼"为重要表征的和谐社会，即"明德新民之道即在是"。船山之语较长，然特值领会，故照录如下：

《经》言物有本末，以明德为本，以新民为末，而本末一贯，由本而生末者也。夫修己有修己之事，而未遑及于治人；治人有治人之事，而不仅修之于己。则何言立本于明德而新民之道即是乎？则尝征之夫子言矣。子曰：言治术者以听讼为难，谓审其曲直而施之断，可以服民而革其非；自我思之，苟秉公直之心，行明察之术，可以听矣，吾虽不敏，亦犹人也，非难能也；必也化民于和平正直之道而无讼，然后风俗美而王道可行，乃无讼正谓易言也，不望之民而责之上，不恃乎教而必善其感；上有以使之，而后民可安于无争之宇也。乃今自夫子之言思之，何以能无讼乎？盖人各以其情实而相与，则讼不生矣。而偶因一事之忤，一念之争，遂不顾情之有无而曲为之辞。辞则可以百出百变而不穷者也，引之愈长而辞不可尽，则讼乃以不止。必使无情者有辞而不得尽，则辞既穷，而情之有无不待辨而自为屈伸，斯无讼矣。而无情者既可有辞矣，何以不得尽也？则所谓"使无讼"也。讼者情虽无而有志，偶有所动，则辞因之以生。故欲止民之争端，必先服其妄志。志欲起而有所畏焉，则欲言之而神以慑，辞不得尽矣。乃以刑法威之，不畏也；即以明断折之，虽畏而畏亦不大也。其惟"大畏民志"乎！上之人以其在躬之清明，端好恶而奉明旦，则民虽愚而戴主德之无私，赫赫明明，自震动之于无言之表，而后志不敢妄动，辞不敢虚陈，而无讼矣。唯如此也，则志，民之志

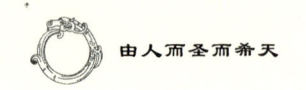

也，而畏之者上之德也；无讼者，民之新也，而使无讼者德之明也。不然，但求之民而思革其恶俗，则必从事于听讼，将以新民，而民愈必不得新矣。故夫子之言，知本之言也，知本之为先务而末之所自生也。然则明德为本，新民为末，不信然哉！①

船山与槐轩皆极重视"使无讼"。在他们看来，解决民之争讼、社会冲突，虽然可"以刑法威之"和"以明断折之"，但这只能使民"畏惧"，而不能使民"敬畏"。真正能够使民"敬畏"的，是内在的"明德"而不是外部的律法。如果我们悉心体会，就会发现，槐轩与船山所言"明德"根本之义，都在主政者以自己的"无私之德"使民感动而生发敬畏之心，从而逐渐养成"志不妄动，辞不虚陈"的自律品德。于此，槐轩谓之"感化天下"，即"'使无讼'者，德明至诚，而凡无诚之人皆化于诚，可见身修则诚无不格"。船山则直言"使无讼者，德之明也"，如果不求民之自新，"但求之民而思革其恶俗，则必从事于听讼，将以新民，而民愈不得新矣"；所谓"新"不是表面的变化，而是人内中的精神的进步，人藉道德之自律，即"神以慑"，固可无私心虚辞，而"人各以其情实而相与，则讼不生矣"的社会亦形成可望。

在期求"民可安于无争之宇"的社会理想方面，可以说，朱子、船山、槐轩乃至所有真正的儒家皆归趋一致。不过，在朱子和船山看来，此必待民新而后有之，故而船山说"无讼者，民之新也"；而就槐轩而言，若使"天下无情之人皆可感化""无诚之人皆化于诚"，必得与民相亲而后可，即所谓"由明德时即有亲民一段功夫，所以盛德自然及民，民自不能忘"。其实，若望"新民"必不能疏离于民，"必有亲民一段功夫"，用俗语说，就是"不能脱离群众"；而"亲民"又是以"民之新"为目标，即所谓"化民于和平正直之道而无讼"，在目的论的意义上，"新民"已经注入时间性和历史性了；是而，或可说，"新民"与"亲民"，二者互为题中应有之义，

---

① 王船山：《四书训义》卷一《大学传》第四章。

关键在于我们如何体会这些经典儒家的天地境界和仁民情怀。概要言之，"亲民"抑或"新民"，皆属历史社会之视域中的思考。

第四节 "致中"就是"至善"：为人的生活提出善恶之标准

就槐轩之"亲民"说而言，其揭橥的是"成己成物""知民所依而保惠于庶民""修其身而天下平"的社会理想。然而，这个理想绝非空论，而必须客观化为历史之现实，槐轩之"中"论，就是对这一思想的深刻阐发。槐轩论"中"，首先要求为政者对全部社会生活都应措置安排到最合理的状态。这固然是应然的原则和理想的方向，但在槐轩看来，这又是那些身居高位的主政者，必须在历史中不断呈现的实然情景，因为自上古圣人如尧舜，就是"由斯道"来展开历史行程的。因此，他反复申说，"随时随地、随人随事斟酌而合乎时中。大舜好问好察，执两用中，由斯道也。"（《质言》释"在亲民"）"夫道惟时中，不拘于古，亦不戾古，惟正心修身以清其源，善养善教以尽其道。"（《质言》释"小学"）"后世法制之善，优于古者甚多，惟酌其宜而协乎中正，不必徒袭五帝三王也。""礼乐者治世之具，而不必定袭前人也。因时制宜，本之君德，宜乎风俗人情，可大而久矣，斯善。""不知变通，变通弗善，谓为不可变，不知其无圣贤也。哀哉！殷因于夏礼，周因于殷礼，所损益可知，损益岂能外礼乎！时中而已矣。""唐虞三代皆圣人也。而随时立法，各协乎中。后世之变多矣。然人性同，则所以尽性而适于中正者无弗同。泥古而不达于道，以至礼乐不兴，民风不淳，责岂在于常流哉！"（《拾余四种》之《治道类》《人道类》）文献尚多，不必罗列。

很明确，槐轩之"中"论，根要全在历史发展过程中的"合乎时中"。笔者理解，槐轩极论"时中"，"时"者，"因时制宜"；"中"者，"协乎中正"。前者是说"古今时势不同"，要与时俱进，"随时立法"，重在历史社会的变化；后者着意在变中之不变，即"人性同，则所以尽性而适于中正

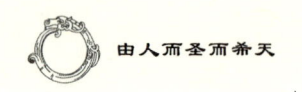

者无弗同",其重则在"中正"。"中正"者,实为价值理念。无论历史社会如何变迁流转,"大中至正"的治世原则或曰"直道"不可变。那么,这一"无弗同"的理念,如何在变化的历史中得以"随时立法"或"因时制宜"呢?至此,槐轩之学由外在之历史情景内转入人之精神,由形下之经验生活返升到形上之"天道";而这种"内转"和"返升"的连接点,就是《大学》之"止于至善"。

在这里,我们应该注意槐轩将"至善"和"止于至善"做出区分的深意。"至善"要旨在人之修身或曰内在精神,以此为基础,槐轩把《大学》之"至善"与《中庸》之"致中"相关联,从而使理念与历史之关系这一恒常问题得到解答。用现代学术范畴来说,这实为历史哲学的问题。何兆武先生曾就近现代西方历史哲学的问题说过一段极有启发意义的话:"黑格尔所遗留下来的问题:一种先天的逻辑结构怎么能够和经验中的历史事实相符合一致的问题,成为尔后许多历史哲学的中心问题。或者换一种说法来说,历史哲学的中心问题不外是如何构造出一种理论,使之能同时满足如下两个条件:(一)它在推论上必须具有逻辑的严密性,(二)它在内容上又必须包罗或吻合历史经验的事实。"[1]

与这个思路相比勘,槐轩(以及经典儒家)不是先设定某种逻辑结构,而是以历史社会应然的样态(即"随时随地,随人随事而合乎时中")为前提;此一前提原于上古时代,即"尧舜以来所谓'中'也,《虞书》'允执厥中'"。(《质言》释"在止于至善")然而,尽管预设的前提不同,槐轩却要回答"经验中的历史事实",如何获得"先天的逻辑结构"之支撑的问题,换言之,槐轩之"大中至正"的经验向往,还必须具备"无弗同"之普遍适用的理论基础,方能真正站得住脚、立得稳根。

槐轩的解决是这样的。作为经典儒家,槐轩当然没有西方哲学那般逻辑性的理论环节。但是只要我们仔细阅读,用心体会,即可见槐轩的思路是深潜的,但同样是清晰的。我们知道,如果仅仅强调经验生活中的"合乎时

---

[1] 何兆武:《苇草集》,第30页。

第六章 "学为圣人"与"无愧于人,即无愧于天"

中"或"时措之宜",那么,它就是一种无价值判断的中性表述或曰几何学意义上的"中",① 而这样的"中",在政治社会生活中,是极容易导致不论是非公正只求八方平衡的弄权玩术的政治堕落。很显然,槐轩深晓此弊,因此,他径直将"中"诠释为"至善";而"至善"又非外在,其源自人的内心,具体到为政者来说,就是"修己以敬而安人、安百姓";根据"善"的规定,槐轩将内在的"修己"与《中庸》相连接,谓之"致中"。有"至善"的内在精神的"致中",方有社会外部生活的"时中"。这就是槐轩的基本"逻辑"。面对近现代历史学的自然科学化的倾向,何兆武先生曾说,历史学有其不可离弃的价值观,因此就不同于自然科学家那种纯粹的客观立场,"历史学是一种文化或人文的科学,'文化的终极价值乃是要提出善恶的标准来,而这却是科学本身所无法提供的'"(何兆武:《苇草集》,第249页)。槐轩在历史语境内言"中",不是"纯粹的客观立场",他将"中"阐发为"至善",亦是要为人之生活"提出善恶的标准来"。这或许是理解槐轩学之现代意义的着重点之一吧。请读槐轩原话:

> 至善犹言极美,夫子恐人忽视其地,特地为此名,使知学道修身始终不外乎此。至善者何?尧舜以来所谓"中"也,《虞书》"允执厥中"。先儒止言凡事合中,而不知"中者天下之大本",内而致中,外始能时中。《左传》刘子曰:"民受天地之中以生,所谓命也",其语至

---

① 庞朴先生曾就几何学意义上的"中"做过总结。甲骨文的"中",与现代汉语的"中",在字形上没有太大变化。只是甲骨文的"中",有时在图形的上方或下方添加几面小旗。学界的解释大体有三:一,认为这个符号实际上是在圆圈的正中间画一条线,以此表示"中",图形中的小旗是装饰性符号,即所谓"饰笔";二,此符号表示类似"敖包"的东西,如在内蒙古、西藏等地,人们聚会的中心,成为敖包,其结构就是在石堆上面插若干旗子,每当集会的时候,人们便聚拢在"敖包"周围,以它为中心举行各种活动,"中"字即为象此之形;三,认为与称为"投壶"的古代游戏有关,游戏使用一种类似于壶的口窄肚圆的金属器皿,投掷人站在一定的距离,将箭支投出,入恰好投入器皿中,即高喊"中"(音 zhòg)。甲骨文的"中"字,圆圈代表壶,中间的线表示投中的箭支,上下的小旗表示未投中的箭支。整个图形以投中的箭支表示不偏不倚之意。总之,三种观点虽解说有不同,但皆以不偏不倚为基本义(参见庞朴《中华文化十一讲》,中华书局,2008,第119~120页)。

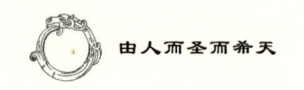

精。盖周制以六德六行六艺教人，大学之道人人行之，"中"之为义，人人知之，至周衰，而刘子犹能言之。①

"至善"与"明德"以及"修身"等，同为内在精神义。槐轩以"至善"阐发"中"，其理论上的深刻意义，端在向上而返升于"天道"或曰"太极"，向下而着落于人之"身心性命"，从而为"成己"（个人学为圣贤）与"成物"（社会良序美俗）确立了至上原则。

槐轩关于"中"之论，取自《左传·成公十三年》："公济诸侯朝王。遂从刘康公、成肃公会晋侯伐秦。成子受脤于社，不敬。刘子曰：吾闻之，民受天地之中以生，所谓命也。是以有动作礼仪威仪之则，以定命也。能者养之以福，不能者败以取祸。是故君子勤礼，小人尽力。勤礼莫如致敬，尽力莫如敦笃。敬在养神，笃在守业。国之大事，在祀与戎。祀有执膰，戎有受脤。神之大节也。今成子惰，弃其命也。其不反乎？"

牟宗三先生认为，刘康公"民受天地之中以生，所谓命也"之语，是说"命"而非言"性"，即通常所谓"性命根子"之性命，故此"命"即是"根命"之"命"；就其有着形而上宇宙论的根源来说，则是偏于"气"之一面说，"天地之中即天地冲虚中和之气，或元一之气。若由此义之'中'说性，则'性'即是后来所谓气性才性之类"；"气性"意谓"气命之性"，虽然"亦有一种形上的超旷的洞见"，但尚未达到"道德意义之超越之性"的高度，此意义之性即是"义理当然之性，内在道德性之性，此是万善万德之所从出，此则只应'尽'"；据此说来，"刘康公尚未进至说此种性之境，礼敬尚在外在的作用中，尚未能内在化，称义理当然之性体而说。故只言由礼敬以定人之气命或根命，而不能言克己复礼以尽性也"。②

牟氏所言刘康公之不足，在槐轩则全然翻转：刘子之"天地之中"不仅是"义理当然之性，内在道德之性"，而且更有着"天理"或曰"太极"

---

① 《质言》释"在止于至善"。
② 参见牟宗三《心体与性体》上册，第178~179页。

第六章 "学为圣人"与"无愧于人，即无愧于天"

之超越性的终极源头；而"中"作为人之"性体"，固能"克己复礼以尽性也"。我们当然不可抽象地分辨牟氏与槐轩之对错，因为他们的价值关怀是一样的。只是所处历史时空和现实情景不同，所遭遇的具体问题有异，因此采取的思考进路就各有所循。从槐轩而论，他关心的是，人类历史进程如何能够以"时措之宜"的精神能力，渐次而至"大中至正"的理想，故而，"中"自应是"至善"。人之主体精神能力必得"内而致中"，方可能有外部社会生活的合理状态，即"外始能时中"。或许正是立足于历史社会的视域，《大学》之"正心"与《中庸》之"天命之谓性"获得了内在的连接，而刘子之"民受天地之中以生"亦被槐轩阐发出"天理"以及"心性"之新意。关此，槐轩有说，"《大学》不言性，《中庸》不言心，而理则无二"。"刘子亦知，曰：民受天地之中以生，所谓命也。如何是命？如何是性？此岂文字可传？子思言天命之谓性，其义亦同。"（《又问》）在"至善"的语义内言"中"，若用现代语言表达，或可说是一种极高的境界，它要求人之精神的健康大全（亦可说真理性的精神）以及行动效果的得当自洽，即"止于至善"。

值得注意的是，槐轩以"至善"解"中"，或曰将"中"与"至善"相贯通。实有两个指向：一是，特指为政者应该学习上古圣王，"因时立法，随俗化民"。槐轩于此论述颇多，举一例明之。当被问及孔子何不言"中"而曰"至善"时，槐轩回答：

> 道止一理而散为万殊，则不可一概而论。圣人因时立法，随俗化民，无印板文字，故五帝三王，礼乐亦不相沿袭，然其本于心性、践乎伦常则同也。时俗所趋，各有偏重，圣人因而立教亦异。夏尚忠，商尚质，周尚文，所以不一，言道亦然。如孔子时，僭乱太甚，故常言礼，繁文太甚，又特言仁，人而不仁，如礼乐何？重仁也，实所以重礼乐也。子思因言道者多奇诞而作《中庸》，孟子因世多战争而言仁义，皆救弊扶衰，同归于道。"中"之一字，周时六德六行教民，刘子亦知天地之中，则人多知矣。夫子平日教人为人，岂外执中而有他法？但人习

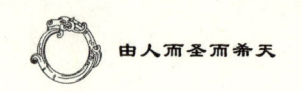

而玩之，以为无奇，故夫子标以"至善"之名，言尽人合天不外乎此，韵动学人之辞耳！至善之地，老子名曰"窍"，窍中有妙，妙窍之意即止而定静安意，必身心自得始知。非可以言传，故曰玄。然至善之地，实至平常，故老子曰：下士闻道大笑之。然若有奇异，又非中庸矣。故老子又曰：不笑不足以为道。夫子曰：道不远人，人之为道而远人，不可以为道。岂必定言中与执哉？孔子单言仁，孟子兼言仁义；孔子言为仁，孟子言养气；《大学》不言性，《中庸》不言心，而理则无二。凡言语文字，必有益于心性伦常，实可施行，岂徒作空花视乎？

（《又问》）

槐轩所言"随时立法，随俗化民"，绝非无道义原则的依巧弄智的随机应变，其"时中"之义所体现的正是"道止一理而散为万殊"原则。何谓"道"？孔子之"仁"，孟子之"仁义"，亦谓"至善之地"。"道"不远人，"实至平常"，就在人们的平常日用之中。其发挥功能的机理，端在先有真理性精神的人，然后方有合理伦常的社会生活，即"本于心性，践乎伦常"。槐轩的观念是从五帝三王夏商周的历史中得出的。

我们应该理解的是，其"道"在"时中"之论，所思考的实质是，在给定的境遇当中如何实现人的自由与和谐的有机统一，即一个社会进步的规则问题。用何兆武先生的话说，所谓"规则"，不是指规律 law，而是指 the rule of the game，其真意"是一个社会应该怎样进步的问题"。历史是人的历史，社会进步当然取决于人或曰人之心，故曰"运用之妙，存乎运用者的一心"。[①]

在槐轩语境中，"存乎运用者的一心"，首先是存乎主政者的"一心"，即他们必须像圣人那样，不仅"养民之生"，更须"全民之性"，使得每一位百姓民人，在历史中实现自身的价值，成为"无愧为人，无愧于天"的有意义的存在者。在这一义度上，槐轩亦使用了朱子的"新民"说。其言：

[①] 何兆武：《苇草集》，第 211、143 页。

第六章 "学为圣人"与"无愧于人,即无愧于天"

"一言一行极好,皆可云至善,若明德则功无穷尽者也。孔子,德岂不明?而曰未能一焉,是吾忧也,假年学易,乃无大过,非圣人故作谦辞。德即天理,天之所以为天,安有尽境哉?但人人皆有天理,能尽其日用之所当为,内而存养,外而敦伦,果然欲净理纯,即可无愧为人,无愧于天耳。圣人以德化民,止是一己之德既明,即以成己者成人,无施不可。苟德明矣,而不能新民,则所谓德者,已非天命之性。"(《又问》)槐轩说得透彻而明确,如果为政者只明己德,而不能教化百姓"内而存养,外而敦伦",成为"新民",那么,他之"所谓德者"也不是真正意义上的"天命之性"。

凭借"以成己者成人"或曰"修其身而天下平"的理路,槐轩之"中"与"至善"相贯通的思想,就具有了另一个指向,即所有人或曰人人亦当成为"明己德"之人,明确地说,百姓也能"内而致中,外而时中",用今语言之,是有着良好精神能力与合理行为能力的"新民"。① 以百姓之"德"来规定主政者是否真正有"德",槐轩就不仅使"中"具有了历史合目的即"至善"的方向;更有着在历史过程之内,作为"人"的人之自我完成的使命,即"止至善"。就主政者来说,"新民"就应该"止至善"。槐轩当然知道现实状况与理想的差距,因此他说:"云新民当止至善,尧之巍巍则天,夫子亦第谓其功业文章贻后世法耳,若天下无一人不得所,无一

---

① 如何使民"新",或谓亦能"至善",是槐轩一生关心的重要主题。为此,他的教化途径亦包括宗教性的仪式。如"法言坛"的祭礼和仪式,就具有教化和组织民众的社会功能。不过需要注意,槐轩是以周礼之祭祀文化的精神贯通其中的。他在《法言会纂序》开篇即言:"《周官》:'大宗伯掌天神、人鬼、地祇之礼,以佐王建邦国。'巫祝以神仕者皆统焉。盖先王知人神祇此一理,尽人道而天道亦通,其能凛相而无愧于幽独者,即其功造化而不朽于乾坤者也。"槐轩认为,秦汉以后,周代的祭礼文化精神多有流失和变质,"自秦焚典礼,圣王之法多湮,而巫祝之流乃为世诟病";更为严重的是,世间祭礼多有"传习不正,志行弗良,则淫昏乘衅,媚祷徒繁,弥近理而大乱其真"的状况。为此,槐轩指出,祭礼的真正意义在于彰显"忠孝之诚,修省之志"。《法言会纂》是道教文本,由友人(陶道夫、樊道恒)携赠。槐轩认为,此虽非儒家之统,然于百姓教化,"亦有能起而正之者",且能使"是术者咸知敬畏,天命之实,别有本原,陈信鬼神之辞尤严亵越,其于世教未必无万一之补"。是而,为之作序以明示"大中至正之道"。藉徐梵澄先生的话说,槐轩之苦心,端在使人人"以此而文化(动词),并转入人之神性境界,这亦是周代礼制的真义"(徐梵澄:《孔学古微》,第98页)。

· 235 ·

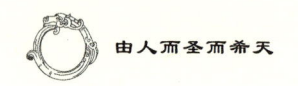

人不明理，则尧舜亦不能，而何有止至善之日？"（《又问》）槐轩认为，关键在于应有"止至善"的自觉意识，为了使天下百姓皆成"无愧于人，无愧于天"之新民，而在历史过程中努力践行，即下"实功"之力。

正是在这个语义中，他批评朱子解《大学》之"知止"，错在"知至善所在"，[①] 而正确的意思是"知止至善之所在"。一"止"字，分出有无"实功"之儒家之真意。槐轩原话是：

> 朱注解，凡事知道至善所在，如何便可以定静安？于理不安，于事无确据。如知子当孝，臣当忠，是知止至善之所在，了而尚未止也，如何便定静安？夫子言知止而后有定，非谓知至善便有定。如朱子解则白文当去了止字。止字有多少实功？知止是实能止，非但知其当止。止于至善，则心静而理明，凡事物来前，一经筹虑，其理易明得，得其理之是非，此存心养性实功，不是说外边事，是致知之本原也。恐人谓事物甚繁，如何止至善便可以虑而得？故下文紧接'物有本末，事有始终'，言事物虽多，却有本末始终，凡事物皆本于心，心不定静安，由嗜欲蔽也。知止至善而定静安矣，则天性中灵明日生，凡事物之来，本末始终了然，从本始用功，则末与终自举，不必事事物物上去求知。"（《又问》）

这段话的信息很多，但就其指向来看，有一从特指（即主政者必须有"新民当止至善"的自我要求，且要在现实中践行"实能止"之"实功"，而不是"但知其当止"而已，用今语来说，知而不行）。向普遍性所指的过渡。笔者注意到，如果我们整体地把握槐轩之语境，那么，这一普遍性，就不仅仅是历史现场中，而是由为政者向万民百姓的伸展，有着普遍适用性的价值理念，在此理念之下，所有人（包括主政者和百姓）在"止于至善"

[①] 《大学》原文是："知止而后有定，定而后能静，静而后能安，安而后能虑，虑而后能得。"朱子解："止者，所当止之地，即至善之所在也。知之，则志有定向。静，谓心不妄动。安，谓所处而安。虑，谓处事精详。得，谓得其所止。"（朱熹：《大学章句》）

面前，都是平等的，"德本人人所有，明明德亦人人所能"（《质言》释"在明明的德"）。进一步说，人人皆当"内而致中，外而时中"。

第五节　由人而圣而希天：人在历史中的最高目的

与所有的思想家一样，槐轩基于历史语境中的价值理念，也必须有形而上的义理依据。槐轩认为，人道之"中"源自"天地之中"。所以他说："虞庭言'中'，《诗》云'宥密'，夫子曰'道义之门'，此又名之曰'至善'，盖五官百骸不外血气，惟此天地之中虚明空洞，血气不能到，私欲不能入，知之而宅心于此，自有诸己以至化神，乃可节次而几。"（《质言》释"在止于至善"）又说："《中庸》言，中也者，天下之大本，亦为止至善而后可致中，岂舍身心而第求诸事为哉？虽身心之德，必验于外而著于外，而时中由养其内而致中，非止至善，何以能致中？非致中，又安能致和？故尧舜禹皆圣人，而相戒亦曰允执其中。文王止仁止敬，乃由内之敬止。"（《子问》卷上）"中"为"至善"，其在社会历史中，既是应然之理，又意味着将此应然之理转化为实然情境的可能性，而所谓"可能性"则可理解为大自然赋予人的潜在的向善能力，槐轩比喻："天地生生之理如果有仁曰仁，天地人所共由曰道。"（《质言》释"在明明德"）

所谓"天地生生之理"，人生而得之，其根质性的意义在于，人据此而有了区别于其他生物的规定性，即人不仅可以向善而且能逐步完善自身乃至自己的历史，换言之，人能够"知至善"且能够"止至善"。而此一规定性，源自"天道"（亦曰"太极"）。槐轩对"天道"的阐发，固然有着刘氏家学之先天易学背景，不过，若从价值关怀来看，他的着重点当在人的后天功夫，即在历史社会中，主政者"修己以敬而安人、安百姓"；百姓万民亦人人明明德，以成"无愧为人，无愧于天"的"止至善"者。然而，为了阐明所有人之自我完善的可能性，槐轩必须将这种可能性诉诸他的"先天学"之中，意即人的"止至善"之"实功"，其能力是"天道"或曰"太极"先天赋予的；人的自我完善，实质上是把自己作为一种意义存在，而向大自然之合目的性不断接近的过程,亦所谓"后天复返先天"的过程。或许在这个层级上,槐轩之"先天原理""存心尽性""静养之论""克己复礼"等诸多要论,方能以其精神理实之生气,而永远跃动于人们的社会生活之中;而刘咸炘"先大父之学,有本有末;先大父之德,有始有终"之语,才能获得确切的诠解。

槐轩之"先天原理"内摄"后天实功",使得他的"天道"思想具有重要的实践学价值。他指出,世人皆云"人一小天地",但却不知内中所以然之理。其言:

> 世人皆言"人一小天地",而不知其所以然。天地一太极耳,太极浑然,无声无臭,而其主一之所曰明,曰极,曰帝,是万理之统宗也。人受中以生,故异于禽兽,欲全天之理、无愧于人则存心养性,岂可不得其图功之要?但天地奥窍,圣人亦不敢明言,子思言"天地之道可一言而尽",即浑其词曰:"其为物不二"。不二,一也;一者,中之理;中者,一之宅。可分言,亦可合言。人为天地之心,身有太极之所,与天地无二,特在人身者稍狭耳。乾性坤命,人得以生,性命统于一元,一元即是太极。明明德者,复性而太极之本然,故必知天地之中,始可图功。虞庭言"中",《诗》云"宥密",夫子曰"道义之门",此又名之曰"至善",盖五官百骸不外血气,惟此天地之中虚明空洞,血气不能到,私欲不能入,知之而宅心于此,自有诸己以至化神,乃可节次而几。名为至善,非此无以致中也。孔子从老子问礼,原不是第问礼制,盖叩以身心性命之学,夫子服膺之,故叹为犹龙。《庄子》所载"至阴肃肃,至阳赫赫,肃肃出乎天,赫赫出乎地",明阴阳互宅之义,为人心道心之分所由来,人亦罕知。……老子尝云"多言数穷,不如守中",恐人不知所谓"中",则直言之曰"玄牝之门""天地之根",至"有欲观窍,无欲观妙",则并止至善之法而言之。儒者不知其所谓,反斥为异端,于是致中之功第养知觉运动之心,而不得中之所在。则"允执厥中"及此书"止至善",皆曰凡事合乎中而已,

然《中庸》言"君子而时中",朱子亦曰"以其有君子之德而又能时中",德非内而致中乎?外而时中祇是本未发之中,极至和之量,岂有专求诸外,无致中之学即能是时中者?……儒者未践其功,则于其说之谬者辟之,固是;于其理之正者亦概斥之,则至善之所不知,而又何知止至善也?①

上揭长段文字的学术点非常之多,我们不可能逐一论及,只合围绕探讨主脉:"人受中以生",所受者,天地也;在其本原的意义上,"天地之中"意谓"明德"或曰"至善",人受之而有其"性",即所谓"先天之性";此"性"之特质为"纯",槐轩谓之"纯一之性",其描述是"虚明空洞,血气不能到,私欲不能入";其"纯"之用意,不在"分剥"而在"浑全",即"太极浑然",亦曰"全天之理""全太极之本然";"先天"相对于"后天",人出生之后,即有"后天之心",由于情感和欲望的扰动,便使此"心"驳杂不纯;然"先天之性"内含于"后天之心"之中,故而人作为一价值存在,就是在人生实践中将先天之"纯一之性"完全的实现出来,而达至天地境界,即所谓"欲全天之理",亦谓之"复性而全太极之本然";"复性"者,端在"后天实功"之努力,意在养内中精神(用今语言之,或可谓正大光明之精神)而去其"私欲",即"明明德",如此方有"极至和之量",或曰以"内而致中"而达"外而时中"之效,此可谓"践其功"之学。

在这个主脉思路中,其根要则在"先天之性"与"后天之心"的区分。笔者体会,在某种意义上,槐轩的苦心邃意皆凝聚于此,甚至可说,他全部学说的灵魂亦深植其中。无论作为经典儒家的重镇,还是作为有着深度哲思的学问家,他有着自己深信不疑的价值设准,即人之"性"源自"天道"或曰"天理",因此,天道善,故人之"性"亦善。然而,现实的状况却是,人之行为多有不善。槐轩从理论上对价值设准与社会现实之间的差距和

---

① 《质言》释"在止于至善"。

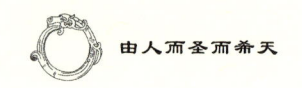

矛盾做出解释："德即天理，心在后天，不尽天理。其最灵动者，人心也，天地父母合而有此身，得天理者无不全。气质之后薄清浊，则纷杂不一，并天理亦牯者多，所以未从事大学，德不尽明也。""性即天理，何以有不善，则先天后天之分也。未生以前为先天，乾性坤命，人独得其理气之正，故性善；既生以后为后天，离情坎性，气质形色为累，故性相近。"（《质言》释"大学之道"）

很显然，槐轩分"先天之性"与"后天之心"，其学理源自《周易》。槐轩于此论说颇多，举例明之。其言："心、性有别，以后天先天而分，其理则本乎周易，原于乾坤。儒者不知，则一心而有道心、人心，其义不明，即不动心之由养气亦不解矣。夫后天之心杂于情欲，若不养先天乾元之气，则不能全先天乾元之理，何以尽性而至命、一以贯之哉？"（《子问》卷下）"《周易》无理不该，而况心、性乎？子曰'圣人之作《易》也，将以顺性命之理'及'各正性命'。伏羲八卦乾南坤北，纯阴纯阳以定子午之位，而日月东西生焉。先天八卦乾南坤北，后天八卦何以离南坎北？天地既分，功用全在坎离，日往月来，生化以溥，而东木西金中土，皆自然相济。人独得其精华者，得乾坤之性命，所以异于禽兽。然先天性乃尽善，因阴阳之互宅，乃以成其形质。而后天性累于情，遂有不善。性一也，情则有七，可以为善，孟子因性难明，即情之可为善者示其端耳。而其实，情非性不正。《大学》所以云忿懥四者皆正而后为心正。性情也，性命，心性也，非实能'穷理尽性以至于命'，何能知之？德即性也，俗言天理良心，天之理即心之良，心不尽良，良心始为天理。人独得于天，故曰德，实有于身曰诚，天地生生之理如果有仁曰仁，天地人所共由曰道。"[①]

槐轩的概述真乃深入而浅出，亲切而确然！人之"良心"的感发，是我们每一个人都有过的心理经验。"良心"得之于"天理"而为人之"善性"，亦可谓之"天良"。后天之"心"不尽良，这也是我们经常遭遇的现实困境。在理论原则上，槐轩设定了应然之理，就是使人后天"不尽良"

---

① 《质言》释"在明明德"。

第六章 "学为圣人"与"无愧于人，即无愧于天"

之"心"，返还先天"良心"之"性"，其言"知敬止之功，践人伦之实，使后天返还先天，性命统于一元，则恍惚者不恍惚，而窅冥者非窅冥。不动心也，大而化也，即此义也。"（《子问》卷上）

应该给予注意的是，槐轩"后天返还先天"之论，固然有着个人修身养性之意，但其意绝非生理身体层面的"养生"（在印度可比拟为"赫他瑜伽"Hathayoga，意为"身体是枢纽"，即所谓生理心理学），而是道德心理层面的修为（印度之"罗遮瑜伽"Rajayoga，意为"心思是钥匙"，即所谓心理心灵学）。进一步说，目的端在由良好的个人构建良好的集体与社会。在他看来，生理性的养生，不过是"小术旁门"而已，如其言："今之学道者，曰长生，曰辟谷，曰服饵，而不知天地万物与吾身相关，则必废人纪而惑于小术旁门。学儒者，曰文章，曰事业，曰荣利，而不知百行万善本性功谓推，则必逐纷华而忘乎存诚主敬。故道者本诸心而善诸世，全其人以合乎天也。教者先成己而后成人，节民性以和民情也。"（《约言》之《原教》）槐轩"后天返还先天"之根要，其"成己"在于人之自我人生价值的完成，由此而推至"成人"，则在于人伦社会于历史中不断趋于完善，因此，他反复申说，"静而致中，《大学》所谓'止于至善'，孔子曰'克己'，孟子曰'存心养性'，'养浩然之气'，皆是此理。动而致和，《大学》所云'诚意'，孔子言视听言动戒其非礼，及凡敬慎忠信等语"[1]。"时止则止，时行则行，动静不失其时，其道光明。艮其止，止其所也。止其所，即止至善。其道光明，即充实光辉。"（《子问》卷上）所谓"充实光辉"，即充实"先天之性"，使人先天具有的"天良"完善地呈形，成为范导自己一切情感行为的法则，此与西哲康德"人为自己立法"之意也同。

正是因为存养"先天之性"关乎"成己成人"之大道，故而槐轩对朱子多有批评。他认为，朱子重"后天之心"，所养不在"先天之性"，而是"养后天之心"，即知觉运动之心。槐轩曰："朱子以知觉运动之心为德，故曰虚灵不昧，不知心虽虚灵而非圣人纯一之德，则不昧天理者少，所以言明

---

[1] 《质言》释"在明明德"。

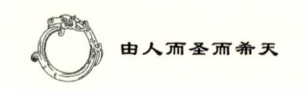

德而错认心即是性，则本原已错也。"（《质言》释"在明明德"）究其学思渊源，槐轩认为，始错于周敦颐："有宋一代，理学始于濂溪，濂溪师寿岩和尚，以养知觉运动之心便为养性，程朱宗之，居然以为圣人之道如此，而朱子则称明道似颜子，伊川优于孟子，平生发明经籍，只以二程为宗，将《大学》一书改窜。孔子言，此谓知本，此谓知之至。盖知修身为本，则修其身而天下平，圣德王功，皆括其中矣。朱子遵伊川，将此二句删去，另撰格物一章，曰此谓格物，此谓知之至。盖其学从陋劣禅宗得来，谓知觉之心即天命之性，但养空空之心，便是圣人尽性之学，迨心颇虚静，灵慧亦生，而实则齐治均平许多事业，不能优为。又私心妄想，圣人经纶全备，必是从事事物物上体贴出来，于是解格物为物物穷理，然格字自古训至也，以穷物理为至物，成何语耶？则转一解曰，穷致事物之理，穷致即致知致字之意。夫子言致知在格物，谓存心养性之功，必屏除物欲，允执其中，至虚至静，初功然，及至大成之候，亦止是定静安三字做到纯一境界，便与天合德，所以止至善便是存养实功。知止故能定静安，而虑而得，虑即知也，虑而得即致知也。心纯乎理，何患言行动静尚不得其正乎？故曰，苟志于仁矣，无恶也。夫子又恐人疑止善而定静安，能静不能动，且事物之理无穷，止定静安如何可了？故接言无有本末，事有终始，之所先后云云。上文虑即谓事物来前，心尽而理明，剖别其是非，非空空想像也。朱子等所谓尽心，止是尽知觉之心，亦不知止至善之法。"（《又问》）

这段文字，若从学术思想史的角度而言，颇可商榷。不过，笔者以为，我们当着重理解，槐轩何以如此苦心孤诣地强调"先天之性"与"后天知觉运动之心"的区别，且以"存养实功"必达"纯一境界"为目的？所谓"纯一境界"，实质上就是"屏除私欲，允执其中"的公平正义之心；而这种"心纯乎理"的精神修为，端来自大自然赋予人的先天"善性"，在普遍的意义上，每一个人之生命价值的实现，则在于使此"善性"完全的彰显出来，即所谓言行动静皆"得其正"，或曰"心尽而理明"。然而若以"后天知觉运动之心"为存养对象，依今语而言，以智巧谋计之心为根本，人伦关系就会多生嫌隙、矛盾、不安乃至冲突。故此，槐轩非常希望人们以纯朴敦厚之心而建立良善的社会关系。他忧心忡忡地说:"后人苦放心之难收,以多能为淹雅,故喜从朱子格物之论,而穷极古今,心性不能纯一,即人伦亦安能尽善?况多学而识,原非一贯之过,克伐怨欲不行,亦不得为仁。圣人穷理尽性,以至于命,岂恃昭昭灵灵之心,遂纯一而配天,成己成人,无施不可哉!"(《子问》卷下)

在普遍的意义上,槐轩仍有着明确的社会指向,即那些治世的为政者们,若以"后天之心为性",那么就无从谈及"安人,安百姓",为此,他更进一步地区分了"明德"与"才德"、"明德"与"明智"的根本不同:"先儒以后天之心为性,故曰虚灵不昧是明德,不知虚灵者心,纯一者性,迥不相同。试看天下有许多智巧绝人者,而忠孝仁义全不知行,可见虚灵不昧出于七情,必以性为主,尽性则德明矣,故即可尽人性物性,修己以敬而安人,安百姓。止谓性即天理,天理纯熟则万事万理皆宜也,专恃虚灵智巧,任心妄为,奸恶欺伪以为才德,可乎?故'明德'二字一错,万事皆非,即十分敬慎,检点日用伦常,而私妄总不能无。功业可观,品行亦好,而隐微幽独,不愧不怍,无入不自得,则断断不能至。修齐治平,各得其道,更难之矣。……圣人之明德者,从心不踰矩而治天下如视掌。"(《质言》释"在明明德")槐轩还有更直接的说法,"所养者,后天之心,非先天之性,故修齐治平一切经济不全。"(《子问》卷下)槐轩此类评骘尚多,兹不多赘。

以养"先天之性"为要旨,而以"修齐治平"或曰"修己以敬而安人,安百姓"为历史目标。这其中,槐轩以人为轴心,上达"天理"或曰"天道"之源,下落于"修齐治平"之经验的社会生活,这个贯通性的思路,若以现代学术来看,实是一历史理性的"观照"。何兆武先生曾说:"现在是历史学应该重建其自身的理性的时候了。这个历史理性乃是 ratio (或可相当中国的"理")或 Logos (或可相当中国的"道"),是与逻辑(数理)理性相对而言的一种生机原理。它不仅不是非理性的,而且较之逻辑(数理)理性是更加理性的,更加合理的"。历史理性"要求把握的乃是事实(包括简明的基本事实),究竟是什么以及从何而来,它们是怎样发生和演变的"。这里所要作的追问,并不是事实现象,而是事实背后的意义,因此,真正要追问的是"历史有意义吗"?如果有,那意义是什么?"历史理性的答案是:'意义'本身是没有意义的,也就是说,它并不叙述任何可能的历史事实。意义本身并不是历史事实,也不可能对历史事实做任何(真的或假的)陈述;历史是人的历史,故而,历史的意义就在于对人或曰人生的理解,"如果我们认为人生有其自身内在的价值,而不仅是实现某种外在目的的工具;那么,我们可以说,历史的意义就是人生内在价值的实现。就此而论,历史就是自由(自觉——笔者补)的事业,这就是历史的意义所在"。①

或许我们可以说,何兆武先生所关心的"历史理性的重建",在近两个世纪之前,槐轩就以对"先天之性"(天理)与"后天之心"(相当于今语之"思智之心"或"逻辑理性")的区分,以及对"至善"与"止至善"的阐发,肯认了"历史的意义就是人生内在价值的实现";特别是将人之"性"溯源至"天道",更使他的历史理性具有了先验(a priori)的高度,这一高度的重要意义,不仅表示了人的历史有着大自然所赋予的"生机原理",更如雅斯贝斯所说:表示着人类"自己有能力,从精神上将自己和整个宇宙进行对比。他在自身内部发现了将自己提高到自身和世界之上的本原"。② 我们完全可说,槐轩理思中所具有的形上高度与人性深度,实质上是将"历史的意义"推进到"实现人类意识的最高潜力"("天赋善性"),这种最高潜力,并非是"人类对客观存在一般的被动反应和认识,而是指人类在哲学上自我反省和从'本原'把握现实的能力与水平;这不仅包含着人类对自然界的认识,也包含着人类在整体高度上对自身的认识,以及在此基础上确立起来的价值观念。人类意识在哲学方面最高潜力的发挥程度,是衡量历史进步的标准"。③

就槐轩来看,其对"最高潜力"之"天理良心"的发挥,其要旨不仅

---

① 参见何兆武《苇草集》,第 121~133 页。
② 卡尔·雅斯贝斯:《历史的起源与目标》,华夏出版社,1989,第 10 页。
③ 卡尔·雅斯贝斯:《历史的起源与目标》译者序,华夏出版社,1989,第 8 页。

第六章 "学为圣人"与"无愧于人,即无愧于天"

在做出原理性的阐述,更在于要落实到历史社会的现场;其"存心养性"之说、"止于至善"之论,不仅指向关乎"安人安百姓"的主政者,更在普遍的意义上,期待于所有百姓民人。进言之,"止于至善"者,端在"成己而成人";就终极目标而论,即所有人皆应"由人而圣而希天"。在槐轩语境中,这绝非空悬的道德说教,而是实实在在的是作为"人"的人所必须践行的"实功"。"学为圣人",是人在历史中的最高目的,如其言,"诗书虽富,惟在力行。言圣人之言,行圣人之行,无愧于人,即无愧于天"(《子问》之"弁言")。而"希天",则是人自觉地将自己上升到"本体"的高度,如此,则历史中人之"主体"便与天道之"本体"合一,这就是在终极目的上的"天人合一",槐轩谓之:"学以希天为至。畏天命以收放心,循天理以禁邪心,重天伦以永诚心,由下学而上达,不外乎是。"(《拾余四种》之《治道类》)在这个意义上,槐轩将经典儒家之学称为"尽人合天之学"。如其反复所申言:"天地如斯,尽人合天之学亦如斯";"此克己复礼,尽人合天之学";"修道以仁,必有天地生成之量,始可为尽人合天之学"(《子问》卷上、下)。

槐轩以"由人而圣而希天"为价值理念,实是把历史看作一部人类的精神进步史。在印度圣哲阿罗频多的语境中,即为人的"神圣生活",他说:"神圣底完善,在我们上面长存(天理);而在人,在知觉性与行为中化为神圣,澈内澈外过一种神圣生活,乃是所谓精神性。"[①] 槐轩之学,不外于此!

需说明:笔者在历史社会视域中诠释槐轩,当然要涉及诸多元哲学的问题,然而这里只能根据本书的思考主脉加以论及。其详细阐发,另作书讨论。

---

① 见《徐梵澄文集》第七卷,华东师范大学出版社,2006,第345页。

后　记

　　我与"刘门"研究，初缘于在读博期间研习了由马西沙、韩秉方二位先生合著的《中国民间宗教史》第23章"济幽救阳刘门教"。西沙老师认为，"刘门"一系是从"学团"到"教派"的演进，无疑，这是一史学的概述。外此，论述者亦有之，但不多。直至2011年，赵均强兄出版了他的《性与天道以中贯之——刘沅与清代新理学的发展》（河南人民出版社），见题目可知，这是一思想的讨论。后者与前者，一"玄"一"史"，遂使"刘门"之轮廓浮出了水面，如我这后来者可以登堂了。然而之后何以入奥？何以拓展？则仍感茫然矣！依我个人的理解，西沙老师并未否认刘沅的儒者身份，因为"学团"可作"书院"解，而书院则为儒家所专，不然，入寺院进道观，称"学团"作甚？以后衍为"教派"，是"后起附加"了若干形式，而这正是社会史研究的对象。也就是说，"刘门"的研究可分作两步，即源与流。也许是均强兄注意到了这一分殊，从源头工夫做起了。但在同时，两书也给我带来了些许疑问，可略说。

　　两书皆讲到道家内丹学与槐轩的关系，特别是均强兄之篇幅颇衰然已，且此中多有以道援儒之意味。然而依笔者读槐轩书的体会，深感似可别解，即他是超出的，是以儒家精神"观照"道、释二家。道家内丹学讲的当然是内中修为之事，但是修为之过程与境界乃是相通的，即"静则生明"，在儒、释皆然。徐梵澄先生说："而静虑这修为，自古有之……即如今之默做祷告，也可以归之于静虑。全世界各教中皆有之。道家有之，儒家亦有之，则不能说为佛教所专。"他谈到陆九渊与王阳明皆有此心理经验，并不以之为奇，结论到此是

· 246 ·

"非禅之悟"(《陆王学述》,上海远东出版社,1994,第54页),亦可说是"非道之悟"。而槐轩究竟属于哪一家呢?这要看他的立足点在哪里,关心的问题是什么。他一生执着于天道、人心,实乃一儒者气象,而其"内丹"之"用"则不能覆盖其"人极"之"体"。"用"是认(知)识论的,"体"是精神论的,于此大应分辨。牟宗三先生说:"道家虽有其修养工夫以及说明此工夫的观念理路,然其表示此工夫与观念理路是从知性转至超知性(外在的)一面说,此则与儒家不同处。"而儒家呢?是"透至'超知觉性',亦不顺'从知性到超知性'这一路走。是顺尽心尽性尽伦尽制(内在的)这一路走,此是道德政治的进路,不是认识论的进路。"又指出道家之性格,说它"只是一片干冷晶光的圆境,始终未转至性情的仁心,此亦可说是有智而无仁"(《历史哲学》,台湾学生书局,2000,第175、177页)。

此中"道德政治"一语可问:"道德"企向者何?希圣希天,立人极者;"政治"鹄的者何?良序美俗,树德风者。槐轩汲汲于此,如其"天悯苍生""觉世牖民"云云,通篇皆是,且反转不已。也就是说,我的研究进路应有一个转向,当进入精神论的畛域。然而这"精神"之概念究竟何解?我取徐梵澄先生的说法,"通常说精神哲学,总是与物质科学对举;但从纯粹精神哲学立场说,不是精神与物质为二元,而是精神将物质包举,已成一元之多元。主旨是探讨宇宙和人生的真理,搜求至一切知识和学术的根源,其主体甚且超出思智以上"(《玄理参同·序》)。持此义度来看槐轩之学,可谓一通百通,一显全显,这端的是其儒家"圆智"(牟宗三)之使然。虽然,真正入手又困难重重,盖因前人叙论,几乎都是心理经验式的体悟,而甚少逻辑分辨式的理析,用今之学术语言说,便是鲜见"建筑术"(康德)矣。因之对于槐轩这一宗学问,自感其高度与广度是有了,但其内中之层次与结构的安排,却仍予人以囫囵的印象,而欲要分清其整体之诸部分,每一部分内的大小梁、柱、门、户、墙壁、窗、牖等等,又不免"剥截"(徐梵澄)。这一"剥截",其"有机性"又减弱了。当然,这不是说其系统就不能撑开与架构,而是说自己的能力实有不济罢了。这就是本书在进掘过程中的尴尬之处,况且,悠悠八载,这部书稿又是重新来过一遍的。克实而论,"有机性"只有在内中理思清

· 247 ·

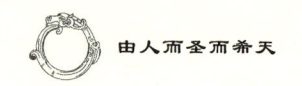

晰、脉络分明中，其"精神有体"才能生动活泼地呈现，并彰显于当下时代而为现代人所理解。进一步说，只有经过现代诠释，即回答何以与何为的问题，槐轩学术才能获得新的意义，并产生积极的影响。我循着这一理路吃力地做了下来，末了有感所获多多。当然，本人的这些文字，只可视作一篇作业而已，但也不碍是一个起点，并由此起点，期望日后的进境。

  2010年，我有幸到中国社会科学院世界宗教研究所做研修工作，导师是道教研究室主任王卡先生，旋即，又拜马西沙先生为师。说他们是我的老师，其实，他们是把我当朋友、当同仁来对待的。每周二，我同所里其他同仁一样，上午要返所，在道教室或其他室，我们彼此交流读书心得，讨论课题计划，筹措会议安排；下午，我带着自己仍感困惑的问题，再去相关的同仁家里继续做深入的问难，直至入夜才乘地铁回到寓所，整理笔记，消化答疑。可以说，这些年我在北京度过了"无比的辰光"。这一时期，我的工作也得到了"刘门"当家人刘伯榖老先生的殷心关切，他不仅为我详述"刘门"的传承史，还给我介绍了他的诸多门人。在他们的带领下我进行了多次田野调查，并且于2010年8月，在槐轩老屋彭镇寻得他的失落多年的两块（名与传）墓碑（已得到妥善保管）。此外，我还要感谢老君山张至容道长的鼓励，感谢"刘家"后人刘源泰、刘驰等与李廷新先生的帮助，感谢双流传统文化研习会诸友人及彭镇李四哥饭店的支持。径直说，如果没有他们的热心与情意，我便难以契会槐轩这一精神人物的历史实感。

  这里，需要提起的是，本人的导师王卡先生，于2017年7月不幸因病溘逝，故而这本书的出版也无由见及了。他曾与本人说，只有学术的生命绵长、传久。那么，这部作品的问世就是对他最好的纪念吧！最后，我要感谢卓新平老师为我写序；感谢马西沙老师对我第二本书"刘门史"的期许；这些都是对我最好的鞭策和鼓励。我也知道，我的"刘门"研究才刚刚开始，以后要做的事情还有很多，很多。

  是为后记。

2018年6月8日　于北京

图书在版编目(CIP)数据

由人而圣而希天：清儒刘沅学术思想研究/赵敏著.--北京：社会科学文献出版社，2018.8
（槐轩刘门）
ISBN 978-7-5201-3181-0

Ⅰ.①由… Ⅱ.①赵… Ⅲ.①刘沅（1767-1855）-学术思想-研究 Ⅳ.①B259.9

中国版本图书馆CIP数据核字（2018）第174572号

槐轩刘门

由人而圣而希天
——清儒刘沅学术思想研究

著　　者 / 赵　敏

出 版 人 / 谢寿光
项目统筹 / 袁清湘
责任编辑 / 赵怀英　张馨月

出　　版 / 社会科学文献出版社·独立编辑工作室（010）59367202
　　　　　 地址：北京市北三环中路甲29号院华龙大厦　邮编：100029
　　　　　 网址：www.ssap.com.cn
发　　行 / 市场营销中心（010）59367081　59367018
印　　装 / 三河市尚艺印装有限公司

规　　格 / 开　本：787mm×1092mm　1/16
　　　　　 印　张：16.75　字　数：256千字
版　　次 / 2018年8月第1版　2018年8月第1次印刷
书　　号 / ISBN 978-7-5201-3181-0
定　　价 / 89.00元

本书如有印装质量问题，请与读者服务中心（010-59367028）联系

版权所有　翻印必究